LA ALIMENTACIÓN COMO MEDICINA

Doctor Dharma Singh Khalsa

La alimentación
como medicina

Más salud y vitalidad
gracias a los alimentos que curan

U R A N O

Argentina - Chile - Colombia - España
Estados Unidos - México - Uruguay - Venezuela

Título original: *Food as Medicine – How to Use Diet, Vitamins, Juices, and Herbs For a Healthier, Happier, and Longer Life*
Editor original: ATRIA Books, a trademark of Simon & Schuster, Inc.
Traducción: Amelia Brito A.

© 2004 *by* Ediciones Urano, S. A.
Aribau, 142, pral. – 08036 Barcelona
   www.mundourano.com
   www.edicionesurano.com

ISBN: 84-7953-555-5
Depósito legal: B. 7.988 - 2004

Fotocomposición: Ediciones Urano, S. A.
Impreso por Romanyà-Valls, S. A. – Verdaguer, 1 – 08786 Capellades (Barcelona)

Impreso en España – *Printed in Spain*

Con todo cariño dedico este libro a
Yogi Bhajan y a su esposa, Bibiji Inderjit Kaur,
que tuvieron la amabilidad de compartir conmigo
sus vastos conocimientos sobre
el uso de los alimentos como medicina.

Índice

PRIMERA PARTE

LA VANGUARDIA DE LA MEDICINA

1
Nutrición espiritual

Qué hermoso día para una epifanía. Estoy en Jackson Hole, Wyoming, a una altitud de 2.000 m, después de recorrer 28 km en bicicleta de montaña. El aire de este prístino entorno está limpio y fresco. Es una cálida tarde de comienzos de verano, y junto con nuevos amigos estoy disfrutando del tiempo libre en uno de los congresos médicos más iluminadores a que he asistido. El tema que trata el congreso es la forma de usar los alimentos para prevenir y sanar la enfermedad, y me siento tan estimulado que no veo las horas de volver a Tucson para comenzar a escribir. Siento inmensos deseos de compartir toda esta nueva y entusiasmante información, que incluye:

- Cómo prevenir y sanar el cáncer con alimentos.
- Cómo tratar la enfermedad cardiaca con alimentos y nutrientes específicos.
- Cómo prevenir y tratar la enfermedad de Alzheimer con alimentos y nutrientes.
- Cómo curar el cansancio crónico con el alimento.
- Cómo restablecer la energía emocional con la dieta y vitaminas.

Resulta que para toda dolencia importante hay una prescripción específica de alimento natural capaz de detener su curso o sanarla. Ésta es la vanguardia de la medicina.

El Buda escribió:

> *No corras tras el pasado,*
> *no busques el futuro.*
> *El pasado ya pasó,*
> *el futuro aún no ha llegado.*

Ve claramente en el lugar
ese objeto que es el ahora.

En mi trabajo como médico especializado en medicina integradora
he utilizado la nutrición como parte del tratamiento desde hace muchos
años. Este tipo de medicina, como seguramente sabes, es el campo na-
ciente que combina lo mejor de la ciencia ortodoxa occidental con terapias antiquísimas como el yoga, la meditación, la nutrición, las medicinas
herbolarias y la acupuntura. Dado que combino las medicinas occidental
y oriental, muchos de mis pacientes han experimentado recuperaciones
inesperadas de enfermedades con las que habían lidiado muchos años. Algunos han considerado milagrosas sus recuperaciones, pero en ellas yo
sólo veo el resultado natural de la buena ciencia y el buen sentido común.
Lo único que he llegado a creer al participar en esas recuperaciones de
mis pacientes, mis compañeros o socios en la curación, es que el cuerpo
tiene la capacidad de sanar por sí solo si se le da la oportunidad. El uso
de los alimentos como medicina o remedio da a los pacientes la mejor
oportunidad de todas.

Una de las principales causas de que mi programa haya tenido tanto
éxito es que trata a cada persona como a un ser único. En cada persona
que acude a verme tomo en cuenta sus propias características bioquími-
cas y elaboro un programa para que recupere el máximo de su salud física, mental, emocional y espiritual. Cuando esto ocurre, cuando la persona recupera el equilibrio sanador de su cuerpo, mente y espíritu, piensa
que es milagroso. Es la respuesta a sus más fervientes oraciones.

El uso práctico de los principios nutricionales modernos, los que presento en este libro, permite activar la propia fuerza sanadora interior natural y devolver el estado de equilibrio. Puesto que no hay dos pacientes
iguales, no hay dos que requieran exactamente la misma terapia. Cuando
acude a mí un paciente por dolor, fatiga por agotamiento, pérdida de memoria, convalescencia de cáncer, hipertensión u otra dolencia, siempre
pido a mi nutricionista, la doctora Luz-Elena Shearer, que se reúna con
nosotros. Trabajando juntos, el paciente, la familia del paciente, Luz y yo,
elaboramos una prescripción dietética perfecta basada en las necesidades
y preferencias del paciente. Rarísima vez dos pacientes reciben la misma
dieta. En este libro presentaré la información de modo que puedas crear-
te una experiencia sanadora única para ti.

Lo que se trató en el congreso de Wyoming llevó a un grado superior mi conocimiento y capacidad para contribuir a sanar. Me enteré de las últimas informaciones sobre la prevención y la curación de la enfermedad que afecta el sistema celular utilizando el alimento para mantener la integridad genética. Si has seguido las noticias sobre el genoma humano, probablemente estás al tanto de los grandes avances que promete. Algún día los fármacos o terapias combatirán la enfermedad tratando los genes. Pero yo creo que eso lo podemos hacer ya, usando los alimentos a modo de terapia genética. Mi programa actúa en el cuerpo, cerebro, mente y espíritu; también influye en el plano interior más profundo: el alma. Al fin y al cabo, la mente, el cuerpo y el espíritu están unidos: son uno. La verdadera curación requiere que influyamos en todo ello. Éste es el futuro de la medicina, y estamos juntos en este precioso momento.

NUTRICIÓN ESPIRITUAL

Tal vez eres una de las muchas personas que está al tanto del profundo despertar espiritual que está ocurriendo en el planeta. Lo ves en los últimos libros más vendidos y en los seminarios. Algunos de los oradores más populares de nuestro tiempo aportan un sesgo espiritual a todo lo que dicen y hacen. Tomemos por ejemplo el programa de Oprah Winfrey, el más popular de la televisión diurna, en el que ha presentado a muchos escritores nuevos y portavoces para hablar acerca de los beneficios del estilo de vida espiritual. Cada programa de Oprah termina con una parte llamada «Touching Spirit», que es muy popular y enriquecedora para su público. Los conmueve profundamente.

Este tipo de elevación de la conciencia ha tocado recientemente a una de mis socias en curación, una señora de 40 años llamada Jane, que llevaba muchísimo tiempo buscando la curación de un grave síndrome de cansancio crónico. Había visitado a algunos de los médicos más respetados del país, pero progresaba muy poco. Un famoso médico la visitó quince minutos, echó una somera mirada a sus informes médicos y le dijo que no veía con optimismo su recuperación. A pesar de esa desagradable experiencia ella continuó buscando curación, o por lo menos a alguien que creyera en su capacidad de sanar. Finalmente la enviaron a mí. Trabajando juntos ella y yo, elaboramos un tratamiento que le devolvió la salud.

Un día quiso hablar acerca de una cosa de la que se había dado cuenta a través de su práctica de meditación y que había visto reforzada por sus viajes por el país. Tenía la impresión de que estaba ocurriendo algo importante en la mente de las personas, pero no lograba concretarlo, definirlo. Me preguntó si yo sabía qué era. Le dije que en mi opinión la situación era algo más que una mera transición de los métodos de tratamiento antiguos a los nuevos. El verdadero cambio que estamos presenciando, le dije, y sigo creyéndolo, está en la forma como vemos el mundo en relación con nosotros mismos.

Ya he escrito acerca de los motivos que hay detrás de este cambio. Como digo en mi libro *La meditación como medicina*,* estamos entrando en una nueva era, la Era de Acuario. Los cambios de era son fenómenos naturales que ocurren cada 2.000 años. La venida de Jesucristo marcó la transición anterior, de la Era de Aries a la Era de Piscis. Los astrólogos creen que el mundo volvió a cambiar en la medianoche del 11 de noviembre de 1991. En ese momento acabó la Era de Piscis y comenzó la Era de Acuario. Las transiciones astrológicas se caracterizan por tres periodos de siete años que totalizan una cúspide de 21 años. La transición actual acabará el año 2012. Cada fase de siete años trae consigo cambios acelerados. Creo que estarás de acuerdo en que estamos viendo un cambio muy positivo, a medida que las personas toman conciencia de su naturaleza espiritual. Pero también vemos el polo opuesto de ese cambio positivo. Como colorario negativo en esta fase de transición están el terrorismo, el miedo, la violencia y la ira. En el plano médico vemos un aumento de casos de enfermedades como el cansancio crónico y la obesidad, como también un aumento progresivo de algunos tipos de cáncer.

El cambio más importante que vemos en esta Era de Acuario es que gira en torno a la experiencia, más que a la información y sus efectos en nosotros. Por ejemplo, nuestra búsqueda colectiva de información llevó al invento del ordenador personal y a la aparición de Internet. Durante la era de la información, el lema era: «Necesito saber, necesito saber». Si bien continúa siendo útil, ha remitido el deseo de información pura por sí misma, pues hemos comprendido que lo que más necesitamos es experiencia personal útil. Cuando remontamos la ola de los segundos siete años de esta cúspide, ha surgido un nuevo impulso. Ahora el lema es: «Necesito una experiencia». Esto se ve fácilmente en muchos aspectos de la vida moderna, en los programas de televisión que muestran la realidad,

---

* *La meditación como medicina*, Editorial Diagonal (Grup 62), Barcelona, 2001, 2003.

los llamados *reality shows*, por ejemplo, y en el aumento de los viajes de aventuras.

Este cambio de modelo se ve con especial claridad en la práctica de la medicina. Dado que los pacientes se han ido desilusionando de la atención médica ofrecida por grandes empresas y seguros médicos, ahora visitan en tropel las consultas de terapeutas de medicinas alternativas. En la década de 1980, muy pocos estadounidenses habían recurrido a terapias alternativas, ya fuera un nutricionista, un terapeuta yóguico, un especialista en meditación, un quiropráctico, un masajista, un acupuntor o un herbolario. Pero según un estudio de Harvard, realizado en 1991, ese año este número había aumentando a un 34 por ciento, y en 1999 más del 50 por ciento de la población había visitado a un terapeuta de medicina alternativa. Y este número va creciendo día a día. Una extrapolación del estudio de Harvard de 1991 estima que sólo en 1990 se hicieron 425 millones de visitas a practicantes de medicinas alternativas. La ramificación económica de este cambio a la medicina integradora es pasmosa; los gastos en terapias no ortodoxas en 1990 fueron de aproximadamente 13.700 millones de dólares, de los cuales tres cuartos los pagaron los pacientes de su bolsillo. Estos costes no pagados por seguros médicos ascienden ahora a 27.000 millones de dólares, según datos de una encuesta publicada recientemente en la *New England Journal of Medicine*.

El motivo de que la gente recurra a la medicina integradora es evidente. Los pacientes anhelan la experiencia de bienestar que produce este tipo de tratamiento. Es lo que yo llamo sensación de curación. Normalmente la persona sale de la consulta de un médico alternativo sintiéndose muchísimo mejor que cuando entró. Sale con esperanza y con la experiencia de felicidad. El terapeuta dedica tiempo de calidad a la persona, le hace preguntas y espera respuestas y reacciones. Según mi experiencia, los médicos ortodoxos rara vez están «presentes» en el momento de la visita; parecen tener la mente en otra parte. Muchas personas me han dicho que una visita al médico les produce la sensación de ser un número o un archivo, no una persona. No es de extrañar, entonces, que tantos pacientes, incluso de enfermedades crónicas, estén abandonando el sistema. En su mayor parte, la medicina ortodoxa hace poco para proporcionarles una verdadera experiencia sanadora.

No obstante, puesto que los pacientes lo exigen, la medicina ortodoxa se ha visto obligada a introducir técnicas curativas naturales, probadas, en la atención estándar de cirugía, radioterapia y farmacología. De todos modos, todavía falta mucho por andar. Un motivo de que esté atascada la evolución hacia una medicina holística es que se nos ha enseñado a contar con la tecnología en lugar de con nuestro estilo de vida y con nosotros mismos para sanar. Se nos ha enseñado que la salud óptima, la curación a fondo, la satisfacción, la gratificación, la felicidad, e incluso Dios se encuentran fuera. Este concepto de buscar fuera es sencillamente erróneo. Todas las respuestas y soluciones están en el interior. Desde que existe la palabra escrita, santos, sabios, poetas, escritores, filósofos y yoguis han comentado este concepto y compartido esta verdad. Hace unos quinientos años, un gurú indio llamado Arjun esclareció mi interpretación favorita de esta realidad. Lo llamaban el Quinto Maestro, el rey de este mundo y el siguiente. Esto es lo que escribió:

Todo está dentro del corazón,
el hogar del yo.
Fuera no hay nada.
Aquellos que buscan fuera de sí mismos
quedan vagando en la duda.

El gurú Arjun nos dice que la verdad que buscamos está dentro de nosotros, y estoy de acuerdo. Las respuestas a muchos de nuestros mayores deseos, necesidades y anhelos están en nuestro interior. Sólo necesitamos aprender a encontrarlas.

El vehículo más potente para encontrar las respuestas que deseamos es la inteligencia aplicada, que es la combinación de información y experiencia. La inteligencia aplicada produce verdadera sabiduría porque incluye la experiencia, normalmente en un plano profundo. Dado que los tiempos están cambiando, la medicina debe adoptar el cambio. Y lo hará, por un sencillo motivo: nosotros, el pueblo, lo deseamos.

ADELANTE HACIA EL FUTURO

En su excelente libro *¿Sabemos comer?*, el doctor Andrew Weil expone sus siete principios básicos de la dieta y la salud. Quiero repetírtelos aquí:

- Tenemos que comer para vivir.
- Comer es una importante fuente de placer.

- La comida sana y la comida que da placer no se excluyen mutuamente.
- Comer es una forma importante de relación social.
- Lo que comemos refleja y define nuestra identidad personal y cultural.
- Lo que comemos es un determinante de la salud.
- Cambiar la forma de comer es una estrategia para controlar la enfermedad y recuperar la salud.

Tomado de *Eating Well for Optimal Health*, de Andrew Weil, M.D., *copyright* 2000 *by* Andrew Weil. Copiado con el permiso de la editorial Alfred A. Knopf. (La traducción está tomada de su versión castellana, *¿Sabemos comer?*, Ediciones Urano, Barcelona, 2001.)

No me cabe duda de que estarás de acuerdo en que estos principios son sensatos y ciertos. No obstante, creo que podemos desarrollar más nuestro enfoque de la alimentación basándonos en nuevos conocimientos. Podemos comenzar con el último principio del doctor Weil y avanzar más allá con nueva intensidad. En las páginas de este libro te demostraré por qué es tan esencialmente importante dejar atrás los hábitos nutricionales del siglo pasado para tomar un rumbo nuevo y diferente. Por ejemplo:

- Explico la actuación del alimento como mensajero a los genes y cómo podemos usar este conocimiento para forjarnos una salud vibrante y curación.
- Ofrezco un curso introductorio sobre la última información científica acerca de por qué el alimento es medicina para el cuerpo, la mente y el espíritu.
- Expongo mis nuevos siete principios para una dieta moderna y sanadora. Doy información sobre los alimentos biológicos u orgánicos, la forma de reconocerlos y dónde encontrarlos. También explico los riesgos de los alimentos manipulados genéticamente y la forma de evitarlos.
- Enseño a desintoxicar el cuerpo, de modo suave y seguro, de los contaminantes ambientales que absorbemos cada día.
- Invito a descubrir nuevas formas de aprovechar alimentos comunes y naturales.
- Doy orientaciones para elaborar dietas especiales para enfermedades concretas.

- Enseño el uso de zumos biológicos como remedios naturales.
- Enseño la forma de instaurar terapias vitamínicas y herbolarias para acelerar la curación.
- Ofrezco innovadoras recetas de comidas sanadoras. Muchas provienen de mi familia. Mi mujer, Kirti, es italiana, y es una cocinera maravillosa. Mi hijo, Sat, es cocinero profesional de alimentos naturales. Mi hija, Hari, es licenciada de la New Mexico School of Natural Therapeutics. Todos ellos han accedido de muy buena gana a hacernos partícipes de sus ideas culinarias. Por último, con las bendiciones de mi maestro Yogi Bhajan y de su talentosa esposa Bibiji, doy instrucciones para preparar recetas para la nutrición espiritual, tomadas de la ancestral tradición sanadora de la terapia nutricional yóguica.

A lo largo del libro se te pedirá realizar diversas tareas con el fin de determinar tu consumo de alimentos y ayudarte a elaborar la mejor dieta para tus dolencias, problemas o preocupaciones. El primer ejercicio interactivo lo encontrarás al final de este capítulo. En diversos momentos te sugeriré también que entres en mi página web, www.drdharma.com, para buscar más información, por ejemplo una lista completa de los alimentos no manipulados genéticamente (no transgénicos), que por la limitación de espacio no he podido incluir en este libro.

LA TERAPIA NUTRICIONAL YÓGUICA

La terapia nutricional yóguica se originó en India hace más de cinco mil años, y Yogi Bhajan la introdujo en Occidente en 1969. Él ha enseñado estas técnicas avaladas por el tiempo junto con la antiquísima y sagrada ciencia del yoga kundalini y la meditación (que antiguamente era secreta).

La terapia nutricional yóguica difiere de la medicina ayurvédica en que no hace necesario comprender los tres diferentes tipos de cuerpo: *kapha*, *pitta* y *vata*. A menos que te tomes el tiempo para estudiar el ayurveda, o acudas a un terapeuta cualificado y experimentado en esta medicina, que puede ser muy difícil de encontrar, es posible que no logres beneficiarte realmente del método ayurvédico. Pero la curación no tiene por qué ser tan complicada. Todo lo que necesitas saber para restablecerte lo puedes encontrar en este libro. En realidad es muy fácil entender y aplicar la terapia nutricional yóguica.

En esta terapia hay muy poca distinción entre el alimento como nutrición y el alimento como remedio. Este sistema entrelaza aspectos muy desarrollados de curación y cocina. Es un verdadero placer para mi mujer y para mí comer con Yogi Bhajan y Bibiji. Bibiji es una excelente cocinera de alimentos como medicina, y también autora de dos libros de cocina. Gracias principalmente a ella, las comidas en su casa son memorables por lo sabrosas, sanadoras y fáciles de digerir. En una época en que tantas personas desean volver a una manera más natural de vivir, se está popularizando la curación por el alimento. De ahí el dicho de Yogi Bhajan: «Los médicos diagnostican, el alimento cura y Dios sana». Si sigues los consejos que doy en este libro, podrás cosechar los beneficios de la curación nutricional.

DIARIO DE COMIDAS, EJERCICIO 1

Para ponerte en marcha, durante tres días lleva un diario de lo que comes. Te encantará la información que obtienes respecto a ti mismo. Ésta es la manera perfecta de comenzar el viaje de sanación.

Además de anotar los alimentos que comes, presta atención a cómo te sientes al rato de comer. Contesta a estas preguntas:

1. ¿Te sientes despabilado, con más energía?
2. ¿Te sientes cansado después de comer?
3. ¿Tienes hinchazón o gases en el estómago?
4. ¿Sientes dolor o rigidez en las articulaciones?
5. ¿Cómo duermes? ¿Mejor, peor o igual?
6. ¿Comer te produce ofuscación mental, o te sientes despabilado y alerta?
7. ¿Cómo afecta a tu libido lo que comes?

A continuación una sugerencia para hacer tus anotaciones:

Fecha: _____

Desayuno: _____

Cómo me sentí:_____

Tentempié (si lo hay):_____

Comida de mediodía:_____

Cómo me sentí:_____

Merienda: _____

Cena: _____

Acaba con un resumen de la experiencia de comer del día.

2
¿Qué señales enviamos al cuerpo?

Yo no conocí a mi padre; cuando mis padres se divorciaron yo era un bebé. Después él se volvió a casar y tuvo un hijo, mi hermanastro David. Sólo nos habíamos visto una vez cuando nos reunimos en un hotel de San Francisco, después de un lapso de casi veinte años. Sentado frente a él me siento impresionado, casi asustado, porque en cierto modo me parece que me estoy mirando en un espejo. Bueno, no exactamente, pues él es más alto y tiene el pelo oscuro, mientras que yo soy rubio. Pero es impresionante, porque gesticula con las manos igual que yo, así que es como si me estuviera mirando en un espejo. Y no sólo eso, sus manos podrían ser las mías, tienen la misma forma. Y esa boca, es mi sonrisa. También descubro que durante todos estos años estaba equivocado respecto a de dónde me viene la sensibilidad. No sé por qué siempre creí que me venía de mi madre. Pero después de pasar un tiempo con David me convencí de que por lo menos en parte me viene de mi padre también. Ésta ha sido una lección de primera mano acerca del poder de nuestros genes.

Si eres como la mayoría de las personas, crees que nuestros genes nos han predeterminado todo. Cuando te miras en el espejo por la mañana tal vez contemplas los ojos de tu madre o la sonrisa de tu padre. Es posible que también estés convencido de que los genes nos han predeterminado las enfermedades que vamos a sufrir. En su libro *Living Downstream*, la doctora Sandra Steingraber explica sus problemas de salud al vivir con un cáncer de vejiga. Dado que su madre, su tío y su abuelo habían muerto de diversos tipos de cáncer, muchas personas que la conocían suponían que había heredado genes cancerígenos; no sabían que era hija adoptiva. Su cáncer, creía ella, estaba causado por la contaminación ambiental a que estuvo expuesta de pequeña. Esto nos recuerda la verdad fundamental acerca de las supuestas predisposiciones genéticas: las condiciones externas, las circunstancias a las que están expuestos nuestros genes, contribuyen o bien al máximo de salud, o bien a la enfermedad, envejecimiento acelerado y muerte prematura.

Vivo y trabajo en Tucson. No hace mucho, al abrir nuestro diario, *The Citizen*, leí la historia de Vernon White, que combatió en la guerra de Vietnam a fines de la década de 1960. Junto con otros miles y miles de soldados, Vern estuvo expuesto al infame y muy tóxico herbicida Agent Orange (Agente Naranja), que usaban para despejar espacios para refugio en las espesas selvas. Según el Departamento de Defensa, se arrojaron hasta 72 millones de litros de este herbicida en Vietnam. El Gobierno reconoce que esta toxina es la responsable del cáncer terminal de pulmón que sufre Vern. La exposición al Agente Naranja le dañó irreparablemente los genes, y la consecuencia fue el cáncer. Se ha demostrado que este herbicida es la causa de por lo menos otros diez tipos de cánceres fatales que actúan de la misma manera: dañando los genes.

Si crees que estamos programados por nuestros genes para enfermar de cáncer o no, la triste historia de Vernon White demuestra que no siempre es así. Él tenía genes excelentes, hasta que éstos se encontraron con el herbicida Agente Naranja. El estudio de Estocolmo refuerza este conocimiento. En este estudio se observó durante muchos años a más de mil gemelos idénticos; al final se concluyó que no había ninguna relación entre las enfermedades que contrajeron los gemelos. Uno podía enfermar del corazón y el otro de cáncer.

Hay muchas personas que no saben nada de este tipo de trabajos. Una encuesta reciente realizada por el Instituto de Investigación del Cáncer ilumina este punto. El 86 por ciento de las personas encuestadas creía que los genes causan el cáncer. Pero según los principales investigadores de hoy en día, solamente entre un 10 y un 15 por ciento de los cánceres tienen un origen genético; el resto están causados por una combinación de factores ambientales y de estilo de vida.

CÓMO AFECTA LA COMIDA A NUESTROS GENES

La comida está entre los factores más importantes que afectan a los genes y los impulsan hacia el cáncer provocando mutaciones o interrupción de sus funciones. Es decir, lo que comemos puede o bien prevenir el cáncer y otras enfermedades crónicas, o bien contribuir a causarlos.

Por ejemplo, imagínate que estás en una sala de conferencias y estoy yo en el estrado hablando de los alimentos como medicina. Durante la charla anuncio que tengo a un invitado fuera de la sala; explico que es un hombre de 55 años que trabaja doce horas diarias, come comida basura, fuma dos paquetes de cigarrillos al día, bebe alcohol en exceso, no hace ejercicio, no practica ninguna técnica de control del estrés, no cuenta con ningún sistema de apoyo social ni tiene fe. ¿Se te ocurre que vas a ver a una persona que representa menos edad o más edad de la que tiene? Supondrías que se verá mayor, y casi con certeza tendrías la razón.

Antes de que se presente este invitado anuncio la presencia de otra persona de 55 años. Se trata de un hombre feliz con su vida. Cada mañana al despertar, según dice, «se da un apretón de manos con Dios». Come bien, una dieta principalmente vegetariana, con algo de pescado; le encantan los alimentos biológicos, no fuma ni bebe, juega al tenis cuatro veces a la semana y después hace ejercicio de levantamiento de pesas. Está muy contento con su familia y tiene una vida espiritual fuerte y auténtica. ¿Qué edad te imaginas que representa? Menos de la que tiene, ¿verdad?

Finalmente aparecen los dos hombres y tus dos suposiciones resultan ser las correctas. El primero aparenta 70 años, y el segundo 45. A juzgar por sus apariencias, hay un cuarto de siglo de diferencia entre ellos. El primero ha hecho todo lo que podía para obligar a sus genes a expresarse de modo negativo, mientras el otro ha empujado a sus genes hacia la expresión de la salud y el bienestar óptimos. Los dos han tenido opción, voz y voto en lo que harían o no harían sus genes. Esta misma opción la tienes tú delante.

Dado que comemos con mucha frecuencia, la atención a lo que comemos es la manera más importante de mantener la integridad genética o destruirla. Muchos estudios científicos excelentes subrayan esta verdad fundamentalmente importante. El doctor Richard Weindruch ha realizado estudios sobre la influencia del cambio dietético en los genes. Los resultados se publicaron en 1996 en la revista *Scientific American*. Su artículo, «Nutrient Modulation of Gene Expression», ilustra que sencillamente reduciendo el consumo de calorías totales, la vida de un ratón de laboratorio se podría prolongar en un 30 por ciento. Traducido a la vida humana, esto significaría prolongar la duración de la vida de 76 años a 93. Estarías muy satisfecho con esa esperanza de vida, ¿verdad? Yo estaría muy contento esperando vivir más de 90 años.

En la rata de laboratorio típica hay 6.347 genes. El doctor Weindruch descubrió que durante el envejecimiento normal, cuando al animal se le permitía comer todo lo que deseaba, un 5 por ciento de sus genes experimentaba un aumento de actividad y otro 5 por ciento una disminución. El 90 por ciento de sus genes no mostraba ningún cambio en el grado de actividad. ¿Te sorprende saber que ese 5 por ciento que aumentaba su actividad eran genes del estrés, y el 5 por ciento que la disminuía eran genes de energía? Esto se asemeja a lo que veo en pacientes que están envejeciendo prematuramente. Se sienten cansados, deprimidos y estresados. Explican que sufren de dolor crónico, artritis, pérdida de memoria y tienen debilitado el sistema inmunitario. Algunos se están recuperando de un cáncer. Desgraciadamente, mientras yo no lo pregunto, rara vez han pensado hasta qué punto su dieta podría ser la causa de muchos de sus síntomas.

En el estudio del doctor Weindruch, las ratas que comían todo lo que querían experimentaron más estrés y menos energía. Lo contrario les ocurrió a las ratas que comían menos, que mantuvieron su bioquímica juvenil incluso mientras envejecían; tenían el pelaje lustroso, seguían activas sexualmente y no tuvieron artritis, cáncer ni pérdida de memoria.

Tal vez no te interese ser capaz de correr por un laberinto a los sesenta años, pero sé que te gustaría tener la mayor cantidad de energía posible, y deseas estar activo en todas las edades y fases de la vida. Simplemente reduciendo el total de calorías y comiendo alimentos mejores puedes enviar señales positivas a tus genes, aumentando así tus posibilidades de tener una vida larga y robusta.

Otros investigadores, muy notablemente el doctor Roy Walford, profesor retirado de la cátedra de patología en la UCLA, han realizado estudios similares en animales más grandes, como los monos, e incluso en seres humanos. Los resultados fueron similares. En el estudio de Walford se comprobó que, teóricamente, una persona puede vivir aproximadamente 120 años sin experimentar un deterioro grave en su calidad de vida. Su investigación en el famoso experimento Biosfera I, que se realizó a unos 80 km de mi ciudad en el desierto, también demostró que una dieta baja en calorías disminuye la actividad de los genes del colesterol, y por lo tanto reduce los niveles de grasa en la sangre, relacionados con la enfermedad cardiaca.

En calidad de médico especializado en la longevidad del cerebro, puedo decirte que el estudio del doctor Walford tiene también importantes implicaciones para la función cognitiva. Comer bien afecta positivamente a los genes que regulan la producción, la calidad y la cantidad de esas importantes sustancias químicas del cerebro llamadas neurotransmisores, como la serotonina y la dopamina. Así pues, podemos comer para prevenir o detener la pérdida de memoria e influir en el estado de ánimo. Aprovechar el alimento como remedio antienvejecimiento ayuda al cerebro a continuar regenerándose durante todo el tiempo que vivimos. Esto lo he visto muchas veces en mi práctica clínica.

El doctor Walford y los entusiastas de su prolongación de la vida comen aproximadamente entre 1.500 y 2.000 calorías diarias. Esto es menos de lo que acostumbran a comer la mayoría de las personas, pero claro, en Estados Unidos comemos demasiado. Esto se me hace evidente cuando viajo a Europa o Asia, donde las raciones en las horas de comida son mucho más pequeñas que las que servimos aquí, y, en consecuencia, el nivel de obesidad es más bajo. Hace poco vi una fotografía del doctor Walford, y a sus 75 años se ve como mínimo 20 años más joven. Es muy activo físicamente, sale a correr cada día. También es activo intelectualmente, y escribe y habla en público acerca de su trabajo.

La esencia del plan Walford es lo que él llama una subnutrición que no sea mala nutrición. Esto significa ser capaz de disminuir el consumo calórico sin sacrificar la densidad de nutrientes ni los mensajes positivos que el alimento envía a los genes. En este libro, casi todas las recetas de comida como medicina se basan en este concepto. Son, en primer y principal lugar, densas en nutrientes, y muchas de ellas son también bajas en calorías.

Todos los estudios sobre la limitación calórica apuntan a que constantemente les estamos hablando a nuestros genes, y las palabras son los alimentos que comemos. En la superficie de todas nuestras células hay receptores, o asideros químicos y vibratorios. Estos receptores están sintonizados con la inteligencia energética que impregna su entorno, es decir, nuestro cuerpo. Momento a momento, el cuerpo zumba con señales de paz o estrés. Estas señales pueden ser vibratorias, químicas, nutricionales u hormonales. Al margen de la forma que tomen, se transmiten como parte de la vasta red de inteligencia que une la mente, el cuerpo y el espíritu.

Cuando los receptores de una célula captan un mensaje, la maquinaria interior de la célula responde sintetizando ciertas sustancias químicas llamadas segundos mensajeros. Estos mensajeros, entonces, se comunican con el núcleo del centro de la célula, donde se albergan los genes. Estos genes recogen la señal y, basándose en el mensaje recibido (paz o estrés), sintetizan proteínas, como las enzimas, y otras sustancias químicas como las citocinas y los leucotrienos, que entonces salen de la célula como moléculas mensajeras. Estos nuevos mensajeros químicos se comunican con las demás células del cuerpo. Ésta es la base de la ciencia de la comunicación intercelular, cuyo funcionamiento óptimo es esencial para la salud total y la longevidad.

ALIMENTOS SANOS, ALIMENTOS NOCIVOS, Y EL CUERPO

Los diversos componentes de los alimentos, de los que hablaremos más adelante, envían mensajes de salud o enfermedad a nuestros genes. Y ya sea que los oigamos o no, los genes responden. Los sutiles sonidos emitidos desde lo más profundo de nuestros treinta billones de células dicen algo así: «Me gusta lo que ocurre. Esto es fantástico. Continuaré produciendo buenas moléculas y haré de ésta una experiencia dichosa». O, si comemos comida que molesta a los genes, el mensaje interior podría indicar una disfunción, algo así: «Oye, ¿qué pasa? Tengo muchas maneras de expresar mi capacidad, y como estoy tan estresado necesito expresarla en forma de hostilidad. Estoy sitiado. Me han atiborrado de comida basura y no me gusta nada eso. Así pues, voy a poner este cuerpo en estado de alarma. ¡Pulsa las teclas del estrés! ¡Bombea adrenalina y cortisol! ¡Todos a sus puestos de batalla!»

Esta segunda situación, la de elevada excitación crónica, es la que han experimentado muchos de mis pacientes durante años. El estrés crónico produce millones de radicales libres, esos dañinos subproductos del metabolismo. Los radicales libres deterioran el ADN, causando mutaciones genéticas que llevan al cáncer. La señal negativa recibida por el ADN de parte de los radicales libres también puede inducir la producción de otras sustancias químicas, como las prostaglandinas, que generan la inflamación que lleva a la artritis y a muchas otras enfermedades, entre ellas la de Alzheimer (véase la lista de la página siguiente). Finalmente, esta cascada negativa de alimentos dañinos que produce lesiones celulares también puede afectar a la química de los lípidos, lo que a su vez puede causar la enfermedad cardiaca, que también es una enfermedad de inflamación.

ENFERMEDADES GRAVES RELACIONADAS
CON INFLAMACIÓN CRÓNICA

Cáncer: En la mayoría de los cánceres se encuentra inflamación crónica.

Ataque al corazón: La inflamación crónica lleva a la cardiopatía coronaria.

Alzheimer: La inflamación crónica mata las neuronas.

Accidente cerebrovascular (embolia, derrame, trombosis): La inflamación crónica favorece la formación de trombos.

Artritis: Las citocinas inflamatorias destruyen el cartílago de las articulaciones.

Insuficiencia renal: Las moléculas inflamatorias dañan las células renales.

Asma: La inflamación cierra las vías aéreas.

Alergia: La inflamación induce la reacción autoinmunitaria.

Pancreatitis: La inflamación lesiona las células pancreáticas.

Fibrosis: Las citocinas inflamatorias atacan al tejido traumatizado.

Complicaciones quirúrgicas: Las citocinas inflamatorias impiden la cicatrización.

Anemia: La inflamación obstaculiza la producción de glóbulos.

Fibromialgia: Inflamación, inflamación, inflamación.

Otros mensajeros intercelulares liberados a causa de la nutrición defectuosa son la hormona del estrés cortisol, las hormonas sexuales estrógeno, testosterona y DHEA (deshidroepiandrosterona), y la insulina, la hormona que controla la tasa de azúcar en la sangre. Estudios científicos han demostrado que estos comunicadores intercelulares pueden mantener el cuerpo en un equilibrio sano o llevar a la enfermedad, según sea la reacción de los genes a la nutrición que reciben de los alimentos que comemos.

Señales que podrían recibir las células
por mala comunicación de alimentos dañinos

Síntoma	Mala comunicación celular
Obesidad	Mensaje de mal almacenamiento de grasas
Intolerancia a la glucosa	Desequilibrio insulínico
Depresión	Disfunción neurotransmisora
Inflamación de articulaciones, músculos u órganos	Mayor producción de proteínas inflamatorias
Trastorno de falta de atención	Neurotransmisores deteriorados
Elevado colesterol LDL («malo»)	Desequilibrio en el metabolismo de las grasas
Exceso de radicales libres dañinos	Aumento de sustancias químicas
Resfriados frecuentes, posible cáncer	Deterioro de sustancias químicas inmunitarias
Dolor de cabeza	Aumento de diversos mediadores químicos
Cansancio crónico	Energía mal regulada
Fibromialgia	Malas señales de dolor

Tomado de *Improving Intracellular Communication in Managing Chronic Illness*, de Jeffrey S. Bland. Con la autorización del Institute for Functional Medicine, 5800 Southview Drive, Gig Harbor, Washington 98335, detentor del *copyright*.

En su libro *Journey Into Healing*, Deepak Chopra escribe:

El cuerpo no es una escultura congelada.
Es un río de información;
un organismo que fluye, capacitado por
millones de años de inteligencia.
En cada segundo de nuestra existencia
estamos creando un nuevo cuerpo.

El cómo comemos ahora le dice a nuestros genes el tipo de cuerpo que deseamos tener después.

A comienzos del siglo XX, la enfermedad era algo profundo, misterioso y lento. Dado que aún no se habían inventado los antibióticos, eran comunes las enfermedades como la neumonía y la tuberculosis. De hecho, mi abuelo materno murió de neumonía a los 43 años en 1922.

Actualmente la enfermedad se caracteriza por la velocidad, al igual que nuestra sociedad. Hemos desregulado la proliferación celular, a la que llamamos cáncer, y el volumen corporal, al que llamamos obesidad cuando es excesivo. En muchos casos hay una relación probada entre ambos. Por ejemplo, algunos factores de riesgo para el cáncer de colon son la obesidad, el excesivo consumo de carne roja y la falta de ejercicio.

Creo muy firmemente que existe relación entre nuestro mundo acelerado, orientado al nanosegundo, y las enfermedades que predominan hoy en día. Dicho con palabras sencillas, la vida avanza a una velocidad mayor que nunca, y muchas personas aún no han evolucionado hasta el punto de tener sistemas nerviosos lo bastante fuertes para soportarla. Las neuronas tienen que arreglárselas con mucha más información y estimulación que nunca. Tal vez esto no sería tan difícil si uno tuviera el cerebro de Albert Einstein o llevara un superordenador sobre los hombros, pero en general tenemos la misma materia gris que tenían nuestros antepasados hace diez mil o más años.

Ahora tenemos noticias instantáneas, dinero instantáneo, guerra instantánea, comunicación instantánea y gratificación instantánea. Hacemos muchas cosas al mismo tiempo, y a eso lo llamamos multitareas. Tenemos teléfonos fijos, teléfonos móviles, localizadores (buscas), correo electrónico, correo normal y ordenadores que caben en una mano. Todos estos aparatos tecnológicos se han inventado para ayudarnos a ser más productivos.

Pero hacernos más productivos nos ha traído una nueva enfermedad de carencia, una que no es curable con vitaminas, nutrientes ni alimento. Sufrimos de grave falta de tiempo libre. La mayoría de los estadounidenses que trabajan sólo tienen unas pocas semanas de vacaciones al año. Esto no se compara con las vacaciones en otros países, principalmente en Europa, donde los trabajadores gozan de seis semanas de vacaciones anuales. Además, la falta de sueño es un problema médico importante. En mi trabajo, es rarísimo un paciente que duerma bien.

Dada nuestra falta de tiempo libre, tomar alimento como medicina pacificadora es de primordial importancia para devolver el equilibrio a nuestra vida. Si constantemente excedemos los límites de nuestro cuerpo en la nutrición, aceleramos el envejecimiento de cuerpo, mente y espíritu. Los alimentos de estrés de alta frecuencia son aquellos que producen una reacción de alarma en el cuerpo (alarmantes); me refiero al azúcar blanco, los alimentos refinados sin fibra, la carne roja, la cafeína, las bebidas alcohólicas y otros cuya lista doy a continuación. Todos ellos producen una señal de estímulo artificial que se transmite a nuestros genes. Los genes reciben la señal de darse prisa, y obedecen. Por desgracia, lo que realmente se da prisa es el desarrollo de la enfermedad e incluso la muerte.

ALIMENTOS ALARMANTES

Alimentos blancos (azúcar, harina blanca, pan blanco, pasteles, pastas, leche, arroz blanco)
Alcohol
Edulcorantes artificiales
Queso
Carne roja
Alimentos procesados
Beicon
Salami
Carnes enlatadas
Cerdo
Salchichas de Francfort
Comida rápida
Bebidas gaseosas
Cafeína
Mantequilla
Margarina
Aceites de palma y de coco
Aceites de cártamo, de girasol, de sésamo cocido, de maíz, de soja y de semillas de algodón
Pollo o ave con piel no criados libres
Huevos de estas aves

Todos estos alimentos alarmantes tienen en común un alto contenido graso, que mayoritariamente es de grasa saturada. Las grasas saturadas, como las que se encuentran en la carne roja, tienen mucho que ver con el mayor riesgo de enfermedades como las cardiopatías, el cáncer y el Alzheimer. Está claro que el tipo de grasa que se consume influye de modo importante en la salud y la longevidad. Los alimentos que contienen omega-3 (la grasa «buena»), como el salmón, el atún, el aceite de oliva y el aceite de semilla de lino, inhiben la inflamación. Los alimentos ricos en grasas saturadas estimulan la formación de moléculas inflamatorias; también son muy ricos en calorías débiles en nutrientes, cuando lo que necesitamos para asegurarnos una vida sana y larga son calorías densas en nutrientes.

¿Qué señales le envías a tu cuerpo? ¿Consumes alimentos de alarma que producen un zumbido de falsa energía para sobrevivir al acelerado ritmo de tu vida? Si es así, el legado que estás generando podría incluir enfermedad debido a cómo reaccionan tus genes. Lo bueno es que, con tu dieta, puedes detener el curso del envejecimiento prematuro y el desarrollo de la enfermedad. Hablas con tus genes muchas veces cada día a través de lo que comes. ¿Por qué no enviarles una señal sanadora?

DIARIO DE COMIDAS, EJERCICIO 2

1. ¿Qué similitudes hay entre los alimentos alarmantes?
2. Después de leer la lista de alimentos alarmantes, observa cuáles tomas más a menudo.
3. Procura eliminar de tu dieta todos los alimentos blancos que puedas.
4. Observa cómo empiezas a sentirte.

3

Fitonutrientes: Cómo actúan
de medicina la verdura y la fruta

No existe ningún motivo para que no podamos vivir en nuestro máximo potencial como individuos perfectos creados a imagen de Dios. El modo de relacionarnos con los alimentos y de usarlos en la vida nos sirve para ser esos seres humanos sanos, felices y completos.

El alimento es la mejor medicina natural. Actualmente esta idea se ha convertido en uno de los principios orientadores de la vida sana. A todos los escolares se les ha enseñado que una manzana al día mantiene alejado al médico, y no conozco a nadie que discuta la sabiduría de esta frase. Las manzanas son muy saludables; son ricas en fibra, que favorece la salud gastrointestinal óptima; también contienen grandes cantidades de vitaminas naturales y minerales, y además el nutriente pectina, que, según se ha demostrado, combate el exceso de colesterol y el cáncer de colon. De hecho, informes de reciente publicación revelan que mejorar la dieta y el estilo de vida puede reducir nada menos que en un 70 por ciento la incidencia de cáncer de colon.

Incorporar a la vida el concepto de alimento como medicina es una decisión muy práctica, dado el modo como alimentos específicos activan la fuerza sanadora natural del cuerpo. Cuando ocurre esto, cuando uno come ciertos alimentos muy bien elegidos, puede prevenir y curar veintenas de dolencias eficazmente y sin riesgos.

LOS AVANCES MÉDICOS TECNOLÓGICOS TIENEN SUS LÍMITES

Un político de 65 años sufre un grave ataque al corazón. Como parte de un protocolo de investigación se le ofrece un nuevo tipo de tratamiento que su médico cree podría salvarle la vida. El paciente supone que se trata de una operación quirúrgica y le dice al doctor, bromeando, que le ponga una cremallera en el pecho.

—Nunca se sabe —dice—. Tal como van las cosas, igual podría tener que volver a abrirme.

El médico le dice que sí, que el tratamiento consiste en una operación, pero no de ese tipo.

—Vamos a hacerle una pequeña incisión en la médula espinal para extraer algunas células —le explica—. Son células base indiferenciadas de las que se puede formar cualquier tipo de órgano. Después las prepararemos de un modo que nos permita inyectárselas en el corazón. Nuestra teoría es que esto permitirá que su corazón forme nuevas células que inviertan los efectos de su ataque.

El político acepta y la operación es un éxito. Pero muere al poco tiempo.

Aun habiendo sufrido un ataque coronario masivo y después de haber sido sometido a una operación quirúrgica, el político continuó con su muy estresante estilo de vida. Más importante aún, no cambió su dieta rica en grasas, azúcar y alimentos alarmantes. Continuó por el camino de la autodestrucción, armado solamente con su cuchillo y su tenedor.

No creo que el futuro de la medicina esté en la tecnología. Los grandes descubrimientos de la investigación médica moderna tampoco se van a encontrar en los estudios financiados por las gigantescas empresas farmacéuticas multinacionales para producir esos fármacos carísimos con que nos seducen en los anuncios televisivos. El futuro de la salud tampoco está en la carrera para adiestrar a células indiferenciadas para regenerar las células de nuevos cerebros, páncreas, hígados o corazones.

El futuro de la buena salud se encontrará en el mismo lugar donde ha estado siempre: en los distintos constituyentes químicos de las frutas y verduras. Cuando los consumimos regularmente, estos «remedios» hacen más que cualquier píldora mágica, vacuna o truco genético para prevenir y tratar la enfermedad cardiaca, el cáncer, la diabetes, la enfermedad de Alzheimer, la artritis y las demás plagas de nuestro tiempo.

Esta afirmación podría parecer una barbaridad si no se está al tanto de los últimos descubrimientos médicos que voy a explicar o de los consejos prácticos que seguirán. Pero, como lo demostraré, todo esto es cierto.

RETORNO A LA FUENTE

Adondequiera que miro veo la mano de Dios, especialmente en la abundancia de productos naturales que crecen en la Tierra. El Creador, la misma energía que hace migrar hacia el sur a los pájaros en invierno, que hace salir el sol por el este cada mañana y brillar las estrellas por la noche, ha hecho una prioridad el asegurarnos nuestro bienestar divino. Todo lo que necesitamos para disfrutar de nuestro derecho a ser sanos, felices y completos lo tenemos aquí, pero nos hemos alejado tanto de la huerta que tal vez ya no somos capaces de verla. Además, nuestro estilo de vida moderno se centra en la tecnología, no en la Madre Naturaleza. Espero que al dedicar el tiempo y la energía a viajar por este camino conmigo disfrutes de la recompensa de una salud resplandeciente, mayor felicidad y paz espiritual.

Así pues, empecemos con los productos vegetales. El reino vegetal nos proporciona muchos de los nutrientes químicos que necesita el cuerpo para sustentarse y regenerarse. Tenemos una verdadera farmacia en la cocina.

Las verduras y las frutas impiden que los genes envíen mensajes negativos al resto del cuerpo. Ése es su efecto médico más potente e importante. Aparte de eso, una dieta rica en frutas y verduras disminuye el consumo de grasas, colesterol y azúcar refinado. Con esta dieta se aumenta el consumo de los importantísimos antioxidantes que combaten la enfermedad y de los compuestos antiinflamatorios protectores, que son esenciales para prevenir el cáncer, las cardiopatías y el dolor crónico. Ten presente que la dieta de comida rápida que siguen tantos estadounidenses es un fenómeno relativamente reciente, que comenzó hace unos cincuenta años como mucho. Nuestros genes están adaptados a una dieta de alimentos frescos, que es la forma de comer para la que nos preparó la naturaleza. No es de extrañar, entonces, que haya una desconexión entre lo que algunos comemos y lo que esperan recibir nuestras células. Esta desconexión es, en gran medida, la causa de toda enfermedad.

EL NATIONAL INSTITUTES OF HEALTH Y
EL «CINCO AL DÍA»

En septiembre de 1999, el organismo National Institutes of Health (NIH) [Institutos Nacionales de Salud] publicó un informe en el que recomendaba a la población comer por lo menos cinco raciones diarias de fruta y cinco de verdura. Según el NIH había pruebas fehacientes de que seguir esta prescripción nos protegería la salud. Con un coste de más de 40 millones de dólares para los contribuyentes, este organismo inició una campaña educativa a través de los medios de comunicación. Esta campaña no tuvo mucho éxito en cambiar nuestro comportamiento, ya que solamente un 3,7 por ciento de la población adoptó la medida de comer cinco raciones diarias de frutas y cinco de verduras, pero sí despertó la conciencia de la importancia de la fruta y la verdura fresca. El mantra «cinco al día» dispuso el escenario para que otras organizaciones hicieran más investigaciones en este campo, entre ellas el American Institute for Cancer Research (AICR) [Instituto Estadounidense para la Investigación del Cáncer].

Este instituto ha hecho un trabajo extraordinario en el cumplimiento de su misión, subrayando la importancia de los alimentos frescos en la prevención del cáncer. Todos los años el grupo organiza por lo menos un congreso en Washington para informar de los resultados de las últimas investigaciones en este campo. También patrocina otros congresos a lo largo y ancho del país para los supervivientes de cáncer y para el gran público también. Pero más importante aún es su fuerte compromiso en financiar estudios innovadores en nutrición en las principales instituciones médicas. Este grupo ha publicado también *Food, Nutrition and the Prevention of Cancer: A Global Perspective*. Este libro, copatrocinado por la Word Cancer Research Foundation, ha contribuido a cambiarle la cara a la investigación del cáncer. Si bien la parte principal del dinero para investigación sigue yendo al descubrimiento de nuevos fármacos y tecnologías, el hecho de que ahora la investigación en nutrición se financie a ese grado representa un gran progreso.

De los estudios sobre nutrición respaldados por organizaciones como el AICR saldrán muchos más conocimientos útiles que de aquellos destinados a descubrir venenos para matar las células cancerosas. Con estos fármacos a veces la cura es peor que la enfermedad. Piénsalo; si los venenos son capaces de matar células cancerosas, que son las de proliferación más rápida en el cuerpo, también tienen que ser capaces de matar muchísimas otras células útiles al mismo tiempo. Entre éstas están las células gastrointestinales, las células inmunitarias y, lógicamente, los folículos capilares. Los enfermos que reciben quimioterapia son envenenados. Muchos ni siquiera pueden comer debido a las náuseas, y pueden volverse más vulnerables a infecciones, fatiga o cansancio y debilidad a consecuencia del tratamiento. ¿Tiene visos esto de ser el camino hacia la salud?

Pero lo más importante que ha hecho el Instituto para la Investigación del Cáncer es aumentar a siete las cinco raciones diarias de verduras y de frutas recomendadas por el NIH. Es necesario comer esa cantidad de fruta y verdura para obtener las cantidades suficientes de los ingredientes medicinales que proporcionan. El alimento es medicina y, como ocurre con los fármacos, hay una dosis apropiada.

LOS FITONUTRIENTES

Los componentes activos de la fruta y la verdura se llaman fitonutrientes; son los compuestos químicos de las plantas que actúan en los genes y células humanos para reforzar las defensas innatas del cuerpo contra la enfermedad. Dicho sencillamente, los fitonutrientes pueden salvarnos la vida.

En 1986 los investigadores de laboratorio comenzaron a descubrir muchas sustancias químicas «nuevas» en frutas y verduras corrientes. Tanto en las probetas como en estudios con animales, estos misteriosos compuestos demostraron tener una notable capacidad para detener el cáncer. Hoy en día nuestros conocimientos sobre los fitonutrientes están dando sus frutos, y al saber más, podemos decir con confianza que el futuro de la curación no está en los fármacos, vacunas o células indiferenciadas; está en los alimentos. Como dijo a *Newsweek* el oncólogo Mitchell Gaynor, comer los alimentos correctos es «tan específico para detener el cáncer antes de que comience como lo es llevar cinturón de seguridad para disminuir el riesgo de morir en un accidente de coche».

Nuestras defensas naturales están agobiadas por la exposición a toxinas ambientales como el aire contaminado, el humo de cigarrillo de primera y segunda mano, varias sustancias químicas favorecedoras del cáncer presentes en los alimentos y el agua, así como por el daño que causan al cuerpo todos los tipos de estrés interno y externo. Necesitan toda la ayuda que puedan obtener de los fitonutrientes. Aunque sí soy partidario de tomar suplementos por seguridad y con fines terapéuticos, mi principal recomendación a mis socios en curación en mi consulta y a ti, mi socio sanador lector, es comer un arco iris de frutas y verduras frescas cada día.

Sé que no somos perfectos. Es difícil abandonar viejos hábitos y adoptar nuevos, aun cuando éstos contengan una promesa tan sorprendente. Sin embargo, cuando comencé a comer más fruta y verdura, mi salud, que ya era buena, mejoró enormemente. He visto a cientos de pacientes recuperar la salud y bajar de peso cuando hacían lo mismo.

DIARIO DE COMIDAS, EJERCICIO 3

Durante tres días anota toda la fruta y verdura que comas. ¿Llegas a siete piezas al día?

4

Las verduras como medicina

Podría presentarte la información de este capítulo aconsejándote consumir abundantemente los compuestos químicos sulforafano, isotiocianatos, alicina y epigalocatequina galato. Por si no te has dado cuenta, he dado los nombres de compuestos médicamente activos presentes en productos agrícolas comunes, esos alimentos vegetales que contienen todos los fitonutrientes que necesitamos para mantener a raya e incluso curar muchas dolencias, desde el malestar de estómago al cáncer. Pero lo que he hecho es compilar un glosario mucho más útil de verduras corrientes con sus beneficios.

BRÉCOL

El brécol es con mucho el tema del reportaje científico más entusiasmante de nuestro tiempo. Es difícil sobrevalorar su poder sanador. Esta verdura crucífera ha demostrado ser eficaz como alimento medicina para el cáncer, la enfermedad cardiaca y muchas otras afecciones graves.

Hace años que conocemos el poder del brécol como alimento preventivo del cáncer. Actualmente tenemos nuevas pruebas que respaldan su capacidad de combatir el cáncer también. Incluso sabemos exactamente qué parte de esta verdura es mejor para comer. No hace mucho, el doctor Paul Talalay, eminente profesor de farmacología y director del Laboratorio de Ciencias Moleculares de la Facultad de Medicina de la Universidad Johns Hopkins, amplió nuestro conocimiento acerca de uno de los principales fitonutrientes que contiene el brécol: el sulforafano. El sulforafano activa los agentes bloqueadores del cáncer naturales del cuerpo.

El estudio del doctor Talalay ha demostrado que el sulforafano protege los genes contribuyendo a liberar al cuerpo del estrés dañino y de las mo-

CÓMO EXPULSA EL SULFORAFANO LOS AGENTES CANCERÍGENOS DE LAS CÉLULAS HUMANAS

Cuando una molécula cancerígena, proveniente del alimento, bebida, aire o humo, invade una célula, puede activarse su capacidad causante de cáncer.

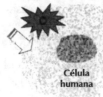

Célula humana

Al llegar a la célula, el sulforafano activa un grupo de proteínas llamado enzimas fase II.

A los minutos de haber sido consumido, entra en el torrente sanguíneo el sulforafano, sustancia fitoquímica que combate el cáncer, y rápidamente activa los sistemas de defensa antioxidantes del cuerpo.

Entonces las enzimas de la fase II activadas «desarman» a la molécula cancerígena y así aceleran su expulsión de la célula.

léculas peligrosas. En dicho estudio, el doctor Talalay y un colega, el doctor Thomas Kensler, profesor de ciencias de la salud medioambiental en la Facultad de Salud Pública de la Johns Hopkins, expusieron a 145 animales de laboratorio a una fuerte sustancia química cancerígena. A un grupo de ratas las alimentaron con un extracto de brécol que contenía sulforafano antes de exponerlas a la sustancia cancerígena. Pasados 50 días, el 68 por ciento de las ratas del grupo no protegido, que habían comido la dieta estándar, había desarrollado tumores mamarios; en el grupo de las ratas que recibieron el sulforafano protector sólo el 26 por ciento desarrolló tumores cancerosos. Además, estos tumores en las ratas protegidas eran más pequeños y tardaron más tiempo en crecer.

Según otros investigadores, el brécol es particularmente útil en la prevención de los cánceres de colon, de mama y de próstata. Muy recientemente, científicos de la American Health Foundation comprobaron que el sulforafano inhibía la formación de lesiones premalignas en el colon de ratas. Además, científicos de Toulouse (Francia) descubrieron que este compuesto mataba las células cancerosas humanas.

¿De qué modo exactamente contribuye el brécol a prevenir y combatir el cáncer? En las células tenemos sistemas enzimáticos de desintoxicación llamados fase I y fase II, que han de guardar un delicado equilibrio. Las enzimas de la fase I buscan los compuestos causantes de cáncer que han entrado en el cuerpo (por la dieta o el medioambiente) y los hacen más fáciles de eliminar, convirtiéndolos en compuestos hidrosolubles o inactivándolos de alguna otra manera.

De vez en cuando, sin embargo, estas enzimas de la fase I generan sustancias químicas cancerígenas. De ahí la necesidad de las enzimas de la fase II, como la glutatión S-transferasa, que desintoxican al cuerpo de las sustancias cancerígenas producidas por las enzimas de la fase I. Las enzimas de la fase II también atacan directamente a las sustancias cancerígenas, las destruyen y las expulsan del cuerpo antes de que puedan causar lesiones genéticas en las células.

El sulforafano previene el cáncer activando estos dos sistemas enzimáticos y también causando la muerte de las células cancerosas. Según el doctor Talalay, «ahora tenemos pruebas de que la capacidad anticancerígena de los componentes de las verduras crucíferas, como el brécol, en particular los brotes de brécol, es más duradera, más potente, más versátil y, en último término, más segura de lo que suponíamos».

¿Por qué el doctor Talalay nos recomienda comer brotes de brécol? Su equipo de investigación descubrió que a medida que la planta crece, la concentración de sulforafano disminuye. Las plantas jóvenes, por ejemplo los retoños de tres días, tienen muchísimo más poder anticancerígeno. De hecho, este estudio demostró que ciertas variedades de retoños de brécol de tres días contienen de 20 a 50 veces más concentración de sulforafano que la verdura madura cocida. Se descubrió que, en promedio, 30 g de brotes de brécol producen una actividad anticancerígena equivalente a la que producen 600 g de brécol maduro cocido, es decir, una concentración 20 veces mayor.

Recuerda que el sulforafano activa la enzima de la fase II llamada glutatión S-transferasa. Los estudios demuestran que un nivel elevado de esta enzima en el tejido gastrointestinal protege de una amplia gama de cánceres. También se ha comprobado que el sulforafano inhibe en hasta un 80 por ciento los cambios negativos en el ADN inducidos por sustancias químicas. Por lo tanto, podría prevenir el cáncer de pulmón dado sus efectos protectores de los cánceres inducidos por la contaminación medioambiental.

El brécol también contiene una enzima de desintoxicación, poco conocida pero increíblemente importante, llamada D-glucarato. Los estudios realizados con animales indican que podría ser eficaz para inhibir la formación de cáncer y su avance. Los resultados preliminares de estudios con seres humanos son igualmente impresionantes. Extrapolando estos datos, se ha llegado a la conclusión de que el D-glucarato presente en el brécol podría reducir de modo importante el riesgo de cánceres de mama, de vejiga, de pulmón, de piel, de colon y de hígado.

Actualmente el doctor Talalay está trabajando en experimentos clínicos con el fin de determinar la manera de cultivar, preparar y consumir extractos de brotes de brécol y de otras verduras. Imagínate: el brécol un remedio. Ha fundado el Brassica Chemoprotection Laboratory en la Universidad Johns Hopkins para estudiar este tema. Los brotes producidos gracias a sus estudios en esta universidad están al alcance del público con el nombre BroccoSprouts. Se venden principalmente en tiendas de alimentos dietéticos, junto con los brotes de alfalfa, a los cuales se parecen.

A la luz de los hallazgos del doctor Talalay, tal vez al consejo de nuestras madres y abuelas: «Cómete la verdura», deberíamos añadir el de: «Cómete los brotes».

CALABAZAS Y BONIATOS

Las calabazas son una maravillosa fuente de calcio, fibra, hierro y zinc, nutrientes esenciales para la salud de la próstata y un sistema inmunitario fuerte.

Las calabazas de piel color naranja y los boniatos, que son estupendas fuentes de fibra y vitamina E, también contienen carotenoides, excelentes antioxidantes.

COL RIZADA

La col rizada es una extraordinaria fuente de muchos nutrientes, entre ellos betacaroteno, calcio, hierro, manganeso, potasio y vitaminas C y E. También contiene en elevado nivel el fitonutriente leutina, protector de la vista. Si bien existen más de 500 carotenoides, sólo se han identificado entre 50 y 60 en los alimentos. Los principales carotenoides presentes en la col rizada son alfacaroteno, betacaroteno, gammacaroteno, betacripto-xantina, leutina, licopeno y zeaxantina. Estos compuestos neutralizan los radicales libres y por lo tanto protegen el ADN de los genes. En opinión de los principales investigadores y conocedores nutricionistas, es menor el índice de cáncer entre las personas que tienen muchos carotenoides en sus dietas.

COLES DE BRUSELAS

Las coles de Bruselas no son brotes sino verduras maduras. Como todos los miembros de la familia de las coles, contienen un fitonutriente llamado indol-3-carbinol. También contienen alilisotiocianito, que les da el olor característico. El indol-3-carbinol actúa bloqueando los efectos del estrógeno extra, que podría favorecer el cáncer de mama. Además, estimula el sistema enzimático de la fase II, que elimina del cuerpo las toxinas causantes de cáncer.

Se ha comprobado que las coles de Bruselas reducen el riesgo de cánceres de mama, de próstata y de colon; disminuye el nivel de colesterol en la sangre y el riesgo de ataque al corazón, y elimina el estreñimiento. Las mujeres que toman píldoras anticonceptivas también se benefician de su consumo. Las píldoras anticonceptivas podrían ser causa de insuficiencia de ácido fólico, y las coles de Bruselas contienen una buena cantidad de vitamina C y ácido fólico, que estimulan la inmunidad.

En un estudio realizado en los Países Bajos en 1997, se comprobó que las personas que comían más de 300 g de coles de Bruselas al día, durante tres semanas, experimentaban un 28 por ciento de reducción de daños al ADN, comparadas con aquellas que no comían nada.

En otro estudio, que demuestra la importancia de comer verduras frescas, y no en lata, los investigadores idearon un ingenioso plan. El problema era encontrar un placebo similar a las coles de Bruselas, porque si no, las personas del grupo de control se darían cuenta de que no estaban comiendo esta verdura. Dieron al grupo de estudio un plato de hermosas coles de Bruselas frescas, de cultivo biológico, y al grupo de control la verdura enlatada cogida directamente de la cafetería del hospital; dado que la cocción y procesado las había despojado de los fitonutrientes, el valor nutritivo de estas coles de Bruselas enlatadas era prácticamente nulo, de modo que sirvieron de excelente placebo para el grupo de control.

Para obtener los mayores beneficios para la salud, compra frescas tus coles de Bruselas, como todas las demás verduras. Trata de elegirlas del mismo tamaño para que se cuezan parejo. Las hojas exteriores contienen la mayor parte de los fitonutrientes, así que no hay que quitárselas, a no ser que estén dañadas.

COLIFLOR, COLES Y OTRAS CRUCÍFERAS

Como todas las crucíferas, la col y la coliflor están cargadas de nutrientes, en especial de indoles y sulforafano. La berza de Saboya contiene además otros fitonutrientes llamados betasitosterol, feofitina, nonacosano y nonacosanona, todos muy potentes compuestos anticancerígenos. La col china, o bok choy, contiene brasinina, otro potente nutriente regulador del estrógeno que combate el cáncer de mama.

Pese a los grandes beneficios de la coliflor, he de relatar una historia precautoria. Uno de mis socios de curación, un banquero de 60 años, llevaba unos diez años sufriendo de gota. Hace poco, con el fin de bajar de peso y mejorar su salud general, decidió comer más verdura, especialmente coliflor. Pasada más o menos una semana tuvo un ataque de gota en los pies. Lo que él no sabía era que la coliflor empeora la gota porque contiene unos aminoácidos llamados purinas, que en el cuerpo se transforman en un compuesto llamado ácido úrico. Los cristales del ácido úrico se le alojaron en las articulaciones de los pies, produciéndole dolor e inflamación.

Encontré una manera de ayudarlo a resolver su ataque y a eliminar totalmente la gota. Le receté que dejara de comer todo tipo de carne roja, que contiene muchas más purinas que la coliflor. También le aconsejé reducir el consumo de coliflor y añadir a su dieta otras verduras crucíferas, como brotes de brécol, coles de Bruselas y coles. Logró mantener un elevado nivel de fitonutrientes en el cuerpo y eliminar totalmente la gota.

CHILE, AJÍ O GUINDILLA

Mucho antes de que se formara el grupo roquero Chili Peppers, ya existía esta verdura: el original chile o ají rojo picante. He de decirte que, dado que viví en Nuevo México más de 20 años antes de establecerme en Arizona, estoy absolutamente predispuesto a favor del chile. Incluso ahora, siempre que volvemos a Albuquerque o Española, nuestra primera parada es en uno de nuestros restaurantes favoritos para comer un buen plato de chile verde.

El chile eleva el nivel de endorfinas; uno se siente tan bien después de comerlos que desea volver a comerlos, y pronto. El motivo de que Dios los hiciera tales portadores de buenas sensaciones es justamente que hacen bien. Contienen una tremenda cantidad de vitamina C y otros nutrientes antioxidantes, entre ellos el betacaroteno. Dado que son tan ricos en vitamina C, los chiles se han usado en todo el mundo como remedio para la tos, el resfriado, la sinusitis y la bronquitis. Durante siglos, los sanadores, desde México a India, han conocido sus propiedades medicinales. Incluso hay ciertas pruebas de que el chile contribuye a bajar el nivel de las lipoproteínas de baja densidad (LDL), las que llamamos colesterol malo. En este sentido, los chiles, rojos o verdes, y los jalapeños, actúan como remedio preventivo de accidentes cerebrovasculares, hipertensión y ataques al corazón. Y van bien para recuperarse del resfriado común.

Antes de empezar a publicar libros, trabajé en anestesiología y en el control del dolor por métodos holistas. Fui director fundador del programa de acupuntura, medicina del estrés y dolor crónico en el Centro Médico Maricopa del hospital docente de la Universidad de Arizona en Phoenix. Allí usábamos capsicina, el fitonutriente presente en el chile, para tratar el dolor crónico; se preparaba en una crema para friccionar la parte dolorosa. Los pacientes de artritis encontraban particularmente terapéutica esta crema al friccionársela en las articulaciones dolorosas. La capsicina actúa manipulando el nivel de la sustancia D, sustancia química que transmite la sensación de dolor al cerebro. La capsicina elimina este neurotransmisor del dolor de las neuronas. Esta crema, que se vende con diversos nombres en las tiendas de alimentación dietética, es muy fuerte, de modo que antes de usarla habla con tu médico o terapeuta y ten cuidado al aplicarla.

ESPINACAS

La espinaca se cuenta entre las mejores fuentes de ácido fólico, que es fundamental para la salud cardiovascular y cerebral. El nivel bajo de ácido fólico en la sangre se asocia con un nivel elevado del aminoácido homocisteína. El exceso de homocisteína es indicador de mayor riesgo de muerte a consecuencia de enfermedad cardiaca. Y puesto que la enfermedad cardiaca es un fuerte factor de riesgo de pérdida de memoria, el nivel elevado de homocisteína es también indicador de riesgo de la enfermedad de Alzheimer. Media taza de espinaca hervida contiene 131 mcg de ácido fólico, de los 400 que se han de comer diariamente para mantener controlado el nivel de homocisteína. Además, en un informe reciente los neurólogos recomendaban comer espinaca tres veces a la semana, como tónico para el cerebro. Dado que la espinaca también está en la lista de las diez verduras más cargadas de pesticidas, te recomiendo encarecidamente comprar espinaca cultivada biológicamente.

La espinaca también contiene una amplia variedad de otros nutrientes, entre ellos betacaroteno, luteína, magnesio, manganeso, el antioxidante quercetina y vitamina K, que es esencial para evitar los trombos sanguíneos. Contiene la combinación perfecta de minerales para controlar la cantidad de líquido que retiene el cuerpo. Tiene un efecto diurético, que elimina esa sensación de hinchazón que muchos de mis pacientes dicen los hace más lentos y les impide sentirse plenamente en forma. La espinaca contribuye a mantener controlada la tensión arterial, y también aporta una sana dosis de hierro para mejorar la sangre.

Las verduras de hoja verde, como la espinaca, aportan adecuadas cantidades de calcio y hierro, y no tienen ninguna de las características negativas de la leche y la carne roja. Ten presente que la leche y la carne son alimentos estimulantes; envían mensajes de alarma a los genes, los que a su vez envían señales de estrés a todo el cuerpo; y ésas son las señales de molestia que se van acumulando en la vida y conducen a trastornos como la enfermedad cardiaca y el cáncer.

PIMIENTO ROJO MORRÓN

Qué deliciosa sorpresa son los pimientos morrones. Además de su exquisito sabor, contienen tres veces más vitamina C que las frutas cítricas como la naranja. También son una fabulosa fuente de betacaroteno, fibra y vitamina B_6. Tal vez te extrañe que yo prefiera los pimientos rojos a los verdes. La respuesta sólo es el tiempo. Cuando los pimientos verdes maduran en la mata, se tornan rojos y aumenta su contenido vitamínico. Así pues, los pimientos morrones, como algunas personas y el vino, mejoran con la edad. Sin embargo, puesto que están en la lista de las diez verduras más cargadas de pesticidas, cuando se cultivan de la forma acostumbrada, te recomiendo encarecidamente que busques pimientos cultivados de forma natural, biológica.

RAÍCES TRINIDAD: AJO, CEBOLLA Y JENGIBRE

Pregúntale a cualquier terapeuta nutricionista yóguico cuáles son los ingredientes más importantes de una alimentación medicinal, y te nombrará las llamadas raíces trinidad. Cuando Yogi Bhajan encapsuló su primer producto herbolario hace más de 20 años, le dijo a su jefe de personal: «Pon ajo, cebolla y jengibre en la cápsula; si no, nadie la comerá». Las raíces trinidad son excelentes para el mantenimiento de la salud general y para recuperarse de la enfermedad; también tienen buen sabor. Un caldo hecho de ajo, cebolla y raíz de jengibre es un muy buen tónico, en especial para el cansancio. Para recuperarse de una operación quirúrgica se pueden cocer al vapor un poco de brécol y coles de Bruselas y añadir las raíces trinidad, o sólo unos pocos dientes de ajo. Los yoguis también consideran esta mezcla de raíces un alimento para la potencia masculina y para aumentar el nivel de espermatozoides.

Si bien el uso de las raíces trinidad por sus miríadas de beneficios se remonta a la época de Pitágoras en la antigua Grecia, últimamente ha sido tema de estudios de investigación. Los resultados demuestran que no es infundada su fama de alimento con múltiples propiedades curativas.

El ajo, por ejemplo, que contiene fitonutrientes de la familia del azufre, entre ellos el dialildisulfito, es útil como agente antibacteriano. También es una potente fuerza en la reducción de los niveles de colesterol y triglicéridos. De hecho, una revisión de 16 estudios, en que participaron 952 personas, demostró que comer ajo, ya sea fresco o en polvo, reduce el nivel de colesterol hasta en un 13 por ciento. Reduciendo los niveles de colesterol y triglicéridos, se disminuye el riesgo de ataque al corazón o accidente cerebrovascular.

El ajo también contiene un compuesto llamado S-alilcisteína, el cual, según creen los científicos, contiene el agente anticáncer de esta raíz. Un estudio de más de 40.000 mujeres de poblaciones del Medio Oeste reveló que las que comían ajo por lo menos una vez a la semana tenían un riesgo de contraer cáncer de colon un 35 por ciento menor que aquellas que no lo comían nunca. Yogi Bhajan recomendó una vez a una paciente de cáncer de mama que se preparara un pudin de ajo para reforzar su terapia. Eso hizo ella, y considera que esto contribuyó a su supervivencia.

Las cebollas son igualmente beneficiosas para la salud. Dado que contienen quercetina, son potentes antioxidantes. La cebolla también contiene compuestos de azufre, que bajan la tasa de colesterol. Así pues, el ajo y la cebolla, comidos con regularidad, ya sea por separado o juntos, son potentes combatientes en la guerra contra el cáncer y la enfermedad cardiaca. Si a ellos se añade un poco de raíz de jengibre, el tercer miembro de la trinidad, tenemos un alimento casi milagroso.

El jengibre previene el mareo por movimiento y alivia el malestar de estómago, la migraña y los dolores artríticos debido a que sus propiedades antiinflamatoria y para adelgazar la sangre son mejores que las de la aspirina. A mí me encanta comer jengibre en mi restaurante japonés favorito, y tomarlo en infusión. Incluso la cerveza de jengibre, que en realidad contiene muy poco jengibre, es mejor que una bebida gaseosa corriente para aliviar el malestar de estómago durante un vuelo largo o pesado.

Acerca de las raíces trinidad, Yogi Bhajan ha dicho: «La cebolla, el ajo y el jengibre no son condimentos, son las raíces trinidad de la vida. En yoga, los hombres que no comen cebolla, ajo y jengibre son aquellos que no deben llevar la vida de un dueño de casa y han de mantenerse a cuatro kilómetros de distancia de la morada de una mujer». Dicho con otras palabras, para un hombre o una mujer, es necesario comer las raíces trinidad si desea mantener los pies en la tierra y llevar al mismo tiempo una vida espiritual.

REMOLACHA

La remolacha toma su color del betacianino, prometedor combatiente del cáncer. También es rica en ácido fólico, que es esencial para la salud cardiovascular y del cerebro, y potasio, importante para el funcionamiento muscular y la actividad metabólica general.

Según la terapia nutricional yóguica, las mujeres se benefician de comer remolacha durante su ciclo menstrual porque repone el hierro perdido con la sangre. Por ese motivo, la remolacha se considera un complemento útil en el tratamiento de la anemia por insuficiencia de hierro. También es un fabuloso tónico para el hígado.

Mientras tanto, no olvides comprar las remolachas con sus tallos. Cuando llegues a casa, corta los tallos a un centímetro más o menos de la base y guárdalos separadamente para mantenerlos frescos. Es mejor comer los tallos en ensalada en los dos o tres días posteriores a la compra. Cuando prepares las remolachas no olvides cocer y comer los tallos también, porque ambas cosas son muy nutritivas.

Ten presente que en algunas ocasiones la remolacha da un color rojo a la orina y las heces. A veces, aunque es raro, esto podría indicar una insuficiencia de hierro; normalmente es sólo una señal de que los metabolitos de esta hortaliza han pasado por el cuerpo.

Otra manera fabulosa de aprovecharse de los beneficios de la remolacha es tomar su zumo. Simplemente coge remolachas frescas de cultivo biológico y ponlas en tu licuadora. Dado que el zumo es muy fuerte, recomiendo añadir 3 cl (30 cc) de zumo en un vaso con 24 cl de zumo de manzana o de zanahoria.

TOMATES

Uno de mis pacientes, de 88 años, controla su cáncer de próstata comiendo una lata de tomates cocidos al día. Su urólogo está sorprendido de cómo, gracias a ese régimen, le ha bajado el nivel del antígeno específico de la próstata (PSA), indicador del tamaño del tumor. Yo creo que se debe al licopeno, antioxidante muy potente que se encuentra en los tomates. Los estudios sobre el licopeno alimentario sugieren que podría reducir el riesgo de ataque al corazón y de cáncer. Un estudio realizado con 1.300 europeos varones sugiere que aquellos que consumían más licopeno tenían la mitad de riesgo de ataque al corazón. En un estudio de cinco años realizado con 48.000 hombres se comprobó que aquellos que tomaban diez raciones a la semana de productos de tomate cocido tenían el menor riesgo de enfermar de cáncer de próstata; su riesgo era un tercio del de los hombres que comían menos de dos raciones a la semana. Otros estudios sugieren que el licopeno podría influir en la reducción del riesgo de otros cánceres, entre ellos el de colon, recto y mama.

No sabemos muy bien cuántas raciones de alimentos ricos en licopeno deberíamos comer cada semana. Algunos estudios recomiendan entre siete y diez raciones semanales. Una ración equivale a media taza de salsa de tomate para espaguetis, un cuarto de taza de tomate en pasta o puré, o un tomate mediano. Aunque normalmente es rica en grasa, un trozo de pizza también es una ración. Sea cual sea la forma que elijas para comer tomate, debe estar cocido para beneficiarnos al máximo de sus propiedades.

ZANAHORIAS

Es bien sabido que la zanahoria tiene un contenido muy elevado de betacaroteno, que el cuerpo convierte en vitamina A. La vitamina A ayuda a las membranas mucosas de las vías respiratorias a defender los pulmones de las invasiones bacterianas y víricas.

¿Y ese cuento popular entre las señoras acerca de los beneficios para los ojos? El cuento es correcto. La zanahoria contiene una buena mezcla de carotenoides, entre ellos la luteína y la zeaxantina, que previenen las cataratas, la degeneración macular y la ceguera nocturna. Las dos primeras dolencias se ven principalmente en personas ancianas, pero las dificultades de visión nocturna pueden empezar pasados los cincuenta años. Podría ser posible retardar los problemas en la visión nocturna en la edad madura comiendo una amplia variedad de verduras color naranja, en especial zanahorias. Todas estas verduras color naranja contienen vitamina A, y cuanto más vitamina A hay en el cuerpo, más rodopsina se produce. La rodopsina es un pigmento púrpura que necesita el ojo para ver con luz tenue.

Las propiedades saludables de las zanahorias no son consecuencia solamente de sus fitonutrientes; también contienen antioxidantes, entre ellos el alfacaroteno, que combate el cáncer y la enfermedad cardiaca. Las zanahorias sirven para prevenir y tratar la enfermedad cardiaca porque son ricas en pectato cálcico, fibra soluble que disminuye el colesterol. Estudios realizados en poblaciones grandes han demostrado que las personas que tienen bajo el nivel de betacaroteno son más vulnerables a ciertos cánceres, mientras que es mucho menos frecuente la muerte por cáncer entre aquellas que tienen elevado el nivel de betacaroteno.

Come las zanahorias con un poco de grasa buena, con aceite de oliva, por ejemplo, o con un aliño sano, para facilitar su asimilación. Si tu nueva devoción por esta verdura da a tu piel un color ligeramente anaranjado, no te preocupes, es un trastorno inocuo y pasajero llamado carotenosis. Es más común en los niños, pero también aparece en los adultos. Si os ocurre esto a ti o a tus hijos, sencillamente deja de comer zanahorias durante unos días y luego reanuda su disfrute, comiéndolas con moderación.

Una de las mejores cosas de escribir este libro ha sido que me ha estimulado a comer todas estas verduras multicolores. Es como si hubiera redescubierto la maravilla de los buenos hábitos en el comer.

Esta noche cocí al vapor un surtido de verduras frescas en nuestra olla arrocera con un poco de arroz indio basmati. Luego las cubrí con salsa de tomate y añadí hamburguesa de tofu como toque final. Puse muchas de las verduras de que he hablado aquí: brécol, zanahoria, coles de Bruselas, coliflor y pimiento morrón rojo. Disfruté de una comida deliciosa y sana. Te invito a hacer lo mismo. Podrías empezar simplemente probando la ensalada de zanahoria de Paola.

Ensalada de zanahoria de Paola
1 ración

1 zanahoria mediana rallada
¼ pimiento morrón rojo picado fino
1 cucharada de cebolleta picada fina
2 cucharaditas de zumo de limón
1 cucharadita de aceite de oliva virgen extra
1 pizca de sal marina o ½ cucharadita de Braggs Liquid Aminos

Aliña la mezcla de zanahoria, pimiento y cebolleta con el zumo de limón, aceite de oliva y la sal. Sírvelo con queso fresco o requesón y una rodaja de pan integral.

DIARIO DE COMIDAS, EJERCICIO 4

Anota en tu diario cómo te has sentido después de comer la ensalada.

5

Las frutas como medicina

Me agrada considerar la fruta y la verdura como yin y yang. La mayoría de las verduras, sin embargo, no son dulces y normalmente se sirven ya avanzado el día. Las frutas son dulces y ligeras, y con más frecuencia se comen por la mañana. Dado que las frutas contienen cantidades de vitaminas, minerales, fibra y fitonutrientes comparables a los de las verduras, son igualmente importantes para prevenir el cáncer, la enfermedad cardiaca, el Alzheimer, los accidentes cerebrovasculares y la artritis. Hay pruebas científicas convincentes, y ninguna en contra, de que comer fruta fresca disminuye el riesgo de contraer cáncer, según el American Institute of Cancer Research.

LAS BAYAS

Podría sorprenderte saber que estas pequeñas gemas son potentes combatientes contra la enfermedad. Nombra cualquier enfermedad, y una u otra baya es eficaz para prevenirla. Las bayas contienen fitonutrientes eficaces para la salud de los ojos, el cerebro, el corazón y el sistema inmunitario. Las bayas son a las frutas lo que el brécol es a las verduras. ¿Hay un elogio mejor?

Las bayas contienen quercetina, un potente antioxidante que actúa contra el cáncer, antiinflamatorio y protector del corazón. Poseen, además, otro potente compuesto llamado ácido elágico, que es tan importante para sus efectos beneficiosos como lo es el sulforafano para los efectos del brécol. En estudios recientes se ha comprobado que el ácido elágico es un agente quimiopreventivo muy importante debido a su capacidad para impedir lesiones en el ADN. Los resultados de detallados estudios moleculares realizados por los investigadores doctor D. Barch, publicado en *Carcinogenesis* en 1996, y el doctor B. Narayanan, publicado en *Cancer Letters* en 1999, coinciden en que el ácido elágico impide la unión de sustancias cancerígenas con el ADN. Además, en estudios epidemiológicos se ha comprobado que comer frutas que contienen ácido elágico disminuye la incidencia de la enfermedad cardiaca y del cáncer.

El ácido elágico podría cambiar realmente la predisposición genética al cáncer de una persona. Un análisis de un estudio reciente en facultades de medicina indica que el ácido elágico mata las células cancerosas del cuello del útero en particular, y actúa de modo similar en las células cancerosas de las mamas, páncreas, esófago, piel, colon y próstata. Otros muchos estudios han demostrado los efectos contra el cáncer del ácido elágico y su efecto protector contra el daño que produce la radiación en los cromosomas.

ARÁNDANOS DULCES ARRACIMADOS

De entre todas las frutas y verduras, los arándanos contienen la mayor capacidad antioxidante, según el Departamento de Agricultura de Estados Unidos. Añadir a la dieta diaria media taza de arándanos frescos, o congelados cuando no es la temporada, doblará el consumo de antioxidantes procedentes de los alimentos.

La pigmentación oscura del arándano viene de una clase de flavonoides llamados antocianinas, que suelen darse en la naturaleza junto con las proantocianidinas, otro potente antioxidante. El color azul de los arándanos y el rojo de las fresas y frambuesas se deben a esta misma clase de compuestos. La baya del saúco, el caqui, las cerezas ácidas rojas, las uvas rojas y púrpura, la remolacha, la col púrpura y la piel de la berenjena también contienen antocianinas y proantocianidinas. La elevada concentración de estos compuestos es la responsable del efecto protector de los arándanos contra el envejecimiento del cerebro, la enfermedad cardiaca y el cáncer.

Los flavonoides presentes en los arándanos elevan el nivel del importante antioxidante glutatión. Esta sustancia reduce la inflamación en el cerebro, trastorno que, según creen muchos expertos, tiene un papel importante en la enfermedad de Alzheimer, la de Parkinson y otras enfermedades de la vejez. Se ha observado que los pacientes de Parkinson tienen bajo el nivel de glutatión en el tejido cerebral.

No obstante, tal vez el aspecto más sorprendente de los estudios sobre el arándano guarda relación con la longevidad del cerebro. En un estudio realizado por el doctor James Joseph en la Universidad Tufts, se le dio a un grupo de ratas de edad equivalente a 65 años humanos una cantidad de extracto acuoso de arándanos secos equivalente a media taza para una persona. A otro grupo se les dio vitamina E, extracto acuoso de espinacas secas o extracto de fresas. Al cabo de ocho semanas, cuando las ratas tenían la edad equivalente a 75 años humanos, les hicieron varios tests de memoria y movilidad, a los que los investigadores llamaron «olímpicos para ratas».

Los tests de memoria y movilidad indicaron cierta mejoría en todas las ratas. Pero fueron las ratas alimentadas con extracto de arándano las que experimentaron la mejoría más espectacular en equilibrio y coordinación motriz. En una prueba, estas ratas lo hicieron el doble de bien que sus competidoras más cercanas; no sólo lo hicieron mejor que las ratas de su misma edad sino que sus puntuaciones indicaban que habían rejuvenecido, su rendimiento era el de una rata joven. Es decir, el extracto de arándano tuvo un potente efecto antienvejecimiento. En palabras del doctor Joseph:

> Éste es el primer estudio que demuestra que la suplementación con extracto de fruta rica en fitonutrientes antioxidantes realmente mejora o da marcha atrás a la disfunción neuronal y conductual aneja a la edad.

La importancia de esta declaración no debe pasar inadvertida. Media taza de arándanos dulces al día podría detener y mejorar el deterioro del funcionamiento cerebral que suele producirse con el envejecimiento.

Los arándanos dulces y la longevidad del cerebro: la conexión dopamina. En mi primer libro, *Rejuvenece tu cerebro*, escribí: «El cerebro es carne y hueso, tal como el resto del cuerpo». En ese tiempo esto se consideró una afirmación revolucionaria. Muchos neurólogos ortodoxos pensaban entonces que el deterioro cognitivo era algo dado, y que no se podía hacer nada para prevenir o mejorar la pérdida de la función mental aneja a la edad. Ahora es un principio médico aceptado que se pueden hacer muchas cosas para maximizar la capacidad cerebral en la vejez. Con la nutrición, suplementos, meditación para aliviar el estrés, y ejercicios físico, mental y de mente-cuerpo, es posible regenerar la mente y la memoria. No hay por qué sufrir un bajón de tipo degenerativo en la capacidad mental.

Dado que el cerebro es de carne y hueso, igual que el resto del cuerpo, depende del riego sanguíneo para proveerse de oxígeno y glucosa. El cerebro también necesita una buena protección antioxidante así como la estabilización de su membrana, que tiende a desgastarse con la edad, tal como las suelas de las zapatillas de tenis. A medida que envejecemos aumenta la tasa de cortisol, al que a veces se le llama hormona de la muerte. El cortisol tiene tres efectos negativos en el cerebro:

1. Reduce la capacidad de la glucosa para entrar en las neuronas, disminuyendo, por lo tanto, la energía mental. Esta disminución de energía afecta principalmente a los lóbulos frontales y a una estructura anatómica llamada circunvolución del cíngulo.
2. Cuando disminuye la energía en los lóbulos frontales, no se puede pensar bien ni expresar adecuadamente la personalidad. Tampoco se pueden coordinar tareas múltiples. Tomadas juntas, este conjunto de capacidades mentales organizadas por los lóbulos frontales se llama función ejecutiva. La circunvolución del cíngulo también rige diferentes atributos de la función cognitiva tales como el campo de atención, focalización, estado de ánimo y control de los impulsos.
3. Por último, el cortisol causa un rápido bajón en los niveles de importantes neurotransmisores, entre ellos de acetilcolina, la sustancia química de la memoria, y de dopamina, la hormona del placer y la movilidad. Estos bajones tienen consecuencias desastrosas para la función mental, debido a las numerosas e importantes características fisiológicas de la dopamina.

Es necesario un buen nivel de dopamina para las compensaciones y placeres de la vida como la motivación, el entusiasmo, la ambición y el impulso sexual, así como para la función motriz y la memoria. Un bajón importante en el nivel de dopamina en el cerebro conduce a un envejecimiento insano. Los científicos del Brookhaven National Laboratory aplicaron una compleja forma de análisis con rayos X, la tomografía por emisión de positrones (PET), en que se inyectan partículas radioactivas y se les sigue el recorrido. Con este método descubrieron una disminución de los receptores de dopamina D2, relacionada con la edad. Al parecer, en el envejecimiento normal el nivel de dopamina baja aproximadamente un 6 por ciento cada diez años. Esto es de importancia fundamental hoy en día, cuando se alarga médicamente la vida. ¿De qué sirve vivir muchos años pero no ser capaz de concentrarse, de recordar ni de disfrutar de un estado anímico agradable?

Además, la dopamina estimula a la glándula pituitaria a liberar la hormona del crecimiento, que es un verdadero tesoro de beneficios antienvejecimiento. La dopamina también regula el nivel de insulina, la que mantiene el metabolismo sano, tan importante para el control del peso. Y es esencial asimismo para mantener la función inmunitaria, que se debilita a medida que envejecemos.

El equipo de investigación del doctor Joseph en la Universidad Tufts descubrió que cuando a los animales se les da arándanos aumenta su capacidad para producir y liberar dopamina. Esto se corresponde con una importante mejoría de la disfunción motriz que se produce con la edad. Si bien hacen falta más estudios en este campo, las implicaciones son de largo alcance, sobre todo si consideramos que uno de los medicamentos antienvejecimiento más populares, el deprenyl, tiene una modalidad de acción muy similar.

La popularidad universal del deprenyl se debe a su uso para combatir enfermedades degenerativas del cerebro como el Parkinson y el Alzheimer, en las que ha tenido resultados magníficos. ¿Y si pudiéramos experimentar beneficios similares comiendo arándanos? ¿Y si tomando media taza de arándanos al día pudiéramos retrasar el reloj naturalmente? Bueno, los estudios científicos han demostrado que podemos hacer justamente eso. Qué manera más deliciosa de mantenernos jóvenes y llenos de vitalidad.

ARÁNDANOS DULCES NO ARRACIMADOS: LOS OJOS LO TIENEN

Como bien sabes, estamos experimentando un fenómeno llamado calentamiento global, que significa no sólo mayores temperaturas sino también más luz o rayos solares. Esta mayor exposición a la luz del sol agota nuestra provisión de la sustancia química rodopsina, o púrpura visual, la responsable de mantener la visión nocturna. Un arándano no arracimado es una pequeña baya redonda y oscura. Los fitonutrientes que se encuentran en esta fruta, llamados antocianinas, aumentan la rodopsina, tal como hacen las antocianinas de las zanahorias.

Estos arándanos también incrementan el riego sanguíneo de la retina, ese nervio grande del ojo. En un estudio se ha comprobado que los arándanos y la vitamina E tienen un 97 por ciento de éxito para detener el avance de las cataratas. En otro interesante estudio, a las personas del grupo que comieron arándanos, o se les detuvo el deterioro visual o les mejoró la visión, en cambio las del grupo de control experimentaron más pérdida visual.

La mejoría o estabilización de la vista al consumir arándanos es otro hallazgo revolucionario más en el uso de una fruta como remedio. Si le preguntas a tu oftalmólogo si la miopía es progresiva, casi con toda seguridad te dirá: «Sí, necesitará aumentar la graduación de sus gafas más o menos una vez al año». Muchos de mis socios de curación no han necesitado hacerlo con esa frecuencia desde que añadieron arándanos a sus dietas, o empezaron a tomarlos en forma de cápsula.

ARÁNDANOS ROJOS AGRIOS

Un nuevo estudio publicado en la *British Medical Journal* en 2002 confirma lo que muchas mujeres ya saben: beber zumo de arándanos agrios va bien para tratar o prevenir las dolorosas infecciones de las vías urinarias. Esto es una buena noticia, porque alrededor del 60 por ciento de las mujeres padece esta dolencia en algún momento de su vida. Los estudios demuestran que las mujeres que sufren de cistitis o de infección en la vejiga reducen a la mitad las posibilidades de recurrencia a los seis meses cuando beben diariamente un vaso de zumo de arándanos agrios.

Al igual que las demás bayas de que hemos hablado, los arándanos agrios contienen el fitonutriente ácido elágico, potente antioxidante y anticancerígeno. Esta sustancia envía señales muy importantes contra el cáncer a los genes, bloqueando su desarrollo y propagación. También contienen el antioxidante quercetina, que contribuye a disminuir el riesgo de enfermedad cardiaca y los accidentes cerebrovasculares. La quercetina envía señales sanadoras muy positivas a los genes, lo cual también impide que los agentes cancerígenos causen lesiones al ADN.

FRUTAS CÍTRICAS

Los pomelos, las naranjas, los limones y las limas son ricos en vitamina C y otras vitaminas. También contienen importantes fitonutrientes. El pomelo, en especial el extracto de sus semillas, que se puede obtener en cápsulas o gotas, es un potente antibiótico natural. Si notas que estás a punto de pillar un resfriado, pon un pomelo pelado en la licuadora con agua, bebe el líquido y observa cómo hace efecto a los pocos minutos. O compra extracto de semillas de pomelo y pon unas cuantas gotas en un vaso de zumo. Este extracto es muy eficaz para eliminar rápidamente los síntomas del resfriado y la gripe.

La naranja contiene más cantidad de vitamina C que cualquier otra fruta, a excepción del kiwi. No obstante, muchos de los beneficios de la naranja para los sistemas cardiovascular e inmunitario provienen de su enorme surtido de fitonutrientes, entre ellos el terpeno y el limoneno, que se encuentra en los limones y las limas. Es mejor comprar naranjas de cultivo biológico. El zumo de naranjas normales recogidas verdes podría causar dolor en las articulaciones o síntomas semejantes a los de la artritis. Esto se debe a que el ácido cítrico de la naranja no ha tenido tiempo de convertirse en fructosa y, por lo tanto, contiene muy poca vitamina C. Además, a las naranjas de cultivo no biológico muchas veces se las pulveriza con un tinte rojo y luego se las encera para que parezcan frescas y duren más tiempo con ese aspecto. También podrían pulverizarlas con fungicidas. Así pues, disfruta de tus naranjas, pero que sean biológicas.

El limón es un excelente purificador de la sangre y estimulante del hígado. En los cambios de estación o cuando te sientas perezoso, comienza tu día con un vaso de limonada; puedes prepararla añadiendo el zumo de medio limón a un vaso de agua caliente. Recomiendo encarecidamente beberla con una paja, pues el zumo de limón puede desgastar el esmalte dental.

FRUTAS TROPICALES

Además de ser ricos en fitonutrientes, el mango, la papaya y la piña rebosan de vitamina C. Lo mejor de todo es que son dulces y sabrosos. El mango y la papaya contribuyen a descomponer las toxinas del cuerpo y, como la piña, son ricos en enzimas digestivas que sirven para procesar otros alimentos, las proteínas y los hidratos de carbono, por ejemplo. Además de hacer ayunos con sandía, varias veces lo he hecho con piña. Es un alimento con el que se puede vivir durante un periodo prolongado con exclusión de cualquier otro, debido a su contenido extraordinariamente nutritivo.

La piña también restablece la actividad enzimática en un sistema digestivo debilitado. A veces el estómago se debilita debido al estrés o al agotamiento nervioso. Cuando te ocurra esto, come piña o bebe su zumo. Mejor aún es mezclar una bebida de polvo verde con zumo de piña. La bebida verde contiene muchos oligoelementos útiles para un óptimo funcionamiento cerebral e inmunitario. La piña también es una buena fuente de manganeso, que favorece la salud y fuerza óseas en las mujeres; además, contiene bromelina, enzima antiinflamatoria, lo cual la hace una fruta maravillosa para prevenir y reducir el dolor de la artritis y otras afecciones dolorosas.

KIWI

El kiwi es uno de los alimentos sanadores más infravalorados. Esta fruta no sólo es increíblemente rica en vitamina C (contiene 16 veces más de esta vitamina que las naranjas), sino que también aporta una gran cantidad de vitamina E. Debido a su rico surtido de antioxidantes y fitonutrientes, en la terapia nutricional yóguica se los suele recetar para combatir el cáncer y la enfermedad cardiaca. Muchas veces añado kiwi a mi bebida matutina por su abundante contenido en vitaminas, minerales y fitonutrientes; tiene un sabor algo ácido, pero agradable.

MANZANAS

La manzana contiene una multitud de fitonutrientes, entre ellos, quercetina, que se encuentra en su carne y su piel. Estudios de investigación han revelado que los hombres que comen una manzana al día disminuyen en un 32 por ciento su riesgo de ataque al corazón.

La pectina, que es la fibra de la manzana, contribuye a regular el tránsito intestinal y reduce la incidencia de los dolorosos ataques de diverticulitis de colon. Existen más de 2.500 tipos de manzanas, y todos son buenos para la salud.

MELONES Y SANDÍAS

Los melones y sandías de todo tipo son potentes remedios además de ser frutas deliciosas. El melón cantalupo contiene muchísimo zinc, importante para la próstata. La mitad de un cantalupo aporta más vitaminas A y C que una cantidad equivalente de cualquier otra fruta. El cantalupo es muy rico en potasio también. Me encanta mezclar un cuarto de cantalupo con un poco de sandía y alguna otra fruta en mi licuadora para hacerme una bebida refrescante y estimulante. Prueba a tomarla por la mañana o a media tarde en lugar de café o soda. El contenido vitamínico y mineral natural de esta bebida te dará ánimo. También tiene un efecto diurético.

La sandía es una de las muy coloridas frutas que contienen elevadas cantidades de licopeno y glutatión, fitonutrientes antioxidantes, anticancerígenos y antienvejecimiento. Es muy buena para desintoxicar el cuerpo y se puede tomar para hacer un corto ayuno que procura enorme placer. Nunca olvidaré mi primer ayuno con sandía. Estaba de visita en casa de Guru Dev, en Brasil, un amigo que profesaba la medicina alternativa, cuyo ayudante era oriundo de la cuenca del Amazonas. Este muchacho era un excelente herbolario y cada día me daba remedios de hierbas para complementar mi ayuno. Yo no me limitaba a beber zumos de sandía sino que comía también la fruta. Al cabo de tres días me sentí muy en armonía y en un estado meditativo profundo; pensandolo ahora, creo que nunca en mi vida he estado más «colocado». Cuando cogí el avión para volver a casa estaba realmente en un estado alterado de conciencia; ni siquiera pude rocar la comida que sirvieron en el avión; me pareció que me sabría a cartón. Prueba a hacer un ayuno de sandía alguna vez y experimenta a tu ser superior.

PERAS

Quiero hablarte de las peras por un motivo especial. En la terapia nutricional yóguica se las considera excelentes para prevenir y reducir fibromas y otros tumores benignos. Una paciente mía tenía un tumor benigno en la glándula parótida y tuvieron que extirpárselo quirúrgicamente. Afortunadamente todo fue bien. Pero pasados unos meses se le presentaron problemas ginecológicos.

Dado que el caso era complicado, le pedí opinión a mi maestro, Yogi Bhajan. Él recomendó peras y zumo de peras. La paciente siguió la recomendación y hasta la fecha no se le han reproducido ni el tumor en la parótida ni el mioma. Se cree que el motivo de la eficacia de las peras para reducir bultos y fibromas es su elevado contenido del fitonutriente ácido elágico, el mineral boro y la fibra insoluble llamada lignina. Juntos, estos compuestos actúan sinérgicamente.

PLÁTANOS

El plátano es muy rico en potasio, por lo tanto es útil para el caso de calambres musculares después del ejercicio o debidos a la edad. A los pacientes de hipertensión que toman diurético normalmente se les recomienda comer un plátano al día para reponer el potasio perdido en la orina. Los plátanos también son útiles para tratar las úlceras; algunos científicos creen que tienen un efecto antibacteriano que previene la aparición de úlceras. Su suavidad también alivia la irritación o malestar de estómago.

En la terapia nutricional yóguica, el plátano se considera un alimento excelente para limpiar y rejuvenecer; he recomendado a pacientes comer hasta diez plátanos al día en primavera para purificar sus organismos. También se consideran un ingrediente esencial en la dieta de la mujer. Una mujer que desee conservarse joven toda la vida debería comer, además de un plato de verduras al vapor, un plátano cada día (véase el capítulo 39, «Trastornos femeninos»); el fósforo que contiene el plátano mantiene en buen funcionamiento su metabolismo.

No olvides rascar el interior de la piel del plátano y comerla directamente o convertida en pasta o puré. El interior de la piel es rica en potasio, fósforo y antioxidantes.

UVAS

Los beneficios del vino para la salud no vienen solamente del alcohol. En realidad, muchos de esos mismos beneficios se pueden obtener bebiendo zumo de uvas, porque éstas contienen muchísima cantidad del antioxidante quercetina y del fitonutriente resveratrol, que se encuentra en el hollejo. El resveratrol adelgaza la sangre y aumenta el nivel de colesterol HDL, el «bueno». Las uvas rojas son también antibacterianas y antivíricas. Ten presente que a las uvas también las pulverizan con fungicidas e insecticidas; por lo tanto es mejor consumir las de cultivo biológico u orgánico.

DIARIO DE COMIDAS, EJERCICIO 5

Es mucho mejor consumir los fitonutrientes en bayas y otras frutas y verduras a esperar hacerlo al diagnosticársele una enfermedad. Una vez que una persona se ha desequilibrado tanto que se presenta el cáncer, por ejemplo, es difícil activar la fuerza sanadora. El cáncer y otras enfermedades representan un complejo desequilibrio psíquico, físico y emocional. Una vez que se ha hecho el diagnóstico de una enfermedad grave, otros factores (como el tratamiento médico ortodoxo) entran en juego. Mi recomendación es practicar la medicina nutricional preventiva ahora, comiendo regularmente todas estas frutas de que hemos hablado. No olvides anotar cómo te sientes en tu diario de comidas. Si se presenta una enfermedad, tu cuerpo reaccionará mejor, porque ya tendrás construido un cimiento fuerte.

DIARIO DE COMIDAS, EJERCICIO 6

Si te resulta muy difícil recordar qué verduras y frutas has de comer, aplica este truquillo: come un arco iris como parte de tu dieta diaria.

1. **Rojo:** Tomate en cualquier forma (salsa, zumo o en rodajas), pomelo rosa, sandía, manzana y remolacha.
2. **Púrpura:** Uvas, uvas pasas, pimiento, ciruelas, ciruelas pasas, cerezas, arándanos agrios y (mis favoritos) arándanos dulces.

3. **Naranja:** Calabaza, zanahoria, boniato, mango, albaricoque y melón cantalupo.

4. **Naranja-amarillo:** Naranja, zumo de naranja, mandarinas, pomelo, melocotón, limón, lima, papaya, piña y nectarina.

5. **Amarillo-verde:** Guisantes, judías, espinacas, pimientos, hojas verdes de crucíferas, pepino, hojas de mostaza de Sarepta, kiwi y aguacates.

6. **Verde:** Brécol, coles de Bruselas, coliflor, col, col rizada y bok choy.

7. **Blanco-verde:** Ajo, cebollas, apio, puerros, espárragos, peras, alcachofas, endibias, setas, cebollinos y soja.

Tomado del cuadro «Does Your Diet Include the Seven Colors of Health?» [¿Contiene tu dieta los siete colores de la salud?] de *What Color Is Your Diet?* [¿De qué color es tu dieta?], de David Heber, *copyright* 2001, de David Heber, M.D., Ph.D. Con el permiso de HarperCollins Publishers, Inc.

Prueba una nueva experiencia de supermercado comprando por colores. Guíate por esta lista. Coloca en el carro primero los alimentos rojos, luego los púrpura y continúa así. Pon los alimentos separados por colores. Esto hace muy divertida la compra y aumenta tu conciencia de los hermosos y sanadores colores del arco iris que nuestro Creador nos ha dado para comer.

6

Más allá del arco iris
de las verduras y las frutas

SUPERALIMENTOS

Un superalimento es aquél denso en nutrientes, es decir, que contiene cantidades concentradas de vitaminas, minerales, aminoácidos, enzimas y otros compuestos que le dan un poder nutritivo muchas veces mayor que el de incluso las verduras más nutritivas, como el brécol. Los oligoelementos presentes en los superalimentos se absorben con más facilidad que los de los suplementos, y por lo tanto son particularmente útiles para personas que tienen problemas digestivos. A lo largo de muchos años he recetado superalimentos como la espirulina, las algas verdiazules, chlorella, hojas de trigo, etc., como parte de mi programa para la longevidad del cerebro, y he descubierto que producen una rápida mejoría en la energía mental y la salud general. Después de más de medio siglo de usar productos químicos en la agricultura, la tierra de cultivo estadounidense tiene carencia de muchos nutrientes importantes. Comer una dieta de alimentos completos, cultivados biológicamente, significa que controlas tu nutrición.

Muchos médicos y nutricionistas ortodoxos se muestran escépticos ante los superalimentos. El principal motivo, creo, es su falta de experiencia en emplearlos, ya sea personal o profesionalmente.

Los superalimentos se pueden clasificar en dos grupos principales: los alimentos verdes y las algas marinas. Contrariamente al pensamiento ortodoxo, los superalimentos verdes, aquellos ricos en clorofila, son útiles para el cuerpo humano. Contribuyen a:

- Renovar los tejidos.
- Formar sangre.
- Contrarrestar la radiación.
- Mejorar la salud del hígado.
- Purificar y desintoxicar el organismo.
- Eliminar problemas de la piel.
- Aliviar el estreñimiento.
- Eliminar el mal aliento y el mal olor corporal.
- Expulsar depósitos de fármacos y sustancias cancerígenas.
- Aliviar la inflamación, como la artritis.

LOS ALIMENTOS VERDES

Los cinco superalimentos verdes principales son: las algas verdiazules, la espirulina, la chlorella, las hojas de cebada y de trigo y la alfalfa. Lo que tienen en común estos cinco alimentos es que son productores de energía, algo que parece faltar a muchas personas en la actualidad. La elevada concentración de ácidos grasos esenciales y vitaminas que poseen sobrealimenta el organismo. Ningún alimento está más cerca de la naturaleza que estas plantas sanadoras y milagrosas microalgas.

ALGAS CIANOFÍCEAS O VERDIAZULES

El alga verdiazul es la tatarabuela de más de 30.000 especies diferentes de algas. Proporciona mucha energía debido a su inmenso surtido de nutrientes. En su capacidad nutritiva es muy similar a la espirulina, que en realidad se cultiva en estanques vivos, mientras que el alga verdiazul crece silvestre. Esta alga y los demás superalimentos contienen clorofila, cuya estructura es similar a la de la hemoglobina, ese componente de la sangre que transporta el oxígeno. La clorofila ayuda al cuerpo a regenerar su sangre, purifica el organismo y alivia la inflamación artrítica y los problemas de piel. Los dentistas holistas usan esta alga para curar la gingivitis.

ESPIRULINA

La espirulina es un excelente combustible para las células, ya que aumenta la vitalidad y la energía. Es tan eficaz para aumentar la resistencia que muchos corredores de larga distancia la toman para mejorar su rendimiento. Es un alimento rico en proteínas, y también contiene antioxidantes, minerales y ácidos grasos esenciales. Sus saludables propiedades se han atribuido, además de a estos nutrientes, a la clorofila, que es la que le da el color verde. Sin embargo, no hace mucho, los científicos han identificado un raro pigmento color esmeralda, único de la espirulina, que podría inhibir el cáncer.

CHLORELLA

Dado que la chlorella contiene el doble de clorofila que las demás algas, es el más verde de todos los superalimentos. Ayuda a las células a fortalecer sus paredes para protegerse de la invasión de virus y toxinas. Además, por su rico contenido en ácido nucleico (ADN) y ácido ribonucleico (ARN), regeneradores celulares, contribuye a regenerar los tejidos. Debido a esta propiedad, me ha resultado muy útil para ayudar a pacientes a recuperarse de una operación quirúrgica o de una lesión dolorosa, como un hombro inflamado, por ejemplo. Factor de crecimiento controlado, llaman los bioquímicos a esta especial mezcla de sustancias químicas de la chlorella. Produce un espectacular aumento de energía y capacidad inmunitaria.

HOJAS DE CEBADA Y DE TRIGO

A lo largo de toda la historia se han empleado las hojas de trigo y cebada para mejorar la energía, purificar la sangre y aliviar el dolor artrítico. Estas hierbas tienen muchos más nutrientes que cualquier otro vegetal de tierra: 92 minerales, 22 vitaminas, los 8 aminoácidos esenciales y muchos de los fitonutrientes de los que hemos hablado. Contienen elevadas concentraciones de la enzima antienvejecimiento superóxido dismutasa (SOD), que protege las células de los radicales libres.

Recuerdo una vez que estaba sentado con mi maestro y le pregunté por la hoja de trigo. Me explicó que es un desintoxicante tan potente que muchas personas tienen que tener cuidado al tomarlo, debido a la carne que han consumido. He descubierto que esto es cierto. Muchas personas dicen sentir náuseas cuando beben extracto puro de hojas de trigo. El motivo es una rápida salida de toxinas del hígado. Mi recomendación es beberlo muy lentamente o mezclarlo con agua.

ALFALFA

La palabra *alfalfa* significa «padre» en árabe. Este cereal tiene un enorme poder fortalecedor y restaurador. Según los naturalistas, baja la tensión arterial, mejora la digestión y da más energía, apetito y optimismo a las personas enfermas de cáncer.

Puedes aprovechar la densa concentración de micronutrientes contenida en los superalimentos verdes, tomándolos por separado o absorbiéndolos juntos en una mezcla en polvo como la Longevity Green Drink (véase «Apéndice D: Recursos y proveedores»). Recomiendo la mezcla por el enorme surtido de nutrientes que contiene. Para obtener una bebida energética, pon entre un cuarto y media cucharadita de la mezcla verde en una taza de zumo de naranja o piña fresco, remueve bien y bébetela. Se le puede añadir proteína en polvo, aceite de semilla de lino y un plátano, para que la energía extra que produce dure toda la mañana.

LAS ALGAS MARINAS

Las algas crecen en el mar, donde absorben 56 minerales diferentes. Proporcionan diez veces el contenido mineral del brécol. El alga kelp contiene más minerales que cualquier otro vegetal del mundo. Las algas son un tesoro submarino. Las principales son las siguientes:

AGAR

El agar es un alga transparente, sin sabor, muy útil en la cocina moderna; hervida es una alternativa a la gelatina normal, que se obtiene de pezuñas de vaca, caballo y cerdo. En cuanto a sus propiedades medicinales, es un tónico para el tubo gastrointestinal.

ARAME

El arame es rico en calcio, hierro y vitaminas A y B. Va bien para mantener controlada la tensión arterial, sanar el bazo y el páncreas y corregir el desequilibrio hormonal femenino. Dado su alto contenido en yodo, también beneficia al tiroides.

DULSE

El dulse es especialmente bueno para mujeres, ya que ofrece más hierro que cualquier otra alga.

HIZIKI

«Portador de riqueza y belleza» significa hiziki en japonés. Gramo por gramo, contiene 14 veces más calcio que la leche. Fortalece los huesos y calma los nervios.

KELP

Ningún otro alimento contiene más yodo, el mineral que sirve al tiroides para regular el metabolismo y el peso. Esta alga también contribuye a expulsar del cuerpo sustancias radiactivas y metales pesados.

KOMBU

El kombu contiene sistosterol, sustancia química que impide que el tubo digestivo absorba el colesterol.

NORI

El nori, la cinta verde jade en que se envuelve el sushi, es más rica en proteínas que cualquier otra alga, y contiene más vitamina A que las zanahorias.

WAKAME/ALARIA

Wakame procede de Japón, alaria se obtiene en las costas de Estados Unidos. Ambas son muy ricas en calcio. El wakame se emplea para recuperar la energía después del parto, una enfermedad o una operación quirúrgica. También se puede tomar como energizante, cocido en la sopa de miso.

Las algas de color amarronado, como el kombu, el arame y el hiziki, contienen ácido algínico. Este nutriente se enlaza con los desechos radiactivos y los metales pesados para facilitar su expulsión del cuerpo. Comer estas algas puede servir para eliminar entre un 50 y un 80 por ciento de estas toxinas. Los beneficios de las algas tal vez nos sirvan para explicar la excelente forma física y longevidad de los japoneses. Por añadidura, las algas contribuyen a hacernos hermosos, son buenas para la piel, e incluso podrían hacer más lento el proceso de la calvicie.

Si las algas son un alimento nuevo para ti, te recomiendo que comiences paulatinamente, disfrutándolas en algún restaurante japonés; después podrías probar en casa las de sabor más moderado: arame, dulse o nori. Las encontrarás en tiendas de alimentos dietéticos y en algunos supermercados. El nori es particularmente sabroso mezclado con sopa de miso. Al principio come sólo un poquito, para que tu sistema digestivo se adapte a los nuevos sabores y a sus efectos.

SEMILLAS Y ACEITE DE SEMILLAS DE LINO

La grasa de hecho no es mala para la salud, pero hay grasas malas que pueden dañar las arterias, las neuronas y los genes. Las mejores grasas son las de tipo omega-3, que se encuentran en ciertos peces como el salmón, y también en las algas, el aceite de oliva, el lino y el aceite de semillas de lino. Los ácidos grasos esenciales (aquellos que el cuerpo no puede fabricar) que contiene el lino, además de ser un buen remedio para las membranas celulares, aumentan la resistencia a los alérgenos y a la enfermedad. Las semillas de lino bajan la tasa de colesterol, alivian la artritis, sirven para tratar la esclerosis múltiple y equilibran el estrógeno durante la menopausia.

Muchos investigadores y médicos de renombre informan de que una cantidad de aceites omega-6 (que se encuentran en los alimentos alarmantes) excesivamente mayor que la de aceites omega-3 en la dieta puede causar enfermedad. Es esencial que haya un sano equilibrio entre los aceites omega-6 y omega-3, debido a su papel en la síntesis de las hormonas prostaglandinas. Las prostaglandinas derivadas de un exceso de ácidos grasos omega-6 envían mensajes negativos por todo el cuerpo; favorecen la proliferación celular incorrecta, la inflamación y la formación de coágulos o trombos en la sangre. Una buena proporción entre estos aceites transforma en positivo el mensaje negativo.

Puesto que soy vegetariano y no como pescado, carecería de omega-3 si en casa no tuviéramos aceite de semillas de lino en el refrigerador para aliñar las ensaladas. También puedes comprar las semillas, molerlas en el molinillo de café y espolvorearlas sobre las ensaladas, las patatas al horno, los cereales o las palomitas de maíz.

Ciertamente necesitamos algunos aceites omega-6 para mantener el cuerpo debidamente equilibrado. Se obtienen de la carne, pero una fuente mucho más sana son las legumbres, que son ricas en estos aceites. Los frutos secos también contienen omega-6, y las nueces tienen la concentración más elevada.

Otras fuentes no animales de «buena grasa» son los aceites de casis, o grosellero negro, y de onagra. Son útiles para combatir todas las enfermedades que conllevan inflamación, entre ellas la artritis, los trastornos neurológicos, la enfermedad cardiaca y los trastornos asociados a la menopausia.

SETAS

Tres tipos de setas tienen un potente efecto en la salud del sistema inmunitario: el maitake, el shiitake y el reishi. Los tres actúan como remedio.

MAITAKE

Las setas maitake tienen un efecto beneficioso en la salud cardiovascular y la diabetes, además de ser anticancerígenas. Se cree que estos efectos tienen que ver con su contenido en polisacáridos, esas moléculas parecidas al azúcar que son componentes estructurales de muchas células. Los polisacáridos estimulan a las células fagocitarias del sistema inmunitario llamadas macrófagos, con lo que se inicia una cascada de acontecimientos estimulantes inmunitarios, que llevan a su vez a un aumento de la actividad de los linfocitos supresores, que destruyen las células malignas.

Según varios estudios publicados, las setas maitake actúan aumentando la eficacia de la terapia ortodoxa contra el cáncer, lo cual permite disminuir las dosis de fármacos. También bajan la presión arterial y regulan la glucosa en la sangre.

Recomiendo comer estas setas, o tomarlas en forma de suplemento, a pacientes de cualquier enfermedad de inmunodeficiencia, como pueden ser el cáncer, el síndrome de fatiga o cansancio crónico, el sida, la hepatitis crónica y la enfermedad medioambiental.

SHIITAKE

Las setas shiitake contienen el fitonutriente lenitán, modificador de la reacción biológica que estimula la función de la interleucina 1, antitumoral, y de los linfocitos T. Muchos oncólogos holísticos recetan setas shiitake para prevenir el avance y propagación del cáncer. Algunos estudios realizados en Japón indican que estas setas también podrían bajar el nivel de colesterol.

REISHI

Las setas reishi tienen un elevadísimo grado de actividad antioxidante gracias a que contienen el fitonutriente ácido ganodérico. Por este motivo se consideran un componente superior de la terapia nutricional yóguica. Recomiendo comerlas en combinación con maitake y shiitake. Si se ingieren juntas, se obtienen al mismo tiempo todos los beneficios antioxidantes y cardiovasculares de estos tres superalimentos.

TÉ

El té, en especial el verde, tiene demostrados beneficios medicinales. Al igual que la fruta y la verdura, el té verde contiene generosas cantidades de fitonutrientes. En su caso, el fitonutriente responsable de sus propiedades anticancerígenas y cardioprotectoras es la epigalocatequina galato. En estudios científicos, este compuesto ha demostrado tener una impresionante actividad contra muchos tipos de cáncer. Idealmente, es necesario tomar unas cuatro tazas de té verde al día para obtener estos beneficios, pero dado que comerás muchos alimentos que actúan sinérgicamente como remedio, cualquier cantidad que bebas irá bien. En realidad, recomiendo tomar menos de cuatro tazas diarias porque, aunque contiene menos cafeína que el café y el té negro, de todos modos es una bebida estimulante. Mi impresión es que necesitamos menos estímulo, no más. Puedes beber tranquilamente cuatro tazas de té verde descafeinado al día y disfrutar de sus muchos beneficios.

Otra infusión que encuentro reanimadora y saludable es la yerba mate, de Sudamérica. Es una infusión energética natural que no decepciona. La yerba mate induce claridad mental, sostiene el grado de energía y mejora el estado anímico. También se ha descubierto que estimula la inmunidad, alivia las alergias, ayuda a bajar de peso y aumenta la libido. El efecto de una taza por la mañana normalmente dura todo el día. La encuentro particularmente útil cuando hago ayuno. La puedes encontrar en muchas tiendas de alimentos dietéticos.

CEREALES, BROTES, SEMILLAS, FRUTOS SECOS Y LEGUMBRES

Uno de mis primeros mentores en medicina holista fue el difunto Paavo Airola. El doctor Airola era de Europa del Este, y fue uno de los pioneros en emplear el alimento como medicina. Cuando lo conocí me sorprendió su receta para una vida larga y sana. Sugería que la dieta humana debía estar compuesta principalmente por semillas, frutos secos y, de forma especial, cereales. Me parece que muchos escritores de temas nutricionales, y médicos, no entienden del todo el buen uso de los cereales. Recomiendan comer demasiados, lo cual puede llevar a la obesidad. El doctor Airola consideraba necesarios los cereales, pero recomendaba comerlos con moderación. Por ejemplo, su estofado de mijo contenía un cuarto de taza de mijo cocido con una generosa ración de verduras al vapor, entre ellas zanahoria, col, coliflor, y tal vez un poco de col rizada o brécol. También era partidario de comer arroz integral, avena, cebada, trigo sarraceno, amaranto, bulgur, maíz, kamut, quinua y una pequeña cantidad de trigo. Anduvo por todo el mundo estudiando la longevidad y la salud y comprobó que muchas personas longevas, en especial aquellas de una cierta región de Rumania, comían cereales como parte principal de su dieta.

Los cereales no sólo son una excelente fuente de proteínas, sino también muy ricos en fibra, muchas vitaminas y minerales y ácidos grasos insaturados, que son indispensables para una salud óptima. Además, tienen un elevado contenido de vitamina E natural, la cual, según han revelado muchos estudios, es importantísima para prevenir el envejecimiento prematuro de los sistemas inmunitario, cardiovascular y nervioso. También son la mejor fuente natural de las vitaminas del complejo B.

El doctor Airola también pregonaba los muy saludables beneficios de comer brotes. Un brote es una planta bebé cuando comienza a crecer de la semilla. Dado que es un alimento vivo tiene un valor nutritivo muy elevado. Los granos de trigo, los frijoles enanos mung, las semillas de alfalfa, las semillas de girasol, las lentejas y los granos de soja se pueden hacer brotar para mejorar la nutrición, y, por supuesto, ya te he convertido en un experto sobre los beneficios de los brotes de brécol. Los brotes se pueden comer crudos en ensaladas, salteados e incluso mezclados en una batidora o robot de cocina.

Según las investigaciones del doctor Airola, todas las semillas y frutos secos se han de comer crudos, y yo estoy de acuerdo. Aquellos que se pueden hacer brotar, o comprar los brotes, como los brotes de alfalfa, de trigo o de brécol, han de comerse en esa forma siempre que sea posible. Las pipas de girasol y de calabaza, las almendras, los cacahuetes, las semillas de sésamo, el trigo sarraceno y los granos de soja, todos contienen proteínas completas; por lo tanto, su valor nutritivo está completo sin más preparación.

Todos los tipos de legumbres son muy ricas en proteínas. Obtener las proteínas de las legumbres tiene varias ventajas. Una de ellas es que carga menos sobre el presupuesto. Pero aparte de eso, hay menos probabilidades de que contengan elevadas concentraciones de sustancias contaminantes medioambientales. Además, no envían señales de alarma a las células y de ahí a los genes, porque no contienen grasas saturadas, del tipo que se encuentran en la carne. Por último, dado que la proteína de las legumbres es menos concentrada que la de la carne, se pueden comer más proteínas en la dieta sin correr el riesgo de estresar el organismo.

SOJA

El remedio para toda enfermedad se encuentra en la naturaleza. En Japón, donde se consume soja como alimento principal de la dieta, la incidencia de cáncer de próstata es el 18 por ciento de la de Estados Unidos, donde la mayor parte de la población aún no ha hecho la transición a una dieta rica en proteína y pobre en grasa. En Okinawa, donde la gente consume aún más proteína de soja que en Japón, los naturales de allí no sólo sufren menos enfermedades crónicas debilitadoras sino que además son las personas más longevas del mundo. También es importante señalar que los habitantes de Okinawa consumen aproximadamente un 30 por ciento menos de calorías totales que los que viven en la isla principal de Japón. Como recordarás, menor consumo calórico equivale a una vida más larga.

El principal motivo de que la soja sea un alimento medicinal tan excelente es que contiene dos isoflavonas: genesteína y daidzeína. Las dos son bien conocidas por sus propiedades regeneradoras y preventivas de la enfermedad. Las isoflavonas forman parte de una clase de compuestos llamados fitoestrógenos, que son versiones más débiles del estrógeno que producen naturalmente las mujeres. Al parecer, las isoflavonas previenen la enfermedad bloqueando los efectos negativos del estrógeno natural. En su libro *Soya for Health* [Soja para la salud], el doctor Stephen Holt presenta más de mil referencias bibliográficas sobre los múltiples beneficios de la soja para fomentar y mantener una salud óptima. Entre las ventajas documentadas de la soja están las siguientes:

- Reducción del riesgo de enfermedad cardiaca.
- Protección contra el cáncer de mama.
- Reducción del riesgo de cáncer de próstata.
- Disminución de los síntomas de la menopausia.
- Huesos más fuertes y prevención de la osteoporosis.

La soja se encuentra en forma de tofu en las famosas barras blancas en la mayoría de las tiendas de alimentos dietéticos, como también en otros muchos productos de soja sucedáneos de la carne, por ejemplo las hamburguesas de soja. La creatividad de la industria de alimentos naturales ha inventado otras maneras más de disfrutar de este alimento; así pues, se encuentran, por ejemplo, salchichas de soja y otros sucedáneos de la carne (véase «Apéndice C»).

DIARIO DE COMIDAS, EJERCICIO 7

Explora tu supermercado o la tienda de alimentos dietéticos a ver si encuentras algunos de los alimentos de los que hemos hablado en este capítulo, como espirulina, arame, semillas de lino, setas shiitake, mijo, brotes de alfalfa, pipas de calabaza, almendras y lentejas. Si no has probado la soja, búscala también. Después elige una de las recetas que presento aquí y familiariza tu paladar con estos alimentos. ¡Que lo disfrutes!

Pan de mijo
8 raciones

2 tazas de mijo
6 tazas de agua
¼-½ taza de raíz de jengibre rallada
1 cucharadita de sal marina
1 cucharada de comino en polvo
1 cucharadita de orégano
1 cucharada de semillas de alcaravea
1 cucharadita de estragón
1 cucharadita de perejil
2 cebollas blancas grandes picadas fino
5 dientes de ajo picados
2 tallos de apio, picados fino
1-2 cucharadas de Braggs Liquid Aminos

Poner a calentar el horno a 190 °C. En un cazo mezclar el mijo, el agua, el jengibre, la sal, la mitad del comino y las otras especias, y hervir a fuego lento durante 45 minutos o hasta que se haya absorbido el líquido, removiendo de vez en cuando. Añadir la cebolla, el ajo y el apio, junto con Braggs Liquid Aminos. El mijo ha de estar blando y pulposo (si no, añadir más agua). Extender la pasta en una fuente honda para hornear. Espolvorear encima el resto del comino y hornear tapado durante al menos 45 minutos o hasta que la superficie esté crujiente. Se puede comer con salsa de setas.

Salsa de setas
Para dos tazas y media

2 cebollas blancas grandes, en rodajas
1 cucharadita de aceite de oliva virgen extra
1 cucharadita de estragón
1 cucharadita de albahaca
1 cucharadita de perejil
Aproximadamente 1 taza de agua pura
3-4 cucharadas de Braggs Liquid Aminos
4 setas shiitake frescas
4 champiñones blancos
2 champiñones portobello
2 dientes de ajo
2 cucharadas de agua
1 cucharada de fécula de maíz o arrurruz

Sofreír la cebolla en el aceite de oliva. Añadir el estragón, la albahaca y el perejil. Añadir la taza de agua y continuar la cocción durante unos 25 minutos, hasta que la cebolla esté translúcida y caramelizada. Añadir más agua y Braggs Liquid Aminos cuando sea necesario para que no se enganche.

Mientras se cuece la cebolla, quitar los pedicelos de las setas y cortar las cabezas en rodajas, luego picar el ajo fino. Una vez que estén hechas las cebollas, añadir las setas y el ajo, y continuar la cocción unos cinco minutos más. En otro cazo mezclar dos cucharadas de agua con la fécula de maíz o el arrurruz, verterlo sobre las setas con cebolla y cocer hasta que se espese, unos dos minutos. Servirla sobre el pan de mijo.

Estofado de mijo
4 raciones

3 ½ tazas de agua
1 taza de mijo lavado
⅓ taza de quinua
1 cebolla blanca picada
2 dientes de ajo picado
1 rodaja de jengibre (de 1 cm) rallado
½ cucharadita de orégano
⅛ cucharadita de albahaca
¼ cucharadita de salvia
½ cucharadita de sal marina
1 cucharada de Braggs Liquid Aminos

Mezclar todos los ingredientes en un cazo, tapar y hervir a fuego lento durante 45 minutos o hasta que los granos de mijo se hayan roto y se haya absorbido toda el agua. No remover mientras se cuece. Si el mijo no está blando, tal vez habrá que añadir hasta media taza de agua caliente y hervir otros diez minutos.

Combinado de verduras con tofu
4 raciones

1 cebolla blanca picada no muy fina
2 dientes de ajo picado
3 cucharaditas de aceite de oliva virgen extra
½ manojo de espárragos cortados en rodajas
2 zanahorias grandes, cortadas en rodajas
1 taza de guisantes
1 tomate grande troceado

1 paquete de tofu firme Mori-Nu light

1 ½ cucharadita de zattar (mezcla de hierbas que se encuentra en tiendas de productos orientales)

½ cucharadita de chile rojo triturado

Colocar la cebolla y el ajo con el aceite de oliva en un cazo y sofreír a fuego medio hasta que la cebolla esté blanda (unos dos minutos). Añadir los espárragos, las zanahorias, los guisantes y el tomate, hervir y cocer a fuego suave cinco minutos.

Mientras tanto escurrir el tofu y cortarlo en trozos. Pasados los cinco minutos, añadir el tofu y el chile rojo a la mezcla, y cocer a fuego suave otros cinco a siete minutos, removiendo con frecuencia para que no se enganche.

7

De las pirámides a los principios

La pirámide es un invento muy bueno, algo que conocemos desde los tiempos del antiguo Egipto. En los últimos 50 años más o menos, se ha empleado muchísimo la pirámide para enseñarnos la forma más sana de comer. Su forma nos permite ilustrar las cantidades de los diferentes tipos de alimentos que necesitamos en nuestra dieta.

LA PIRÁMIDE USDA

El Departamento de Agricultura de Estados Unidos (USDA) publicó la primera pirámide alimentaria y sus sucesoras. La última, que data de la década de 1980, subraya la importancia de mantener un peso sano eligiendo una dieta pobre en grasa y colesterol, consumiendo sal y sodio con moderación y comiendo una buena diversidad de alimentos. Es un buen punto de partida, pero dado su enfoque excesivamente simplista ha quedado muy anticuada.

Si observas atentamente la pirámide, ves que la base consiste en productos de hidratos de carbono procesados (panes, cereales, arroz y pasta), sin especificar el tipo de cereales de que se han de componer, si cereal integral, harina blanca u otros. Esto es un gran error, porque los productos de harina blanca, que son los más populares en Estados Unidos, son alimentos pobres en fibra que favorecen la obesidad.

En la siguiente sección están las verduras y las frutas, separadas en dos grupos. Esto disminuye su importancia en relación con los carbohidratos procesados y tal vez refinados. Según el doctor David Heber, director del Centro de Nutrición Humana de la UCLA y autor de *What Color Is Your Diet*, esto se hizo «porque algunos miembros de la comisión pensaron que sería un error combinarlos, ya que las frutas saben mejor

PIRÁMIDE GUÍA ALIMENTARIA USDA

que las verduras y los consumidores se podrían inclinar más por ellas en su elección». Sin embargo, el verdadero problema es que no se come lo suficiente de verduras ni de frutas.

En la siguiente sección de la pirámide se presenta un grupo de productos lácteos, compuesto por leche, yogur y quesos (todos ricos en grasas saturadas), al lado del grupo formado por carnes, frutos secos y legumbres. Con esta combinación se esperaba aumentar el consumo de productos lácteos y, por lo tanto, de calcio. No obstante, los científicos estaban totalmente equivocados en su suposición de que el calcio sólo se puede obtener de los productos lácteos.

Pequeñas cantidades de azúcar y aceite ocupan la sección superior de la pirámide, dando a entender que estos no alimentos son parte importante de la dieta de toda la población. No lo son.

La pirámide USDA es, lamentablemente, una receta para la obesidad y la mala salud. Por este motivo, han surgido nuevas pirámides alimentarias, entre ellas la de la dieta mediterránea y, más recientemente, la pirámide de la cocina californiana.

PIRÁMIDE DE LA DIETA MEDITERRÁNEA

La pirámide de la dieta mediterránea nos acerca más a la combinación ideal de alimentos para la buena salud y la longevidad. Da más importancia al aceite de oliva y al pescado que a la carne, y al queso más que a la leche. El doctor Walter Willett, de la Universidad de Harvard, creador de esta pirámide, fue el primer científico que nos instó a prestar atención al tipo de grasa que comemos y no sólo a la cantidad. Si bien esta pirámide no insiste en que reduzcamos el consumo total de grasa, sí da más importancia a las buenas grasas, las omega-3, que se encuentran en el pescado y el aceite de oliva. Como ves, las frutas y verduras frescas están en una posición más prominente que en la pirámide USDA, y también se les da más importancia que a la carne roja, que ha de comerse con moderación.

Existe una gran cantidad de pruebas científicas que respaldan la dieta mediterránea. El ejemplo citado más a menudo es el del estudio del corazón realizado en Lyon. A 300 pacientes de enfermedad cardiaca elegi-

PIRÁMIDE DE LA DIETA MEDITERRÁNEA

dos al azar se les asignó una dieta estilo mediterráneo, y a otros 300, una dieta estilo American Heart Association (AHA). Ten presente que la dieta mediterránea contiene un buen surtido de fitonutrientes y de aceite de oliva, mientras que en la dieta AHA se consumen grasas poliinsaturadas. Pasados 27 meses se puso fin al estudio por motivos éticos, porque en el grupo que seguía la dieta mediterránea había un 70 por ciento menos de ataques al corazón que entre los que seguían la otra. Al cabo de cuatro años, las personas que continuaron con la dieta mediterránea ya gozaban de otra ventaja aún más pronunciada: el índice de cáncer había bajado en un 61 por ciento, y la tasa de mortalidad era un 56 por ciento menor.

Algo más que la fría y dura ciencia apoya esta manera de comer. Estoy casado con una italiana de Roma. Mi mujer, Kirti, lleva diez años viviendo en Estados Unidos. Dado que he tenido la suerte de visitar muchas veces a su familia en Italia, puedo hablarte de las realidades de la dieta mediterránea tal como se vive. En primer lugar, es mucho más sana de lo que se puede percibir en la pirámide. Los italianos comen muy bien en casa. Los alimentos son frescos, muchas veces cultivados en la huerta de *la mamma*. Las pastas, que igual se comen con frecuencia (dos veces al día) o rara vez (dos veces a la semana), también son frescas y, más importante aún, no se hacen con cereal excesivamente procesado.

No sé por qué, pero nunca comí pasta en mi infancia y juventud. Así, la primera vez que fui a casa de Kirti y la probé, para mí fue una revelación. Me pareció celestial. Estaba cocinada *al dente*, en absoluto contraste con esos fideos lacios que suelen servir en los restaurantes italianos de Estados Unidos. Además, la pasta rara vez es el plato principal. Normalmente se sirve primero, seguido por una abundante ensalada fresca aliñada ligeramente con aceite de oliva. Después viene la proteína, que puede ser un trozo pequeño de carne o pescado, o a veces un delicioso surtido de quesos. En ese momento también se coloca en la mesa una selección de verduras frescas, por ejemplo, espinaca u otra verdura de hoja verde o berenjena. Para postre, se pone una fuente con fruta fresca sobre la mesa. Mi cuñado Cesare podría coger una manzana, y mi cuñada Virginia, un hermoso racimo de uvas.

En realidad hay otras tres cosas que comentar cuando consideramos la dieta mediterránea: el vino, la diversión y el ejercicio. Da la impresión de que todos beben una gran cantidad de vino en la comida, pero he de decir que en realidad sólo se consume una pequeña cantidad, y, según mi experiencia, lo que se bebe normalmente va acompañado con un poco de agua, lo cual diluye el vino. Es decir, el vino es más para la digestión que por su efecto en la conciencia, aunque no me cabe duda de que esto último influye en la actitud relajada durante la comida mediterránea. Desde el punto de vista científico, el vino tinto es saludable porque contiene resveratrol, eficaz compuesto que previene el cáncer. De hecho, inhibe la actividad inductora de tumores en el ADN. En la terapia nutricional yóguica, el vino es opcional por dos motivos. El primero, se pueden obtener los mismos beneficios del resveratrol comiendo uvas, bebiendo zumo de uvas o tomando extracto de semillas de uva como suplemento. Eso es importante para muchos de mis pacientes porque han descubierto que el consumo periódico de alcohol les hace más difícil meditar. El segundo, el adelgazamiento de la sangre, importante efecto medicinal del vino, se puede conseguir con aceites omega-3 y ciertos suplementos como el ginkgo. Como es lógico, si estás tomando anticoagulantes por alguna enfermedad cardiaca u otra dolencia, has de consultar con tu médico antes de tomar vino o nutrientes por su efecto adelgazante de la sangre.

Además, he llegado a comprender que la salubridad de la dieta mediterránea proviene tanto de la relación social y la diversión familiar como del excelente surtido de fitonutrientes que se pone sobre la mesa. La hora de la comida en Italia siempre se caracteriza por una animada conversación, bromas y buena interacción familiar; es el espíritu de comunidad en su mejor aspecto. Y, con más frecuencia que menos, después de la comida se sale a disfrutar de una larga caminata, en lugar de echarse en el sofá a mirar la televisión. Creo que esto lo comprendí cuando mi hijo Sat dijo algo después de una comida particularmente maravillosa. En el festín figuraba su pasta favorita, hecha por mi suegra, Paola, con una de las más preciadas recetas de la familia. «Oye, papá —me dijo con expresión soñadora—, creo que esta comida tiene propiedades psicoactivas.» Y las tiene. Sencillamente uno se siente fabulosamente bien después de comer una verdadera comida mediterránea.

PIRÁMIDE DE LA COCINA CALIFORNIANA

Como ya sabes, la fruta y la verdura protegen el ADN contrarrestando el proceso inflamatorio, aumentando la actividad antioxidante y reduciendo el consumo de grasas malas y azúcares refinados. Pero, como dice el doctor Heber, esto no basta. Él piensa que las hierbas y especias como el

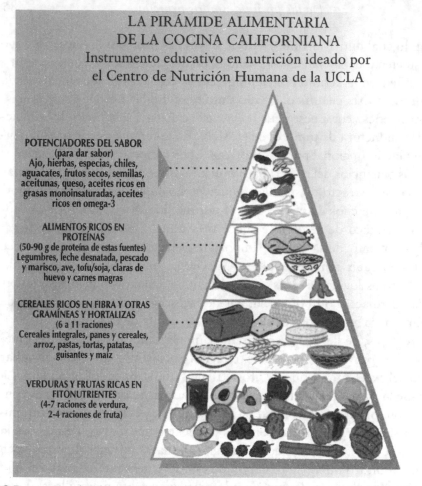

LA PIRÁMIDE ALIMENTARIA
DE LA COCINA CALIFORNIANA
Instrumento educativo en nutrición ideado por
el Centro de Nutrición Humana de la UCLA

POTENCIADORES DEL SABOR
(para dar sabor)
Ajo, hierbas, especias, chiles,
aguacates, frutos secos, semillas,
aceitunas, queso, aceites ricos en
grasas monoinsaturadas, aceites
ricos en omega-3

**ALIMENTOS RICOS EN
PROTEÍNAS**
(50-90 g de proteína de estas fuentes)
Legumbres, leche desnatada, pescado
y marisco, ave, tofu/soja, claras de
huevo y carnes magras

**CEREALES RICOS EN FIBRA Y OTRAS
GRAMÍNEAS Y HORTALIZAS**
(6 a 11 raciones)
Cereales integrales, panes y cereales,
arroz, pastas, tortas, patatas,
guisantes y maíz

**VERDURAS Y FRUTAS RICAS EN
FITONUTRIENTES**
(4-7 raciones de verdura,
2-4 raciones de fruta)

© Doctor David Heber, *The Resolution Diet*, Avery Publishing Group, Nueva York, 1999.

ajo, los chiles y otros potenciadores del sabor deberían tener su sección concreta. Para realizar esto, en 1997 ideó su propia pirámide, la de la cocina californiana. Esta pirámide tiene frutas y verduras en la base, para fomentar el adecuado consumo de los fitonutrientes, que son bajos en calorías. Como ves, la siguiente sección la ocupan los cereales integrales. La tercera sección fomenta el consumo adecuado de proteínas y la evitación de grasas y calorías extras. En la sección superior de la pirámide están los frutos secos, las semillas, el aceite, el queso y las especias, no como las gotas de aceite y pizcas de azúcar que se encuentran en la sección superior de la pirámide USDA.

El doctor Heber dice: «Aunque no podemos retroceder al África prehistórica, cuando nuestros genes estaban más perfectamente adaptados al entorno vegetal biodiverso, tal vez sí podemos aprovechar nuestra moderna comprensión de la genética para idear una dieta contemporánea mejor, una que se corresponda más con nuestros genes, y no con los acontecimientos históricos y la economía».

DE LAS PIRÁMIDES A LOS PRINCIPIOS

Estoy de acuerdo con el doctor Heber en que ya es hora de idear una dieta contemporánea. Pero no creo que la respuesta se encuentre en una pirámide, ni siquiera en la muy juiciosa suya. Como digo en el capítulo 1, es el momento de avanzar y entrar en la nutrición de la Era Acuario, que se basa en la terapia nutricional yóguica. Y para hacer bien esto no es necesaria una pirámide. Lo único que se necesita es un conjunto de principios básicos que tomen en cuenta no sólo la necesidad de comer bien para la salud, sino además el delicado equilibrio entre nuestra salud y la del entorno. Hemos de comprender también que vivir una vida sana y fuerte en estos tiempos de grandes desafíos y problemas nos exige prestar atención a la conciencia espiritual. Ahora, más que nunca, hemos de estar sanos de cuerpo, mente y alma.

Los siete principios de la terapia nutricional yóguica nos ayudan a restablecer el equilibrio de cuerpo, mente y espíritu. También contribuyen a sanar nuestro planeta. Estos siete principios son los siguientes:

1. Desintoxicar el cuerpo.
2. Optar por lo biológico.
3. Limitar o eliminar el consumo de alimentos manipulados genéticamente.
4. Comer proteínas limpias.
5. Descubrir los zumos y los suplementos.
6. Conciencia al cocinar y presencia mental al comer.
7. Hacer la transición a la dieta de la terapia nutricional yóguica.

DIARIO DE COMIDAS, EJERCICIO 8

Sé que si empiezas a seguir estos siete principios de la terapia nutricional yóguica, en lugar de fiarte de pirámides anticuadas, pronto experimentarás inmensos beneficios. Siéntete libre para adaptar estos principios a tu estilo de vida y preferencias, siempre que los sigas también. Mi recomendación es que leas y estudies la información de los capítulos siguientes a un ritmo relajado. Después, experimenta y ve qué viene bien a tus necesidades. Pronto descubrirás la pieza que faltaba en tu plan de salud y que andabas buscando.

8

El primer principio: Desintoxicar el cuerpo con terapia colónica y ayuno

Muchos destacados practicantes de las artes curativas creen que toda enfermedad comienza en el colon. La hipótesis esencial es que años de movimientos peristálticos no adecuados llevan a una acumulación tóxica en los intestinos delgado y grueso. Este fango, como lo llaman, inhibe la buena absorción de los productos nutritivos de la digestión. Además, esas toxinas podrían entrar en el torrente sanguíneo a través de la multitud de vasos sanguíneos gastrointestinales y entonces causar síntomas como dolor, fatiga, estreñimiento, artritis, problemas ginecológicos, inflamación prostática e incluso cáncer. Si bien no estoy convencido de que todo problema comience en el colon, en cambio, sí estoy de acuerdo en que esa acumulación tóxica causa graves problemas a muchas personas.

Está claro que tiene que haber un problema de eliminación en Estados Unidos, como nación gastamos 100 millones de dólares en más de 300 marcas diferentes de laxantes. La próxima vez que entres en una farmacia, visita la sección de laxantes; verás que éstos ocupan hasta cinco estantes y sus buenos 30 m de largo. Según el doctor Vernon Cook, especialista en salud del colon, «las células necesitan oxígeno y nutrición. Pero cuando se añade agua a la harina blanca, queso, azúcar, carne y los demás alimentos procesados que consumen muchos estadounidenses, el colon se recubre de saburra y se obstruye. Esto inhibe la asimilación de nutrientes y priva de oxígeno y nutrientes a las células».

Las toxinas que se absorben en el cuerpo a través del colon tienen que encontrar alojamiento en alguna parte. Digamos que se instalan en las articulaciones. Un día despiertas con dolor en la muñeca; el médico diagnostica artritis. ¿Qué es lo primero que hace? Te receta pastillas analgésicas. El síntoma o dolor remite por un tiempo, pero las toxinas continúan acumulándose. La consecuencia es más dolor, que te hace volver al médico para que te dé un analgésico más fuerte.

Volviendo a la farmacia, la sección siguiente a la de laxantes es la de pastillas para el dolor, igualmente grande y bien aprovisionada. ¿Comienzas a atar cabos?

Además, según Vernon Cook y otros, cuando el colon continúa lleno años y años por falta de una adecuada eliminación, se puede prolapsar, es decir, caerse. El peso adicional de tanto desecho sencillamente lo afloja, lo hunde. Cuando le ocurre esto a una mujer, puede presionar los órganos reproductores, causando dolor e inflamación; entonces la mujer busca atención ginecológica. Es posible que el especialista no sepa o no se dé cuenta de que esto es efecto de la mala salud del colon y entonces podría recomendar cirugía, equivocadamente. Es sabido que cada año se realizan muchas operaciones dudosas debido a trastornos ginecológicos mal diagnosticados. Aunque se desconozca la causa del dolor, es posible que se diagnostique un fibroma y se someta a la paciente a una operación con todos los riesgos asociados. Mi recomendación es que antes de someterse a esta operación no urgente, la mujer pruebe con un ayuno desintoxicante y un programa de limpieza de colon.

Hay ideas equivocadas respecto a lo que son movimientos peristálticos normales. En los textos médicos tradicionales se afirma que cada persona tiene su rutina normal, y que si una persona va de vientre cada tres días más o menos, podría estar muy bien. Eso es una absoluta tontería, no respaldada por ninguna ciencia. Idealmente, deberíamos vaciar el colon después de cada comida, es decir, tres veces al día. Has leído bien. Lo que entra debe salir. Las heces deberían ser de por lo menos 15 cm de largo y de más o menos 4 cm de diámetro.

Mantener esta rutina es difícil en el mundo actual, lo sé. El problema nos lleva de vuelta a nuestro estresante estilo de vida y a la sobreabundancia de alimentos alarmantes, todos los cuales son notablemente pobres en fibra, sin la cual no puede haber buena eliminación. Recuerdo claramente la ocasión, hace varios años, en que le puse anestesia a un colega médico para una operación de cáncer de colon. Cuando leí su historial médico en la tablilla me sorprendió ver que defecaba cada diez días. Esto quedó grabado en mi memoria, y me hizo creer en la importancia de la salud del colon para el bienestar general y la longevidad.

Por todos estos motivos, la limpieza de los tejidos mediante el control de los intestinos tiene una gran importancia en mi práctica médica y en mi recomendación de ayuno.

HISTORIA DE LA TERAPIA COLÓNICA

La terapia colónica es una antiquísima forma de tratamiento médico sobre el que se han encontrado escritos que se remontan al año 1500 a.C., en el Papiro Ebers, documento científico egipcio. Hasta hace 60 años más o menos, la terapia colónica era un medio aceptado y popular para tratar la enfermedad en sus inicios. Actualmente, con el mayor deseo de muchas personas de volver a una curación más natural, y con el invento de complejas máquinas de irrigación colónica, está recuperando su popularidad. En Estados Unidos hay hasta 2.000 terapeutas de colon practicándola.

La irrigación colónica deshace y elimina la materia fecal pegada en los intestinos. Muchos de los pacientes a los que se les practica la limpieza de colon expulsan entre 3 y 4,5 kg de desechos, y después se sienten mucho mejor. Ya puedes imaginarte cómo te sentirías después de haberte librado de todo ese peso.

La irrigación colónica es sencillamente un enema administrado por un higienista profesional, mediante una máquina diseñada para esa finalidad. El procedimiento no es tan desagradable como podría parecer. En mis investigaciones he encontrado a muy pocas personas que pensaran que los beneficios no valían la molestia. Durante la irrigación se introduce agua en el colon y se hace circular por un tubo de doble vía, de modo que no se siente ninguna presión dentro del cuerpo.

Una encuesta realizada a médicos que aplicaban la terapia colónica en sus consultas, publicada en 2000, verificaba su valor. Cirujanos, oncólogos y especialistas en el estómago se cuentan entre los médicos que recomendaban esta terapia en el estudio, según se informa en el número de noviembre de *Journal of Colon Hydrotherapy* de ese año.

AYUNO PARA LA SALUD DEL COLON

El objetivo de un programa de revitalización es limpiar el cuerpo y activar su fuerza sanadora natural. Ayunar un día a la semana, todas las semanas de la vida, puede convertirse en la clave para una salud absolutamente fantástica. Ten presente que el aparato gastrointestinal humano es como un tubo elástico. A menos que la dieta sea excelente la mayor parte de la vida, y la eliminación sea excelente también, el alimento nunca se ha digerido totalmente ni los desechos resultantes han sido totalmente eliminados. Este tubo atrapa desechos, y en consecuencia podrían absorberse las toxinas. Ayunar y limpiar los tejidos mediante el control de los intestinos contribuye a eliminar estos cimientos de enfermedad.

Toda mi experiencia personal con el ayuno ha sido positiva. He encontrado gran claridad mental y mayor energía y rejuvenecimiento en un cuerpo vacío de alimento y sin embargo lleno de espíritu. En los pacientes he observado muchos beneficios del ayuno, entre otros, disminución de los síntomas de artritis, reducción del colesterol, descenso de la tensión arterial, regresión del cáncer y, cómo no, reducción de peso.

Analizando historiales y entrevistando a muchos clientes en uno de los lugares para retiro más prósperos de Estados Unidos, We Care Holistic Spa, en Desert Spring (California), he descubierto que muchas personas bajan de peso ayunando y luego lo mantienen bajo siguiendo un programa de terapia nutricional yóguica cuando vuelven a casa.

El ayuno es eficaz porque permite dirigir la energía que se gasta en la digestión hacia la curación y el restablecimiento del equilibrio del cuerpo. Si uno se da un descanso en asimilar alimento, se activa la fuerza vital interior. Cuando esta energía no se agota en la tarea de digerir alimentos alarmantes procesados, está disponible para curar.

A continuación, un resumen de los beneficios del ayuno:

- Durante un ayuno el cuerpo se libera de las células dañadas, enfermas, viejas y muertas.
- Se acelera la formación de células nuevas sanas.
- Aumenta enormemente la capacidad de los pulmones, hígado, riñones y piel, y se eliminan masas de desechos y toxinas.
- Da descanso a los órganos de la digestión, asimilación y protección.
- Produce efectos normalizadores, estabilizadores y rejuvenecedores en las funciones fisiológicas y mentales.
- Normaliza nuestra relación con los alimentos.

En nuestra sociedad estamos inundados de mensajes publicitarios dañinos. La próxima vez que pongas la televisión observa toda la basura que se promociona. Nos instan a comer comida basura rica en azúcar y grasas, y pobre en fibra. ¿Cuándo fue la última vez que viste un fabuloso anuncio para promocionar el consumo de brécol y arándanos? Además, si conduces por cualquier calle importante, verás un establecimiento de comida rápida tras otro, relucientes edificios tratando de convencerte de que te comas una grasienta hamburguesa, grasientas patatas fritas que hace tiempo dejaron de ser patatas, un donut con un café, o una bebida con suficiente azúcar para endulzar Afganistán y cafeína suficiente para tener estimulado a un estudiante de medicina durante un mes. También abundan los llamados rosbif, los pollos (criados artificialmente) fritos y las pizzas sintéticas. No es de extrañar que seamos la nación más gorda del mundo y tengamos la mayor incidencia de enfermedades degenerativas.

El ayuno aumenta la conciencia de la comida. Cuando ayunes verás todos los mensajes publicitarios de comida basura como lo que realmente son.

CONSEJOS IMPORTANTES PARA HACER AYUNO

Hay síes y noes que acompañan al programa de ayuno. Mientras ayunas deberías eliminar la materia malsana de tus intestinos con la terapia colónica. Si de verdad piensas que eso no es para ti, ¿por qué no pruebas con un enema? Uno diario durante unos cuantos días no tendrá ninguna consecuencia negativa, ni es adictivo para los intestinos, pese a la información errónea que puedas haber oído. Si eso no te atrae, toma por la noche dos tabletas de áloe vera de 450 mg o algún otro laxante natural. Deberías comenzar el proceso de limpieza al día siguiente.

Por norma, un ayuno es un buen momento para dejar de tomar suplementos vitamínicos. Hay algunas excepciones. Si tienes algún problema cardiaco, puedes continuar tomando la coenzima Q10 y la vitamina E. Si estás enfermo o tienes inmunodeficiencia, toma hasta 3.000 mg de vitamina C al día con zumo de fruta diluido. Mi preferida es una forma efervescente, Emergen-C. Si estás muy débil, toma una cucharadita de miel pura para endulzar tu infusión de jengibre o de especias yoguis.

En las primeras fases del ayuno no dejes de tomar tus medicaciones recetadas. Si te vas a embarcar en un programa para eliminar alguno de estos medicamentos, no olvides hablar de esto con un médico experimentado y procura que te supervisen médicamente el ayuno.

Una buena manera de prepararse para el ayuno es concentrarse en comer principalmente verduras al vapor durante unos días, antes de empezar. También es mejor abstenerse de tabaco, alcohol y café los tres o cuatro días anteriores al inicio del ayuno. Y aunque esto parezca obvio, es importante recordar que no debes fumar ni beber alcohol ni cafeína durante el ayuno. De hecho, el ayuno es un método clínicamente probado para eliminar con rapidez y sin dolor las ansias de cigarrillos, alcohol y otras drogas. Por último, durante el ayuno bebe sólo zumos frescos biológicos, y prepáralos inmediatamente antes de beberlos.

PREGUNTAS FRECUENTES ACERCA DEL AYUNO

1. *¿Cómo he de prepararme para el ayuno?* Come solamente frutas, verduras y zumos durante tres días antes de ayunar. Reduce el consumo de cafeína, alcohol y tabaco.

2. *¿Hay alguna contraindicación para el ayuno?* En general, los pacientes con diabetes grave, infecciones activas, inestabilidad mental, debilidad cardiaca o ciertos tipos de cáncer avanzado no deberían ayunar. No se recomienda el ayuno a mujeres embarazadas ni a niños menores de 16 años. Siempre consulta con tu médico si estás enfermo y deseas ayunar.

3. *¿Puedo hacer ejercicio mientras ayuno?* Sí. Caminar al aire libre es excelente, como también hacer yoga. Los ejercicios vigorosos, como una carrera larga y el levantamiento de pesas, deberán evitarse. El ejercicio ligero es esencial para ayudar al cuerpo a limpiar la sangre y los tejidos. También es buen momento para dormir con las ventanas abiertas, si es posible, y para tomar un poco el sol.

4. *¿Debo dejar de trabajar mientras ayuno?* Por el contrario, disfrutarás más de tu trabajo, porque te sentirás con más energía. Podrías ver más claro un problema y resolverlo durante un ayuno. Esto no vale si tu trabajo requiere esfuerzo físico; en ese caso, te recomiendo que ayunes durante el fin de semana.

5. *¿Sentiré hambre cuando ayune?* Sí, lógicamente, al principio, pero no un hambre horrorosa. Si alargas tu ayuno o asistes a un retiro de ayuno, el hambre desaparecerá pasados dos o tres días. Después, sorprendentemente, cuanto más tiempo ayunes, menos hambre sentirás. Cuando tu cuerpo termine el trabajo de limpieza del ayuno, retornará el hambre. Ésa es una señal fiable de que es hora de romper el ayuno.

CÓMO AYUNAR

La forma más conveniente de ayunar no exige abstinencia total de alimento. Tampoco significa beber solamente agua, que es una manera potente de hacerlo, pero no agradable. El ayuno en el balneario We Care, que puede ser de tres días pero normalmente dura una semana (y en algunos casos más), consiste en un régimen concreto de agua pura, infusiones de hierbas, suplementos energéticos, minerales, zumos de verduras frescas combinadas y una deliciosa sopa que es un puré diluido de verduras al vapor. Durante el ayuno no se come nada sólido, pero sí hay abundancia de líquidos. Puede sentirse hambre los dos primeros días, más o menos, pero después normalmente desaparece, ya que aumenta la energía física, mental y espiritual.

EL AYUNO DE 36 HORAS

Un ayuno modificado de 36 horas es un comienzo seguro y sensato para limpiar el organismo. Este ligero ayuno no interrumpe la vida normal, ni siquiera si trabajas en una oficina. Mi buen amigo Joseph DeNucci, director general de Miraval, realiza esta limpieza de un día con frecuencia, y tiene abundante energía y claridad para llevar sus muchas responsabilidades. Miraval es un balneario, un lugar para ir a relajarse, hacer ejercicio, meditar, comer alimentos sanos, aprender a estar en el momento y rejuvenecer el cuerpo, la mente y el espíritu.

Al levantarte
Bebe una taza de agua caliente con el zumo de medio limón. Deja pasar una hora antes de desayunar. Éste es un momento excelente para tu práctica espiritual personal de kundalini u otro yoga, meditación y oración.

Desayuno
Fruta fresca de cultivo biológico y requesón o yogur semidesnatado, con una cantidad muy pequeña de miel pura biológica (opcional) y una cucharada de germen de trigo. Para beber, una taza de infusión de jengibre de la empresa Yogi Tea. Encontrarás diversas mezclas de Yogi Tea en tu tienda de alimentos dietéticos, e incluso en algunos supermercados. Si lo prefieres, puedes prepararte tu propia infusión de especias, especial yogui (diferente de la de jengibre), que forma parte del plato perfecto de Hari (recetas al final del capítulo 14). Para endulzar la infusión usa fructosa,

stevia, o una cantidad muy pequeña de miel. Nada de edulcorantes artificiales, de ningún tipo, ni nada de azúcar.

Almuerzo
Una abundante ensalada verde, de verduras crudas biológicas y brotes, pero nada de carne, queso, pollo o pescado. No le pongas aliño que contenga azúcar, queso, conservantes químicos ni glutamato monosódico. El mejor aliño es aceite de oliva virgen o aceite de semillas de lino con vinagre de sidra o limón, ajo fresco y hierbas, como albahaca y estragón. En lugar de sal podrías añadir un chorrito de Braggs Liquid Aminos, para el sabor. Con la ensalada puedes comer una rebanada de pan integral o de nueve cereales, sin mantequilla. Para beber, otra taza de infusión de jengibre o de especias especial yogui.

Bebe un mínimo de ocho vasos de agua pura durante el día.

Cena
En esta comida comienza tu ayuno. En lugar de comer, bebe solamente una taza de agua caliente con limón y una taza de infusión de jengibre o de especias yogui sin miel. Después bebe uno o dos vasos de agua durante la tarde. Relájate, lee, medita, ora o vete a acostar temprano. No mires la televisión. No pienses mucho y procura no preocuparte. Practica el estar en paz contigo mismo y con lo que te rodea. Una hermosa afirmación mientras te preparas para acostarte (tal vez mientras te das un relajante baño caliente) es ésta que me enseñó Louise L. Hay:

> *Me amo,*
> *me acepto*
> *y me valoro*
> *tal como soy en este momento.*
> *Todo está bien en mi mundo,*
> *y estoy en paz.*

Al levantarte
Después de la ducha toma un vaso de agua caliente con limón y continúa con tu rito matutino de yoga, meditación y oración.

Desayuno

Otra taza de agua caliente con limón y una taza de infusión de jengibre o la especial de especias yogui. A lo largo de la mañana mantente atento y consciente de tu energía. Bebe dos o tres vasos de agua pura.

Almuerzo

Ahora estás preparado para romper tu corto ayuno (si deseas alargarlo, simplemente repite el desayuno). Pero continúa consciente de la limpieza. Sírvete una ensalada verde mediana, de verduras crudas con dos cucharadas de una mezcla de frutos secos triturados y cinco almendras blancas sin sal. No añadas aliño. Come lentamente, masticando cada bocado hasta que se disuelva. Reintroduce suavemente el alimento en tu organismo y en pequeñas cantidades.

Cena

Media hora antes de cenar bebe 20 cl de zumo biológico hecho en el momento; una mezcla de zumo de zanahoria, apio y perejil es excelente. Después, disfruta de una ensalada verde mediana con tomate y pepino, aliñada con el zumo de un limón o zumo de tomate; no pongas aceite. Para el plato principal, tres verduras hechas al vapor, por ejemplo judías tiernas, espinaca y brécol, o tal vez un poco de calabaza amarilla, sin mantequilla ni sal. Añádele hierbas secas, como albahaca, romero o estragón, para el sabor y para facilitar la digestión. Bebe otra taza de infusión de jengibre o de especial yogui. Si sientes debilidad o hambre durante este corto ayuno, puedes hacer lo siguiente:

- Haz respiraciones profundas, especialmente por la ventanilla izquierda de la nariz.
- Bebe agua.
- Hazte masajes en los pies con aceite de almendras.
- Haz una corta meditación. Piensa en lo que estás haciendo y comprende que tus sensaciones de hambre o debilidad son temporales. Inspira profundo, retén el aliento cinco segundos, espira y relájate.

Es posible, sin embargo, que este corto ayuno no te cause ninguna molestia. En lugar de sentirte deprimido, te sentirás eufórico y radiante.

Si tienes tiempo, puedes alargarlo. Ahora bien, si deseas hacer un ayuno o programa de desintoxicación prolongado, es mejor que lo hagas bajo supervisión. Los mejores lugares que conozco para hacer ayuno supervisado son We Care Holistic Health Ranch, en Desert Springs, California, y The Cleanse, en Española, Nuevo México (véase el «Apéndice D: Recursos y proveedores»).

MONODIETA COMO AYUNO

Otra manera de desintoxicar fácilmente el organismo y emplear el alimento como medicina es hacer la llamada monodieta, comiendo un solo alimento o combinación de alimentos durante un periodo corto de tiempo, con una finalidad concreta. En la segunda parte, «Para eso comer esto», recomiendo una monodieta o receta especial para más o menos cada enfermedad. Esto debería ser un componente esencial en tu programa de curación.

ROMPER EL AYUNO

La forma de romperlo es fundamental para el éxito del ayuno. No es como salir de una meditación profunda: hay que respetar el propio espacio y en especial el estómago y los intestinos, que han tenido un agradable descanso. Una pizza doble de queso con salchicha de cerdo y anchoas no es una buena manera de hacer la transición del ayuno a comer.

Cuanto más largo es el ayuno, mayor es la claridad mental y la elevación espiritual. El alimento te puede abatir, de modo que tómatelo con calma después de ayunar. Una buena regla es ir poco a poco y con cuidado durante tres días por cada semana que se haya ayunado. Aunque sólo hayas ayunado unos pocos días, has de tener precaución por lo menos durante 48 horas.

Cuando acabes el ayuno, al margen de su duración, evita comer patatas, plátanos, productos de harina blanca, tostadas, pastas, carnes y quesos. Además, según sea tu constitución, tal vez te convenga limitar el consumo de cereales a sólo arroz integral basmati. Paradójicamente, es posible que desees comer todas las cosas que he mencionado, porque tu ego te envía el mensaje de que quiere que pares la limpieza de tu cuerpo. Por lo tanto, mantente firme en ingerir comidas acuosas justo cuando rompas un ayuno. Verduras crudas o cocidas ligeramente al vapor junto con frijoles mung (enanos) y arroz integral basmati son lo mejor.

Según Susana Lombardi, la fundadora de We Care y autora de *Healthy Living: A Holistic Guide*, la parte más importante de romper un ayuno es comer poco. Un ejemplo es una ración de verduras al vapor, un tazón de sopa y una pequeña ensalada o una fruta fresca. Ella dice que dos comidas son mejor que tres, y que es fundamentalmente importante seguir bebiendo líquido. Por este motivo, yo recomiendo esta fórmula: pésate, divide el número por la mitad y bebe esa cantidad de onzas de líquido al día. Por ejemplo, si pesas 130 libras, bebe 65 onzas de líquido al día, es decir, un poco menos de 2 l. (La equivalencia en kilos es dividir el peso por 30, 1 libra = 0,450 kg, y 1 onza = 30 g o 30 ml. En este ejemplo, serían 58,5 kg de peso, dividido por 30 = 1,95 l de líquido, casi 2 l).

A continuación, incluyo un plan de comidas para después de un ayuno de una semana de duración. Como verás, es similar al plan de comidas para después del ayuno de 36 horas. Las frutas y verduras siempre han de ser de cultivo biológico.

Desayuno
Un vaso de zumo de fruta seguido 15 minutos después por una fruta.

Almuerzo
Un vaso de zumo de verduras seguido 15 minutos después por una ensalada de verduras.

Cena
Una taza de infusión yogui o de hierbas seguida 15 minutos después por un plato de verduras hechas ligeramente al vapor.

A muchos pacientes les recomiendo una monodieta de frijoles mung con arroz después de un ayuno. Los frijoles mung son ricos en proteína vegetal natural y en importantes minerales, y muy fáciles de digerir. Son un alimento excelente que puedes comer a modo de monodieta sanadora, y volver a ella cuando necesites recuperar el equilibrio en tu vida. Si les añades arroz integral basmati, verduras al vapor, ajo, cebolla, jengibre y cúrcuma, y una porción de yogur desnatado, obtendrás una comida muy nutritiva y que te llenará. Te recomiendo encarecidamente comerlos entre tres días y una semana como comida principal después de romper el ayuno.

Frijoles mung con arroz
8 raciones

1 taza de frijoles mung
1 taza de arroz basmati
2 hojas de laurel
1 trocito de alga kombu (de 2,5 cm)
9 tazas de agua
4-6 tazas de verduras surtidas troceadas (zanahoria, apio, calabacín, brécol, etc.)
2 cucharadas de aceite de oliva virgen extra
2 cebollas troceadas
½ cucharadita de pimienta
⅓ taza de raíz de jengibre picada
3-4 dientes de ajo, picados
1 cucharadita colmada de cúrcuma
1 cucharadita colmada de garam masala
1 cucharadita de chile rojo triturado (más o menos al gusto)
1 cucharada de albahaca dulce
Las semillas de 5 cápsulas de cardamomo
Sal marina, o Braggs Liquid Aminos, al gusto

Después de dejarlos en remojo toda la noche, lavar los frijoles y el arroz, aclarándolo por lo menos tres veces. Llevar el agua a ebullición, poner los frijoles, las hojas de laurel y el alga kombu y dejarlos hervir a fuego medio. Cuando los frijoles estén cocidos y blandos (unos 40-50 minutos), añadir el arroz, y continuar la cocción a fuego lento otros 20 minutos.

Limpiar y trocear las verduras, y añadirlas a los frijoles con arroz que están hirviendo a fuego lento y continuar la cocción unos 15 minutos más. Mientras tanto, calentar el aceite en una sartén grande y sofreír la cebolla, el jengibre y el ajo a fuego medio, hasta que estén dorados. Entonces añadir la cúrcuma, la pimienta, el garam masala y el chile rojo. Incorporar esta mezcla a la olla con los frijoles y el arroz. Ahora habrá que remover con frecuencia para evitar que se pegue y se queme. Añadir la albahaca, las semillas de cardamomo y la sal o Braggs al gusto. Continuar la cocción a fuego suave otros 10 a 15 minutos, removiendo a menudo. Es posible que haya que añadir más agua caliente, hasta que el arroz y las verduras estén completamente cocidos. La consistencia ha de ser la de una sopa espesa en que los ingredientes apenas se distinguen entre sí. Servirlo con yogur. Este plato está predigerido, y es excelente para los enfermos, ancianos y niños pequeños, pero en estos casos debe prepararse con menos especias. El alga kombu enriquece esta receta con minerales y hace más digeribles los frijoles.

Frijoles mung con arroz, más sencillo (Kitcheree)
8 raciones

½ taza de frijoles mung
½ taza de arroz blanco bastami
1 trocito de alga kombu (2,5 cm)
9 tazas de agua
Sal marina, o Braggs Liquid Aminos, al gusto

Después de dejarlos en remojo toda la noche, lavar los frijoles y el arroz. Llevar el agua a ebullición y poner a cocer los frijoles con el alga kombu a fuego medio, entre 45 y 50 minutos, hasta que estén blandos. Entonces añadir el arroz y continuar la cocción a fuego suave otros 20-25 minutos, hasta que el arroz esté bien hecho. Añadir la sal o Braggs al gusto. También se puede agregar una cucharadita de ghee (véase la receta en la página 174) o de aceite de oliva virgen extra por persona. Servirlo con ensalada y/o verduras al vapor.

TÓMATELO CON CALMA

Como todo lo que vale la pena hacer en la vida, desintoxicar el organismo podría llevar un tiempo y requerir práctica y esfuerzo. Pero eso está bien. El proceso y el viaje son tan importantes como el destino final. Mientras limpias tu organismo, no te angusties ni te estreses, por favor. Ve con calma. Lentamente aléjate de los alimentos alarmantes y avanza hacia los favorecedores de la salud y los calmantes. Dado que estos alimentos no estresantes (muchas verduras al vapor) son fáciles de preparar, no requieren mucho tiempo ni grandes cualidades culinarias. Sólo te limita tu imaginación, que es infinita, y tu deseo y motivación para estar sano, fuerte, relajado y ser feliz.

Recuerda lo bien que te sentiste al final del ayuno. Procura mantener esa sensación tomándote un día santo a la semana, similar al sábado judío, para volver al estado de ayuno. Tal vez ese día podría ser tu Sabbath, por lo tanto, ¿por qué no ayunar el sábado o el domingo, según cuál sea tu religión? Yo soy sij, y espero con ilusión nuestro servicio religioso del domingo para estar con la comunidad, pero debido a la deliciosa comida vegetariana que forma parte de esta fiesta, no me sería práctico ayunar ese día. Así pues, normalmente ayuno los miércoles. Eso me va bien. Decide qué te va bien a ti y pruébalo, por favor.

9

El segundo principio:
Optar por lo biológico

Una vez acabes tu ayuno de limpieza y empieces una nueva dieta rica en fruta y verdura fresca, densas en fitonutrientes, es importante que te conviertas a los productos de cultivo biológico. El principal motivo para hacerlo es asegurarte de que ingieres alimentos puros, no contaminados por pesticidas. Las sustancias hechas para envenenar y matar no tienen ningún papel en un régimen sano afirmador de la vida. Es así de sencillo.

Los pesticidas podrían contribuir de modo importante a una larga lista de enfermedades graves, entre ellas el Parkinson, la leucemia, el linfoma y cánceres de cerebro, estómago y próstata. Los estudios médicos de investigación también han revelado una correspondencia entre el mayor uso de pesticidas y el aumento de cáncer de mama entre los estadounidenses, casi con toda seguridad debido a que los pesticidas tienen un efecto estrogénico anormal que conduce al cáncer. Según estudios de la propia Agencia de Protección Medioambiental, más de 107 ingredientes activos de los pesticidas son cancerígenos o tienen probabilidades de serlo. En Estados Unidos se usan al año aproximadamente un millón de kilos de pesticidas, casi 4 kg por persona, hombre, mujer o niño.

Servirles alimentos de cultivo biológico a tus hijos podría serles muy beneficioso. Muchos de los alimentos favoritos de los niños, como la mantequilla de cacahuete, los melocotones, las uvas, las pasas, las manzanas, la leche y los cereales, están entre los más tratados con productos químicos. Esto es peligroso para los sistemas inmunitario y nervioso en desarrollo de los niños pequeños, y puede hacerlos muy vulnerables a la toxicidad de los pesticidas. La exposición a esas sustancias durante esa importantísima fase del desarrollo podría debilitar permanentemente o cambiar el funcionamiento de sus órganos. Éste podría ser uno de los motivos del 300 por ciento de aumento de cáncer y leucemia infantil durante los últimos 25 años, ya que ha aumentado el número y la concentración de los pesticidas. Actualmente el cáncer mata a más niños menores de 14 años que cualquier otra enfermedad. Hincar el diente en una sola manzana de cultivo no biológico u orgánico puede exponer a un niño a los residuos de 34 pesticidas diferentes.

La tragedia es que la Agencia de Protección Medioambiental no hace caso o resta importancia a la exposición de los niños a la combinación de pesticidas, incluidos aquellos presentes en el agua contaminada. Las normas de nuestro Gobierno se basan en la idea de que es *aceptable* un cierto número de muertes por causa de los pesticidas, para proteger los intereses de las grandes empresas y la industria alimentaria convencional. Otro hecho escalofriante es que, según informes publicados, el 95 por ciento de la leche materna se ha contaminado con pesticidas.

La buena nueva es que consumiendo principalmente alimentos de cultivo biológico se puede detener o subsanar esto. ¿Qué significan en realidad las expresiones *de cultivo biológico/orgánico* o *certificado biológico/orgánico*? Significan que las relucientes fresas rojas que estás a punto de comer no contienen 70 pesticidas diferentes. El de fresas es el cultivo más pulverizado con pesticidas. En segundo lugar está el café; DDT, malathion y otros pesticidas letales forman parte de tu bebida para despertar, a menos que bebas café de cultivo biológico u orgánico. El tabaco es otra cosecha muy rociada, o sea, que los pesticidas se pueden añadir a los venenos que inhala un fumador con cada calada.

Para tener el certificado de biológico, la tierra del agricultor ha de estar libre de productos químicos un mínimo de tres años. En octubre de 2002, el USDA (Departamento de Agricultura) reemplazó la certificación estatal o privada por criterios nacionales, los que confirman que el agricultor sigue el ideario biológico tanto en los métodos de cultivo como en los materiales. Este programa ha establecido criterios nacionales para la certificación, y ésta se concede únicamente cuando no entra ninguna sustancia artificial en el alimento mientras se cultiva o se procesa. No se puede pulverizar ningún pesticida sobre las uvas, por ejemplo, ni siquiera cuando ya han salido de la viña y van camino del mercado. Además, de acuerdo con la legislación nacional de 1996, un producto alimentario como una sopa o comida congelada sólo puede llevar la etiqueta de biológico si contiene como mínimo un 95 por ciento de ingredientes producidos biológicamente. Cuando un producto está compuesto por un 50 por ciento de ingredientes biológicos, como mínimo, la empresa puede especificarlos en la etiqueta; si contiene menos del 50 por ciento, la lista de ingredientes sólo puede ir en la etiqueta lateral. Este programa de certificación ha tenido mucho éxito, y a menos del 0,01 por ciento de las granjas certificadas se les ha retirado la certificación. Para asegurarte de que lo que compras es biológico, busca las palabras «certificado biológico/orgánico». El empleo de cualquier otro lema, como *natural, libre de pesticidas* u otro, no significa que el alimento sea de cultivo o producción biológicos.

Desde el punto de vista de la salud, los alimentos cultivados biológicamente son más ricos en minerales que los otros. Por ejemplo, el alimento biológico contiene muchas veces más calcio, cromo, magnesio y selenio que el cultivado con pesticidas. Ha habido informes de curación total de enfermedades como alergias, asma, eccema y sensibilidades a sustancias químicas, entre otras, cuando el paciente ha cambiado a alimentos biológicos.

El alimento biológico sabe mejor que el tratado con pesticidas y, contrariamente al mito popular, no es más caro en muchas partes del país, como el noroeste y el suroeste. Un estudio hito, realizado por la organización Mothers and Others for a Livable Planet en 1995, demostró que, según donde se vive, el alimento biológico u orgánico puede costar igual o menos que los alimentos producidos con el método convencional. Según el lugar, estos alimentos pueden resultar a un precio más razonable comprándolos a granel en el mercadillo de granjeros o en una cooperativa. En mi opinión, aun en el caso de que sean más caros, los beneficios para nuestra salud y para la del medio ambiente los hace valer su precio.

MÁS ALLÁ DE LOS BENEFICIOS PARA NUESTRA SALUD: COMER BIOLÓGICO PARA LA SALUD DE NUESTRO PLANETA

Consumir alimentos biológicos no sólo es bueno para nuestra salud y la de la nuestra familia, sino también para salvar nuestro planeta. La tierra tratada orgánicamente está viva, no desprovista de su contenido mineral y otras sustancias naturales. La tierra sana genera plantas fuertes, vibrantes, que van a producir personas sanas. Los agricultores convencionales tratan la tierra sólo para que echen raíces las plantas, y poco a poco la tierra se va endureciendo, secando, tornándose improductiva y vulnerable a la erosión rápida. Estas prácticas destruyen 3.000 millones de toneladas de tierra de cultivo al año, una velocidad siete veces mayor de lo que tarda la Madre Naturaleza en reponerla.

El agricultor biológico u orgánico tiene una filosofía distinta, amiga de la tierra. La abona con compost y estiércol al modo de la propia naturaleza. Este método hace a las plantas más resistentes a los insectos dañinos y pestes. El agricultor biológico trabaja en armonía con la naturaleza para mantener controlados a los insectos dañinos. Usan pájaros y mariquitas, que se comen los insectos molestos, y plantan arriates de flores para engañar a otros insectos. Todo esto significa alimentos mejores, cuerpos más sanos y mentes más claras.

La agricultura biológica está aumentando en el mundo a un ritmo más rápido que aquí. Aunque en Estados Unidos las áreas de tierra orgánica están aumentando rápidamente, por el momento sólo un 0,2 por ciento de los cultivos del país crecen en tierra orgánica. Comparemos eso con la Unión Europea, donde, según el Worldwatch Institute, la agricultura biológica corresponderá al 30 por ciento de las áreas agrícolas en el 2010. Poco a poco, convertirse a lo biológico u orgánico se reconoce como un importante componente de un estilo de vida sano.

Podemos extender el concepto de optar por lo biológico a los productos de origen animal que compramos. En estudios recientes se ha comprobado que la carne de vacuno criado con el método convencional está cargada de hormonas, antibióticos y pesticidas. Como veremos en el capítulo 11, la carne de vacuno criado de la manera llamada a campo libre, tiene mejor sabor y es más beneficiosa para la salud.

10
El tercer principio:
Limitar o eliminar el consumo de alimentos manipulados genéticamente

El cultivo comercial de alimentos manipulados genéticamente, llamados también organismos modificados genéticamente (en inglés, GMO, en castellano, transgénicos), se ha transformado en un gran negocio. Estos cultivos ofrecen los posibles beneficios de mayor producción o rendimiento y menor uso de pesticidas químicos, pero también podrían dañar la agricultura, el medio ambiente y la salud humana, según artículos bien documentados publicados en respetables revistas como *Nature* y *Environment*.

¿QUÉ ES UN ALIMENTO MANIPULADO GENÉTICAMENTE?

Crear alimentos manipulados genéticamente entraña cambiar de forma permanente la naturaleza o estructura de un organismo vivo manipulando su ADN. En esta operación se inserta un gen extraño en una planta para darle nuevas características o rasgos útiles en potencia; por ejemplo, tolerancia a los herbicidas o la capacidad de matar a los insectos que se alimentan de ella. Además de con las plantas, esto se puede hacer con las verduras, frutas, semillas, animales y, tal vez algún día, con seres humanos. Esto lo hacen científicos investigadores y gente de negocio, principalmente de empresas multinacionales muy grandes, como Monsanto, una de las empresas agrícolas más grandes y lucrativas, y Dow Chemical, entre otras. Una empresa modifica y patenta, por ejemplo, los genes de unas semilla, luego vende las semillas y logra el dominio de un sector del mercado.

El alimento manipulado genéticamente es un problema en potencia, porque ahora el material genético se puede transferir entre especies que nunca se han hibridado en la naturaleza. Además, esta tecnología es imprevisible e imprecisa. Debido a eso, podría resultar peligrosa para la salud. Por ejemplo, se manipula genéticamente una especie de maíz común para que lleve un pesticida tóxico que lo proteja de una larva llamada pirausta. El posible peligro llega cuando se bebe la leche o se come la carne de una vaca que come este maíz. En ese caso se podría absorber este pesticida con todos sus peligros inherentes de alteración de la inmunidad, alergias y tal vez incluso cáncer.

¿HAY O NO RIESGO EN COMER ALIMENTOS MANIPULADOS GENÉTICAMENTE?

Ésta es una pregunta clave, puesto que el 70 por ciento de los productos agrícolas que se venden a lo largo y ancho de Estados Unidos ya están manipulados genéticamente. Por desgracia, no se ha realizado ningún estudio sobre el efecto a largo plazo de estos alimentos en seres humanos, y el Gobierno no ha exigido análisis de prueba. Pero la mayoría de las pruebas de que se dispone ha llevado a científicos y organizaciones medioambientales a aconsejarnos cautela en el consumo de alimentos manipulados genéticamente (o transgénicos). En estos momentos, se desconoce casi por completo de qué manera nos afectarán las técnicas que crean estos alimentos, como la recombinación de ADN, en que se insertan genes en especies de plantas no emparentadas.

Dado que no se han realizado estudios a largo plazo con personas, la British Medical Association y muchos científicos independientes han exigido una moratoria para la venta y consumo de alimentos manipulados genéticamente hasta que se hagan más estudios de investigación. Sin embargo, la revisión de los estudios que existen nos ofrece todo un cuerpo de pruebas que indican que estos alimentos pueden causar exposición a alérgenos y también elevar el riesgo de cáncer.

Un importante estudio independiente con ratas, realizado por el doctor Arpud Pusztai en el famoso Instituto Rowett de Escocia, reveló efectos adversos muy graves de patatas manipuladas genéticamente. Antes de hacer este estudio el doctor Pusztai era defensor de estos alimentos, pero lo que descubrió horrorizó muchísimo al público británico, que leyó reportajes de primera página sobre el estudio durante 1998 y comienzos de 1999.

En este estudio, unas patatas manipuladas genéticamente envenenaron a ratas de laboratorio. Después de tres días de alimentarlas con ellas, se descubrió que las ratas tenían dañados órganos vitales y el sistema inmunitario, mientras que las ratas que comieron patatas normales continuaban sanas. La conclusión fue que algo, no identificado aún, de la operación genética convertía las patatas en un virulento veneno. La teoría de los científicos fue que probablemente el daño en los intestinos y revestimiento gástrico de las ratas fue consecuencia de una grave infección vírica causada por el producto químico estándar que se usa en la manipulación genética de todos los alimentos y cultivos.

Uno habría creído que premiarían el revelador estudio del doctor Pusztai, pero en realidad ocurrió lo contrario. Su investigación ha quedado inconclusa hasta el día de hoy, porque en octubre de 1999 le retiraron la financiación, después de que su estudio se publicara en *Lancet*, una de las principales revistas médicas del mundo. Un artículo aparecido poco después en el *Guardian*, importante diario británico, daba a entender que la investigación de Pusztai representaba una amenaza para el poderoso sistema científico biotécnico.

Desde entonces, muchos científicos de fama internacional han manifestado estar de parte del doctor Pusztai. Han advertido que muchos de los alimentos corrientes manipulados genéticamente que comemos a diario podrían ser peligrosos para la salud. El 17 de mayo de 1999, la British Medical Association [Colegio Médico], con 115.000 miembros, publicó un informe exigiendo que se detuviera la producción de alimentos manipulados genéticamente. En este informe se decía que eran necesarios más estudios de investigación para evaluar la seguridad o riesgo de estos alimentos, y advertía que la venta de alimentos no sometidos a pruebas podría producir nuevas alergias y resistencia a antibióticos en seres humanos.

Ese mismo año, más adelante, como se documenta en el libro *Genetically Engineered Foods*, de Ronnie Cummins y Ben Lilliston, 231 científicos de 31 países publicaron una carta abierta a todos los gobiernos, exigiendo el cese de la manipulación genética. Los científicos insistían en que el virus utilizado para cambiar la estructura genética de los alimentos podría generar nuevos virus causantes de enfermedad. Puesto que las pruebas con estos alimentos continúan inconclusas, hasta el momento se desconoce si se pueden comer sin riesgo o no.

¿SON PELIGROSOS O NO PARA EL MEDIO AMBIENTE LOS ALIMENTOS MANIPULADOS GENÉTICAMENTE?

En estos momentos en Estados Unidos son millones las hectáreas de cultivo de alimentos manipulados genéticamente, y ya se ha hecho un daño indecible a la Tierra. Al igual que en el caso de los efectos de estos alimentos en la salud humana, no están claros sus efectos a largo plazo en el ecosistema. Pero las pruebas de que están haciendo daño al medio ambiente se van acumulando con rapidez.

El peor problema es que el efecto de la manipulación genética en el medio ambiente es irreversible. A diferencia de la contaminación del aire y del agua, la genética no se puede limpiar, porque las plantas son organismos vivos. Una vez se han introducido plantas manipuladas, propagan su material genético alterado a otras plantas. Además, puesto que son seres vivos, también se reproducen y se pueden mutar. Según estudios publicados, este cambio genético ya está contaminando el ADN de plantas no transgénicas y cultivadas con métodos biológicos u orgánicos. Por ejemplo, en un número de 1994 de la revista *Science*, James Kling documentaba la propagación de genes de colza resistente a herbicidas a un cultivo de mostaza en un campo distante. En un estudio realizado por la Soil Association del Reino Unido se encontró polen de colza transgénica a más de 5 km del lugar de su cultivo. Según los autores, las abejas lo transportaron allí.

En mayo de 1999, en uno de los artículos más famosos sobre manipulación genética, publicado en *Nature*, científicos de la Universidad Cornell explicaron que cuando las mariposas monarcas se comieron unas hojas de asclepia *(Asclepias curassavica)*, su único alimento, en las que había caído polen de maíz transgénico, un 44 por ciento de ellas murieron, y las supervivientes experimentaron una pérdida de peso de un 60 por ciento. En opinión de los autores, esto subraya la necesidad de hacer más estudios de investigación sobre los cultivos de plantas o alimentos manipulados genéticamente.

De inmediato, Monsanto trató de desacreditar el estudio, alegando que se realizó en un laboratorio, no en el campo. Pero otro estudio sobre las mariposas monarca, realizado por científicos de la Universidad Estatal de Iowa, reveló un 19 por ciento de mortalidad a las 48 horas de haber comido las hojas envenenadas. Otros estudios han revelado que también están muriendo insectos beneficiosos, como las mariquitas, y pájaros que se alimentan de insectos. Además, los cultivos de plantas manipuladas genéticamente perjudican la fertilidad de la tierra, al matar los microorganismos.

En resumen, los efectos a largo plazo de la manipulación genética en la tierra, los insectos y la vida animal no se comprenden aún del todo, pero no por eso dejan de ser signos de peligro.

¿HAN DE ETIQUETARSE COMO TALES LOS ALIMENTOS MANIPULADOS GENÉTICAMENTE?

Las semillas manipuladas genéticamente consumen cinco veces más herbicidas que las no manipuladas, según un estudio de más de 800 análisis de campo, realizado por las universidades. Además, en un congreso internacional celebrado en Suiza en marzo de 1999, los científicos señalaron que los cultivos de plantas manipuladas genéticamente emanan 20 veces más toxinas que las emanadas por cultivos normales, por lo que en ese congreso los científicos exigieron una moratoria para la plantación comercial de cultivos que desprenden esas sustancias químicas tóxicas. Pero hasta el momento no ha habido reducción, sino más bien un aumento en la producción de dichos cultivos en este país.

Eso es sólo una parte del problema; el aspecto esencial es que no tenemos ninguna manera de saber si los alimentos que compramos y comemos han sido modificados genéticamente o no, porque el Gobierno no exige que lleven etiqueta que lo diga. De alguna manera, las grandes empresas biotécnicas han convencido a nuestros políticos y agencias reguladoras de que estos alimentos no difieren de los normales. Y, según su lógica, puesto que los alimentos de cultivo normal no requieren etiqueta, tampoco la requieren los manipulados genéticamente. Éste es un problema grave, un problema que ha inducido a muchos científicos y organizaciones medioambientales, como Greenpeace y Mothers for Natural Law, a hacer todo lo posible para educar al público. El apoyo a la etiquetación también viene de escritores como los doctores Michael Roizen y John La Palma (también experto chef), autores del libro *The Real Age Diet*. El doctor Andrew Weil, gurú de la medicina holística y autor de numerosos libros sobre la salud, los alimentos y la curación, también apoya la etiquetación de los alimentos manipulados genéticamente.

Creo que tenemos derecho a saber si los alimentos que comemos están así manipulados. Este derecho ya se ha extendido a los habitantes de Japón y de la Unión Europea, donde se exige la etiquetación de estos alimentos.

A continuación enumeramos lo que nuestro Gobierno permite que vendan las empresas biotécnicas a un desprevenido público:

- Patatas que brillan cuando tienen necesidad de riego, gracias a los genes de medusa que se le han añadido.
- Salmones que doblan en tamaño a cualquiera conocido por la ciencia.
- Verduras con genes de escorpión.
- Cerdos con genes humanos.
- Tomates con genes de platija.
- Vacas que producen leche de pecho humano.

¿QUÉ PRODUCTOS O ALIMENTOS CONTIENEN ORGANISMOS MODIFICADOS GENÉTICAMENTE?

La única manera de estar seguros de que no comemos alimentos modificados genéticamente es seguir el segundo principio y optar por los de cultivo o crianza biológicos. Para eso hay que buscar alimentos que lleven la etiqueta de «no transgénico» (en inglés, no GMO o no GE). Si comes mucha fruta y verdura de cultivo biológico, estarás bien encaminado a garantizar una nutrición sana. Aunque comas carne, pollo y pescado, hay maneras de evitar la carne de animales que han sido criados con alimento manipulado genéticamente; para ser un comprador informado, lee las etiquetas y sé diligente.

Una manera rápida de eliminar los organismos modificados genéticamente de la dieta es evitar todos los alimentos procesados, en especial aquellos que contienen maíz, aceite de colza y soja (esto no incluye el tofu ni las hamburguesas de soja no transgénica).

Estudios hechos por la Organic Consumers Association sugieren que por lo menos un 60 por ciento de los alimentos procesados contiene ingredientes derivados de soja manipulada genéticamente. Debido a la limitación de espacio, no puedo dar aquí la lista de todos los alimentos manipulados genéticamente y sus derivados, pero puedo nombrar unos cuantos para ayudarte. Después puedes entrar en mi sitio web para enterarte de más cosas (www.drdharma.com).

La siguiente lista de productos transgénicos (o GMO) se basa en el trabajo de la organización no lucrativa Mothers for Natural Law. Ésta aumentará tu conciencia del problema de la manipulación genética y su omnipresencia.

- **Aspartamo** (también llamado **NutraSweet**): Se trata de un producto químico transgénico, que normalmente está presente en las bebidas no alcohólicas de dieta y también en más de otros 9.000 productos, entre ellos vitaminas y medicamentos para niños, chicle y muchos productos bajos en grasa, como la gelatina, la mermelada y el yogur. También se encuentra en algunos caramelos.
- **Aceite de colza:** Aparte del aceite de colza propiamente dicho, se pueden encontrar derivados en patatas fritas, aliños para ensaladas, galletas y pasteles, margarina, quesos de soja y frituras.
- **Maíz:** Entre los derivados del maíz están el jarabe o sirope, la fructosa, la fécula o almidón, la dextrosa, el aceite y la harina de maíz. Entre los productos que también podrían contener derivados de maíz manipulado genéticamente están la vitamina C, salchichas de soja, salsa de tomate, tortitas, caramelos, helado de crema, fórmulas para bebé, aliños de ensalada, salsa de tomate, pan, pasteles, cereales, levadura, bebidas alcohólicas, vainilla, margarina, salsa de soja, tamari, soda, frituras, azúcar en polvo, harina enriquecida y pastas. Otros productos derivados del maíz transgénico son la dextrosa, la glucosa, la maltosa, la sucrosa y los azúcares utilizados para endulzar las frutas en lata y las bebidas no alcohólicas. La maltodextrina, almidón industrial derivado del maíz, se encuentra en salsas mixtas y patatas chip con sabor, en las carnes cocidas procesadas como el jamón de cerdo dulce y de pollo, y en alimentos secos para bebé. La goma xantham (E415) deriva del azúcar del maíz y se usa para espesar helados de crema, aliños de ensalada y pastelería.
- **Aceite de algodón:** El aceite de semilla de algodón se encuentra en aceites vegetales y en productos como las patatas fritas, la manteca de cacahuetes, galletas crujientes y pasteles.
- **Calabaza amarilla de cuello curvo:** Esta hortaliza, que se en-

cuentra entera y en alimentos para bebé, podría estar manipulada genéticamente.

- **Productos lácteos:** Actualmente la leche, el queso, la mantequilla, la crema agria y el yogur son todos transgénicos, a menos que se compren de producción biológica. Además, la leche de vacas a las que se les inyecta hormona de crecimiento bovino recombinante (rBGH) suele mezclarse con la leche de producción normal, lo que genera un problema de identificación.

- **Papayas:** Actualmente es la única fruta transgénica. Otras en desarrollo son las manzanas, las uvas, las fresas (la fruta más cargada de pesticidas), las piñas, los plátanos y los melones.

- **Patatas:** La roja Burbank es la única variedad transgénica por el momento. Pero hay productos que contienen patatas transgénicas, por ejemplo las patatas fritas, el puré de patatas y otras mezclas. Algunos productos de patatas Passover, empanadillas y sopas de patatas también contienen derivados transgénicos.

- **Soja:** Entre los derivados están la lecitina, el aceite, la harina y la proteína de soja, los granos solos y la genisteína. La lecitina E322 es el aditivo más usado en los alimentos. Se usa en el pan, bollería, pastelería, chocolate, margarina, queso para untar, mayonesa, leche en polvo, fórmulas para bebé, nata, pasta fresca, etc. Las salchichas de tofu, los cereales para el desayuno, las hamburguesas vegetales y muchos otros productos también contienen soja transgénica. Por lo tanto, siempre busca productos que lleven la etiqueta no transgénica (o no GMO). Por ejemplo, esta misma mañana me preparé una bebida en la que usé una proteína en polvo no GMO de Whole Foods Market.

- **Tomates:** Tanto los normales como los tomates *cherry* podrían estar manipulados. Productos que contienen tomates transgénicos o derivados son las salsas y los purés de tomate, las pizzas, las lasañas, y los alimentos italianos y mexicanos procesados.

En www.drdharma.com encontrarás la lista de muchos otros alimentos que han dado GMO positivo en los análisis. También nombro las empresas alimentarias que usan productos transgénicos y las que no.

No olvides, tu primera línea de defensa contra los peligros de la manipulación genética de los alimentos es optar por los de cultivo biológico u orgánico.

Ahora es el momento de actuar para parar la manipulación genética. Te pido que apoyes las organizaciones antiGMO que nombro en el «Apéndice D: Recursos y proveedores» de este libro y en mi página web. Es la única manera de poder impedir que las poderosas empresas biotécnicas nos pongan por la fuerza más alimentos manipulados genéticamente en el plato.

DIARIO DE COMIDAS, EJERCICIO 9

En un restaurante de aeropuerto pedí una ensalada con aliño italiano, que viene en una bolsita de plástico. Ahora que has leído la importancia de los alimentos biológicos y el predominio de los manipulados genéticamente, ¿qué te parecen estos ingredientes?

Aceite de soja (GMO), agua, vinagre de vino tinto (conservado con sulfitos), azúcar, sal, queso parmesano (con hormonas de crecimiento y pesticidas), enzimas, cloruro de calcio, pimiento rojo (pesticidas), cebolla (pesticidas), goma xhantan, zumo de remolacha (pesticidas), ajo, semillas de apio (GMO), glicolpropileno, alginato y disodio cálcico EDTA, añadido para proteger el sabor.

Este brebaje tiene 150 calorías, de las cuales 140 son de grasa. También tiene 500 mg de sodio. ¿Lo comerías?

11

El cuarto principio:
Comer proteínas limpias

Mi buen amigo Nordine Zouareg, de París, es dos veces campeón del concurso de esculturismo Mister Universo. Come una dieta rica en proteínas debido a su intenso programa de entrenamiento. Pero su dieta es pobre en grasas. «Imposible», podrías decir, a primera vista, pero te equivocarías. Una dieta rica en proteínas y pobre en grasa no sólo es realista sino que, según mi experiencia clínica, es también esencial si el objetivo es una salud óptima.

Personal y profesionalmente, soy partidario de una dieta rica en proteínas para un estilo de vida que incluya ejercicio adecuado (si no se hace ejercicio es aconsejable una dieta pobre en proteínas). Algunos médicos dicen que una dieta rica en proteínas podría ser dañina para el hígado y los riñones, pero nunca he tenido conocimiento de un caso real que demuestre esta hipotesis. Evidentemente, si una persona ya tiene una enfermedad hepática o renal no le recomendaría una dieta rica en proteínas.

No obstante, en mi práctica clínica, muchas veces he visto a personas que sufren de poca energía, fatiga, depresión, ansiedad, mala memoria y mal humor cuando no comen suficientes proteínas. Por este motivo, pido a mi nutricionista que trabaje con mis pacientes para elaborar una dieta que contenga alrededor de un 40 por ciento de proteínas, según su grado de actividad; la dieta también contiene entre un 15 y un 20 por ciento de grasa, rica en las saludables grasas omega-3, de fuentes vegetarianas, como las semillas de lino, y de fuentes no vegetarianas, como el salmón y otro aceite de pescado. El resto del plan se compone de hidratos de carbono complejos, como cereales, frutos secos, semillas, fruta y verdura. Este programa dietético también es naturalmente bajo en calorías, lo cual, como recordarás, favorece la longevidad.

Lo que tiene de único mi programa es que ayudo a la persona a dejar de comer demasiada proteína de origen animal, como la que se encuentra en la carne roja normal, y a inclinarse hacia la carne de animales (vacuno, pollo, pescado) criados en libertad, soja no transgénica (incluido el tofu) y suplementos proteínicos. Es importante observar que mis estudios, experiencia clínica e investigación científica me han revelado que cuanto más se acerca uno a una dieta vegetariana mejor es su salud. Pero comprendo que muchos lectores podrían no estar dispuestos a hacerse vegetarianos o no desearlo. Prefiero que continúes con tu dieta sana y, lo que es igualmente importante, que la disfrutes. Cuando uno es feliz con lo que come, la alimentación no es una dieta sino una forma de vida. Por lo tanto, cuando un socio de curación se muestra renuente a dar pasos hacia el vegetarianismo o desea hacer lenta la transición, le explico la importancia de las proteínas limpias y el método natural de producir carne, ave y pescado o marisco.

Para comprender el concepto proteína limpia, recuerda las normas para conceder el certificado de alimentos biológicos u orgánicos, que exigen que éstos no han de contener pesticidas. Según la Agencia de Protección Medioambiental, entre el 90 y el 95 por ciento de todos los residuos de pesticidas se encuentran en la carne, el pescado y los productos lácteos. Por lo tanto, es de vital importancia que te eduques para reconocer la carne sin pesticida.

La palabra que se usa para indicar que la carne es de animales criados de modo biológico es *natural*, pero hay que tener precaución, sobre todo en un supermercado tradicional. En un sentido convencional, *natural* sólo se aplica al procesado y significa que el producto no contiene conservantes artificiales. No dice nada sobre el uso de pesticidas, antibióticos ni hormonas de crecimiento. Sin embargo, en los supermercados modernos de alimentos dietéticos, como Wild Oats, Whole Foods, Trader Joe's, etc., la palabra *natural* ha llegado a significar que los animales se han criado y procesado de una manera sana.

Los animales se crían humanitariamente. Los animales tienen amplio espacio para moverse en un prado o están libres, en el sentido de que pacen en la vegetación de la localidad. Cuando los animales viven en condiciones no estresantes, su carne es más magra y contiene aproximadamente un 20 por ciento menos de grasa. También sabe mejor y es más tierna. En los lugares de crianza cerrados y atiborrados se pulveriza gran cantidad de pesticidas para controlar las moscas. Estos pesticidas acaban en la carne que se come y luego en el cuerpo, donde sus efectos dañinos podrían pasar años inadvertidos.

No se les administra fármacos. Los productores de carne convencionales administran a los animales una amplia variedad de fármacos aprobados por la FDA (Administración de Fármacos y Alimentos), como también otras sustancias peligrosas para las que no se necesita receta de un veterinario.

La carne no contiene antibióticos. Los animales de criaderos convencionales reciben automáticamente antibióticos para contrarrestar las malas condiciones higiénicas de la granja. En consecuencia, muchas cepas de bacterias, entre ellas *E. coli* y *Salmonella*, se están haciendo cada vez más resistentes a todos los antibióticos existentes. Tres estudios publicados en la *New England Journal of Medicine* en 2001 confirmaban que la administración rutinaria de antibióticos a animales de granja para acelerar el crecimiento podría favorecer la proliferación de bacterias resistentes a fármacos. La Union of Concerned Scientists, grupo no lucrativo con sede en Cambridge (Massachusetts), estimaba que cada año se administran 12 millones de kilos de antibióticos a los animales, cuando sólo son necesarios 910 kg para tratar las infecciones activas. El resto de los antibióticos se administran innecesariamente para prevenir la infección y favorecer el crecimiento. Aunque la FDA lleva años tratando de hacer más rigurosos los controles sobre el uso de antibióticos en animales de granja, práctica que la Unión Europea prohibió en 1998, encuentran oposición por parte de los ejecutivos de la industria cárnica. A modo de ejemplo, la declaración de Ron Phillips, portavoz del Animal Health Institute, grupo comercial representante de los fabricantes de fármacos veterinarios: «La manera de controlar la resistencia a los antibióticos no es prohibir los productos sino un uso juicioso y una sólida inspección que proporcione la base informativa para tomar decisiones directivas informadas. Los antibióticos se administran para criar animales sanos. Son de vital importancia para entregar carne sana y segura al consumidor».

Mientras tanto, en un estudio realizado por científicos y la FDA en la Universidad de Maryland en 2001, se examinaron 200 muestras de carne picada (pollo, buey, pavo y cerdo) de tres supermercados normales de la zona de Washington. La *Salmonella*, principal causa de envenenamiento por alimento, contaminaba una quinta parte de las muestras, resistentes en un 84 por ciento por lo menos a un antibiótico, y en un 53 por ciento por lo menos a tres antibióticos. Un microorganismo, una cepa especialmente virulenta de *Salmonella*, se ha convertido en la «superbacteria», resistente a 12 antibióticos.

En el artículo que explica este estudio, su director, el doctor J. Meng, de la Universidad de Miami, declaraba lo obvio: «El sector agrícola no hace un buen trabajo en el control de la aparición de organismos resistentes».

No se administra ninguna hormona de crecimiento artificial. A los productores de carne les encanta darles hormonas de crecimiento a sus vacas. Es la gran inversión. Estos medicamentos producen animales monstruosos, más grandes de lo que quiere la naturaleza. Lamentablemente para el consumidor, el consumo de carne de animales criados con estas hormonas puede causar efectos extraños en las personas, entre ellos, pubertad precoz en niñas de cinco años, y cáncer unos años después.

Los animales comen una dieta grasa natural. Las vacas son vegetarianas por naturaleza. Enfermedades como la de las vacas locas están causadas por piensos que contienen partes enfermas de otros animales.

El nivel de estrés en el lugar de crianza es bajo. Los animales criados en las condiciones típicas de una granja o criadero grande están estresados. Están en constante estado de alarma. Esto los hace liberar grandes cantidades de hormonas del estrés, como la adrenalina. La adrenalina y otras hormonas del estrés liberadas en reacción al miedo a una muerte inminente endurecen y oscurecen los tejidos del animal. Su carne es más dura y menos apetecible que la de animales criados humanitariamente.

FUENTES DE CARNE NO TRADICIONALES

Las carnes con el menor contenido graso provienen de fuentes más exóticas, como el búfalo, el conejo, el avestruz y el venado. Estas fuentes de proteínas limpias tienen menos calorías y colesterol que las otras carnes rojas, y no contienen residuos de antibióticos ni de hormonas de crecimiento. El problema estriba en que la carne de este tipo de animales exóticos es más cara y más difícil de encontrar. De todos modos, el pavo tiene un precio mucho más razonable y se puede encontrar en estado natural, y sin antibióticos. Tiene poca grasa y contiene triptófano, el aminoácido esencial que regula el metabolismo e induce el sueño.

ORIENTACIONES PARA EL MANEJO DE LA CARNE

- No comas nunca carne cruda.
- Después de cortar o preparar la carne, lávate las manos y lava bien los utensilios, tabla para cortar y cualquier otra superficie con agua caliente jabonosa.
- Mantén la carne y cualquier cosa que ésta toque separados de los alimentos listos para comer.
- Descongela la carne dentro del refrigerador. Si la descongelas en un microondas, has de prepararla enseguida.
- El pollo u otra ave crudos se mantienen no más de dos o tres días en la parte más fría del refrigerador; la carne de vacuno, picada cruda, dos o tres días; el pescado fresco, uno o dos días.
- Cuece siempre la carne cruda a una temperatura interna de 70 °C. Esto es especialmente válido para las carnes picadas y de ave, que llevan bacterias en la superficie.
- La carne hecha que no se consume ha de guardarse de inmediato en el refrigerador, en contenedores pequeños, para que se enfríe rápidamente. La carne ha de consumirse o congelarse antes de que pasen tres días.

ORIENTACIONES PARA EL MANEJO DE LA CARNE DE POLLO

- Sigue siempre las orientaciones para la carne.
- No comas nunca el pollo poco hecho; ha de estar totalmente cocido.
- Evita la carne de pollo frita, sofrita y salteada.

PRODUCTOS DE CARNE EN LUGARES INESPERADOS

Como ocurre con los productos transgénicos, la carne podría acabar en sitios que uno nunca imaginó. Sólo nos enteramos de que las patatas fritas de MacDonald contenían extracto de carne de buey cuando Eric Schlosser lo documentó en su libro *Fast Food Nation* [Nación de comida rápida]. Un artículo aparecido en *Business Week* reveló también que muchos otros alimentos que aparentemente no llevan carne contienen productos de origen animal. Sorprendentemente, el producto Frosted Mini-Wheats, de Kellogg, contiene carne en forma de gelatina. La gelatina, como recordarás, es una sustancia gomosa obtenida por cocción de hueso de vacuno. También se emplea para recubrir píldoras. Por ejemplo, recuerdo que una vez tuve que confirmar que un producto que ideé para una empresa de vitaminas era vegetariano y por lo tanto no contenía gelatina. También suelen contener gelatina los dulces de malvavisco, la crema agria, Skittles y otros caramelos, y también Jell-O.

En muchos restaurantes añaden ingredientes de origen animal sin que uno lo sepa. Por ejemplo, en Church's Chicken y en Danny's dan sabor a las frituras con grasa de carne. El guacamole de Applebee's contiene gelatina, y sus rollitos vegetales llevan manteca, que es grasa de cerdo. En Pizza Hut sólo hace poco eliminaron el caldo de pollo de su salsa para pizzas, pero continúan empleándolo para su salsa blanca para los platos de pasta.

Como recordarás, muchos de estos ingredientes podrían ser transgénicos, lo cual es un doble golpe: no sólo comes alimentos con posibles efectos secundarios desconocidos, sino que además contienen cantidades de grasa animal mayores de las esperadas. Para una persona interesada en avanzar hacia un estilo de vida principal (o totalmente) vegetariano, esto es inquietante y subraya la necesidad de saber lo que va a comer antes de tomar un bocado.

PESCADO

El pescado está adquiriendo cada vez más popularidad como fuente de proteína sana. Es rico en proteínas pero pobre en grasas saturadas, y es excelente fuente de selenio, zinc, yodo, ácidos grasos esenciales, niacina y vitaminas B_6 y B_{12}. Como tal vez sabes, en estudios recientes se ha comprobado que la grasa que contiene el pescado, ácidos grasos omega-3, es muy buena para la salud. Los ácidos grasos omega-3 aumentan el colesterol bueno y disminuyen el malo; algunos investigadores también sugieren que esta grasa reduce el nivel de triglicéridos. Esto es esencial para una salud óptima, porque el nivel bajo de triglicéridos disminuye el riesgo de endurecimiento de las arterias (aterosclerosis) y por lo tanto reduce las posibilidades de sufrir un ataque al corazón. Comer pescado una vez a la semana o con más frecuencia disminuye en un 44 por ciento el riesgo de tener un ataque fatal al corazón , según el doctor David Siscovick, profesor de la Facultad de Medicina de la Universidad de Washington en Seattle.

Hay varias teorías acerca de por qué las grasas omega-3 son tan buenas para el corazón. La mía es que hace menos pegajosas las plaquetas, dificultando que los coágulos o trombos se adhieran a las paredes de las arterias del corazón y del cerebro. Las grasas omega-3 también contribuyen a mantener normal el ritmo cardiaco, importante beneficio, puesto que la irregularidad en el funcionamiento del corazón podría ser causa de muerte repentina por colapso o infarto cardiaco.

Las grasas omega-3 del pescado también podrían reducir el riesgo de cáncer de mama y de colon. Además, los aceites de pescado van bien para disminuir la inflamación, mejorando así la movilidad funcional de los pacientes de artritis reumatoidea y otros trastornos similares. Comer pescado con regularidad también ha demostrado ser útil para eliminar los dolorosos síntomas de la ileítis regional, trastorno inflamatorio del intestino. Las grasas saturadas envían señales de inflamación al cuerpo, mientras que las grasas omega-3 bloquean esa señal.

Muchos estudios de investigación sugieren que toda dieta sana debe contener ácidos grasos omega-3 de pescado o de fuentes vegetales. Los omega-3 son muy buenos para la función mental. Mi colega el doctor William Grant es un brillante científico que trabaja para la NASA. Cuando a su madre le diagnosticaron la enfermedad de Alzheimer, emprendió una revisión computerizada de la bibliografía de la Organización Mundial de la Salud. Descubrió que las dietas ricas en grasa saturada, como la de la carne roja, aumentaban el riesgo de esta enfermedad. También descubrió que en los países en que es elevado el consumo de grasas omega-3 es notablemente reducido el índice de esta temida enfermedad.

Además, los científicos creen tener pruebas de que los ácidos grasos omega-3 curan trastornos mentales como la depresión y la dislexia. La doctora Alexandra Richardson, profesora decana de neurociencia en la

Universidad de Oxford de Gran Bretaña, lo expresó sencillamente en un seminario para médicos al decir: «Si el cerebro no recibe las grasas adecuadas no funciona bien». En sus estudios descubrió que la carencia de ácidos grasos omega-3 podría estar directamente relacionada con la depresión, el autismo, la dislexia y el trastorno de falta de atención con hiperactividad en algunas personas.

Encuentro fascinante la correspondencia entre los estudios de la doctora Richardson sobre la depresión y los del doctor Grant sobre la pérdida de memoria. Éstos confirman mi experiencia al tratar a pacientes de estos trastornos, recetándoles suplementos de DHA (ácido dihomogammalinolénico), un aceite omega-3 derivado de algas.

Si decides hacer del pescado una importante fuente de proteínas en tu dieta, hay unos puntos importantes que debes tener presente: el pescado frito, de cualquier tipo, no forma parte de una dieta sana. Para empezar, el bacalao, el bagre y la anjova fritos no contienen una cantidad importante de grasas omega-3. Aparte de eso, los alimentos fritos envían una señal proinflamatoria a los genes, produciéndoles una predisposición a la mutación, que podría llevar al cáncer.

¿Y EL PESCADO DE PISCIFACTORÍA?

Hay un gran debate sobre si la carne de pescado de piscifactorías es mejor, más sana o más sabrosa que la de los peces que viven en libertad. Investigué este asunto visitando un mercado de la cadena Wild Oats de Tucson. Miré los salmones pescados en libertad y luego los de la variedad de piscifactoría. La carne de los salmones pescados en el norte del Pacífico, en las costas de Alaska, era de un color más intenso y tenía el aspecto de ser más sabrosa que la de sus homólogos de piscifactoría. La carne del salmón que vive en libertad era de color rojo fuerte, en cambio la de los de piscifactoría eran de un color rosa claro. Al parecer el salmón libre sabe mejor también. Estoy seguro de que esto se debe a que los de piscifactoría están encerrados, como los animales y pollos de las granjas tradicionales. Se les pone inyecciones para prevenir enfermedades y se los alimenta con bolitas de harina de soja (transgénica), gluten y aceite de maíz (ambos transgénicos). ¿Y aquellos que tienen un hermoso color rosado? Su alimento contiene un pigmento artificial.

Como ocurre con las semillas transgénicas que contaminan semillas no transgénicas, a lo largo de los años se han escapado millones de salmones de las piscifactorías y han aparecido en ríos de Columbia Británica y en el sur de Alaska, donde han contaminado a las especies autóctonas. También se dice que los salmones de piscifactoría llevan enfermedades a pesar de los antibióticos que les administran. La parte más temible es que algunas empresas de crianza de salmón están experimentando con la manipulación genética para acelerar el crecimiento de los peces.

Ten precaución al elegir el pescado que comes. Según estimaciones, en el año 2002, la producción mundial de salmón de piscifactoría superó 1.200.000 toneladas métricas, de las más o menos 250.000 toneladas que se produjeron en 1990. La cantidad de salmón pescado libre sólo llega a unas 750.000 toneladas métricas.

PELIGROS DEL PESCADO CRIADO EN LIBERTAD

Algunos peces criados en libertad, muy especialmente el tiburón, el pez espada y el atún, también presentan problemas de contaminación. Podrían contener mercurio, plomo, cadmio, cromo y arsénico. Mi principal preocupación es por nuestros hijos. Las toxinas de pescado pueden estar almacenadas en el cuerpo de una mujer hasta más de seis años y luego pasar a sus hijos a través de la placenta o la leche materna.

Mi recomendación es ser selectivo. Elige salmón u otro pescado graso criado en libertad, por su gran contenido de proteínas y grasas omega-3, y si es posible cómpralos en un supermercado de alimentos dietéticos sanos.

Muchos de los pescados exóticos que se encuentran en los restaurantes de pescado y marisco los traen diariamente en avión desde Hawai. Son muy sabrosos y, probablemente, bastante sanos. Pero en general, cuando hagas la compra, tendrás que considerar que tanto los pescados de piscifactoría como los criados en libertad podrían ser peligrosos para la salud a la larga.

SUGERENCIAS FINALES SOBRE EL PESCADO

- Come una buena variedad de pescados para disminuir el riesgo de sobredosis de una fuente contaminada.
- Come pescado sólo dos o tres veces por semana.
- Quítale la piel, fuente importante de toxinas.
- De preferencia elige los criados en libertad y pescados en alta mar.
- Elige salmón fresco pescado durante la temporada en Alaska (de mayo a septiembre).

- Fuera de temporada, elige salmón de Alaska congelado, que normalmente se limpia y congela inmediatamente después de pescarlo.
- Si comes trucha o bagre, compra los criados en piscifactoría, porque los libres se pescan en riachuelos, ríos y lagos que suelen estar más contaminados.
- Elige pescados pequeños, porque son menos tóxicos.
- En caso de estar embarazada, no comas más de 200 g de atún en lata a la semana, y no comas pez espada, tiburón, atún fresco ni pescados de río más de una vez al mes.

Alimento	Ración	Proteína (g)	Grasa (g)
Carne roja	90 g	23	13
Pollo	½ pechuga	26	3
Cerdo	90 g	22	14
Salmón	90 g	23	9
Atún (al natural)	90 g	21	0,7
Pavo	90 g	25	2
Hamburguesa	90 g	20	17
Tofu (firme)	½ pieza	12	6 (no mala)
Frutos secos (almendras)	30 g	6	14
Judías secas	1 taza	15	0,8
Arroz	1 taza	4	0,4

Base de datos del USDA para referencia estándar, núm. 14, 2001.

PROTEÍNA DE SOJA

Como puedes ver en el cuadro anterior, la soja es una alternativa muy sana y segura a la proteína de origen animal. Se encuentra de varias formas, entre ellas tofu blanco, hamburguesas de tofu precocidas, granos de soja en su vaina (edamame) y en imitaciones de carne de pavo, jamón, salchichas de buey y de cerdo, e incluso beicon canadiense. También se encuentra en la leche, cereales y nueces de soja. A mí me gusta especialmente prepararme un batido para desayunar con proteína de soja en polvo.

La soja es una excelente opción dietética porque es muy rica en proteína y pobre en grasa saturada y colesterol. Sólo 25 g de soja al día protegen de la enfermedad cardiaca. En 1995, *New England Journal of Medicine* informaba que consumir 47 g de proteína de soja al día reducía en un 10 por ciento el nivel de colesterol en la sangre en un mes. A personas que tenían muy elevado el nivel de colesterol, superior a 300, les ha bajado hasta un 20 por ciento. Esos 47 g de soja también protegen de los cánceres de próstata, mama, pulmón y colon, y de los problemas menopáusicos.

Un estudio publicado en el número de mayo de 2001 de *Cancer, Epidemiology, Biomarkers, and Prevention* exploraba la relación entre el consumo de soja durante la adolescencia y el riesgo de cáncer de mama más adelante en la vida. Por cada aumento en el consumo de soja durante la adolescencia, las mujeres disminuían su riesgo de contraer cáncer de mama. En las mujeres que comían la mayor cantidad se comprobó un riesgo equivalente a la mitad de aquellas que comían la menor cantidad. De todos modos, es necesario aconsejar cautela. Si bien la soja protege de contraer cáncer de mama, hay cierta preocupación entre los investigadores, basada principalmente en estudios con animales y en laboratorio, de que la soja podría estimular el crecimiento de los tumores de mama una vez que ya existen. Por lo tanto, a las mujeres que ya tienen cáncer de mama les recomiendo que no coman productos de soja.

Es fácil introducir gradualmente la soja en la dieta reemplazando por tofu una ración diaria de proteína de origen animal. Ten presente también que, si compras en una tienda de alimentos dietéticos, te será fácil encontrar productos de soja no transgénica. Por ejemplo, el tofu Mori-Nori es un producto especialmente bueno porque se hace con soja con certificación de cultivo biológico no transgénico. Que es biológica y no transgénica significa que no se le añade ningún conservante ni se le aplica radiación en el proceso de manufacturación. Mori-Nori también contiene el espectro completo de isoflavonas de soja naturales, entre ellos genesteína, ácidos fíticos, saponinas e inhibidores de la proteasa, todos componentes esenciales que dan sus propiedades saludables a la soja.

Además de ser ricos en proteínas y pobres en grasa, los productos de soja contienen una buena cantidad de calcio, tan importante para mantener los huesos sanos en edad avanzada, especialmente en las mujeres. Los científicos que estudian los alimentos también han descubierto muchos compuestos antioxidantes en los productos de soja, que protegen de los radicales libres. Entre otros compuestos importantes de la soja están la vitamina E, el fósforo y la coenzima Q10, que tiene un importante papel en la dinámica de la energía celular. El tofu incluso contiene hierro.

Reemplazando la carne roja por soja mejoras tu salud, porque la proteína que contiene la soja es equivalente en calidad y cantidad a la de los alimentos de origen animal, pero sin la grasa saturada.

FUENTES DE PROTEÍNA DE SOJA

Hay muchas e interesantes formas de obtener los beneficios de la soja, además de prepararla del tofu blanco o comerla en una forma sucedánea de la carne.

Tempeh

El tempeh es un alimento tradicional indonesio que tiene una textura similar a la de la carne y mucho sabor. Se hace de soja que primero se fermenta y luego se prensa formando barras o panes. Recuerdo que hace muchos años comencé un vigoroso programa de levantamiento de pesas y ansiaba comer carne. Puesto que me había hecho vegetariano hacía siete años, le pregunté a Yogi Bhajan qué podía hacer. Me aconsejó beber 50 cl de zumo de pepino al día para equilibrar los minerales en el cerebro y comer tempeh con pan de nueve cereales. Seguí sus instrucciones y me remitió el deseo de comer carne. De hecho, me sentí fabulosamente bien y con la energía para continuar mis ejercicios con pesas.

El tempeh proporciona la proteína vegetal de mejor calidad. Se digiere y asimila fácilmente, y envía maravillosas señales de salud a las células y genes. Contiene muchísima proteína, 17 g por ración de 110 g; es rico en fibra, vitaminas B, calcio y hierro. Si deseas aumentar tu fuerza y resistencia atlética, mi consejo es que comas tempeh.

Sólo hay que tener una regla en cuenta al comer tempeh. Cuécelo antes de comerlo. Esto puede sonarte raro, pero a algunas personas, entre ellas mi hija Hari, les gusta comer el tofu crudo. Eso no lo recomienda la terapia nutricional yogui, porque tanto el tofu como el tempeh crudos son indigestos.

Miso

¿Has tomado sopa de miso en un restaurante japonés? Si la respuesta es sí, entonces conoces su exquisito sabor y aroma y la agradable sensación que produce. El miso es una pasta hecha de soja fermentada y cocida, sal, agua y un cereal especial llamado koji. Cuando tomo sopa de miso noto cómo lleva su bondad nutritiva a mis células. Una taza reduce la acidez dañina de la sangre y previene los efectos perjudiciales de la contaminación y la radiación en las células. Dado que es un alimento vivo, es muy digestible y contiene muchos minerales fortalecedores de las células. Hay muchas otras maneras de disfrutar de los beneficios del miso, además de la sopa, por ejemplo en salsas y aliños, pero no olvides comprar miso biológico no pasteurizado.

Salsa de soja

La salsa de soja es otra manera deliciosa y nutritiva de introducir más soja en la dieta. Para tener la seguridad de que compras una salsa de soja de buena calidad para añadir a los salteados o platos de verdura, fíjate que no contenga azúcar, colorante de caramelo, ni el peligroso aditivo glutamato monosódico (GMS), que se ha relacionado con muchas reacciones dañinas, desde dolor de cabeza y palpitaciones suaves a muerte. De tanto en tanto verás las palabras «potenciador del sabor natural» o «proteína vegetal hidrolizada» en la etiqueta; eso es lo mismo que glutamato monosódico, así que no la compres. En los restaurantes chinos también pide salsa de soja sin GMS.

Aunque la salsa de soja es un sabroso aliño, no contiene la misma concentración de proteína de soja que el tempeh y el tofu, y por lo tanto su beneficio para la salud es más modesto. Pero sí mejora la digestión, además de ser un agradable condimento para las verduras a la parrilla, guisos, legumbres y aliños.

Salsas shoyu y tamari

Otros dos añadidos para las comidas podrían ser las salsas naturales shoyu y tamari. Shoyu da un sabor dulce, mientras el tamari tiene un sabor más fuerte que viene de su mayor contenido de ácido glutámico, que es el GMS de la naturaleza. En casa añadimos tamari a muchos de nuestros platos de verdura y de tofu. Shoyu y tamari son derivados de la soja.

Braggs Liquid Aminos

Es un condimento natural, no transgénico, para cualquier comida, hecho de proteína de soja. La fórmula es de Paul C. Bragg, el primer promotor de tiendas de alimentos dietéticos en Estados Unidos. De todos los líquidos potenciadores del sabor, prefiero Braggs para añadir a las ensaladas (con un poco de aceite de oliva), sopas, verduras, platos de arroz, arroz con frijoles, salteados y tempeh.

Queso, yogur, harina y proteína en polvo de soja
Otra manera de favorecer la salud, la longevidad y la paz mental es reemplazar por tofu los productos lácteos. Prueba el queso de soja, el yogur de soja, la harina de soja y la proteína de soja en polvo, todos no transgénicos. Cuando consumes soja en cualquiera de sus muchas variedades, puedes estar seguro de que estás haciendo lo mejor posible por el bienestar y salud de tu familia y, a la larga, por la supervivencia del planeta.

LEGUMBRES

Las judías y demás legumbres también son una fuente nutritiva y barata de proteína no grasa. Casi no contienen grasa y son ricas en fibra y buenos hidratos de carbono. Las judías se consumen con placer en las dietas más sanas del mundo, y contribuyen a un buen envejecimiento y longevidad. Se ha observado mejor salud en los griegos que comen la dieta mediterránea tradicional en estudios que los comparan con personas que comen pocas legumbres y mucha carne. Sin embargo, esta mejor salud no se debe estrictamente a la eliminación de la carne; las legumbres tienen beneficios para la salud inherentes, porque llevan un complemento de fitonutrientes, ácido fólico y hierro. También son una fuente importante de fibra, que está relacionada con la salud cardiaca.

Muchas personas que comen carne no saben que la crianza de animales para el consumo humano puede agotar y contaminar en gran medida nuestros preciosos recursos, entre otros, el aire, el agua y la tierra. Por ejemplo, se han encontrado residuos de desechos animales que contienen fármacos, sustancias químicas y hormonas, en aguas superficiales y profundas. Otro problema es el hambre en el mundo. Si el grano que se da a los animales se diera a la gente pobre de todo el mundo, el hambre se reduciría bastante. Cuando tomes más conciencia de tus opciones de alimentos, te alegrará saber que elegir proteínas limpias y fuentes alternativas de proteína, como la soja, no sólo es bueno para tu salud sino que también sirve para sanar nuestro planeta.

12
El quinto principio:
Descubrir los zumos y los suplementos

Un camino seguro hacia la salud perfecta es beber más y comer menos. Muchas frutas y verduras se pueden convertir en una forma de energía concentrada extrayéndoles el zumo. El zumo crudo, extraído de verduras y frutas frescas de cultivo biológico, ofrece al cuerpo la manera más fácil de ingerir el elevado porcentaje de vitaminas y minerales presentes en estos alimentos. Incluir zumos frescos en tu programa de terapia nutricional yóguica fortalecerá y regenerará tu cuerpo.

Normalmente los zumos vegetales se asimilan a los 10-15 minutos de haberlos bebido. En realidad, el concepto *beber* zumos vegetales frescos no lo expresa bien; tendríamos que masticar el zumo para que se mezcle totalmente con la saliva. Los ayunos con zumos crudos son fabulosos para bajar de peso y limpiar los órganos, células y tejidos (en el capítulo 5 encontrarás más información acerca del ayuno con zumos frescos).

Los zumos frescos son alimento vivo, contienen enzimas que llevan vitalidad y energía a todas las células. El principal beneficio de la terapia de zumos es la introducción de alimentos vivos en el cuerpo. Los alimentos vivos y los alimentos crudos están absolutamente colmados de vitaminas, minerales, oligoelementos y todos los fitonutrientes necesarios para enviar mensajes positivos sanadores a las células y genes. Recordarás que los fitonutrientes son muy beneficiosos para la salud, fortalecen los sistemas inmunitario y cardiovascular, como también los huesos, las articulaciones y el cerebro. La terapia de zumos también favorece la salud del sistema digestivo. Dado que el zumo fresco está predigerido, da descanso a los órganos digestivos, más o menos como lo hace durante un ayuno. Esto regenera el estómago y los intestinos.

En un estudio publicado en la revista *Appetite* en 2000 se comprobó que beber un vaso de zumo de verduras fresco antes de comer eliminaba un promedio de 136 calorías de la comida. Si se hace esto unas cuantas veces al día, es posible bajar de peso y además prolongar la duración de la vida, porque menos calorías equivalen a una vida más larga.

Solamente bebe zumo fresco, recién hecho, por favor. Los zumos procesados son alimentos muertos, y comerlos o beberlos tiene como consecuencia menor energía y problemas de salud recurrentes. A continuación la lista de los zumos más fáciles de preparar que conozco. Éstos te servirán para empezar. Si no tienes licuadora, consulta el «Apéndice C: Equipo y utensilios», donde hablo del robot Vita-Mix, que es uno de los que uso y recomiendo.

- Zumo de zanahorias: Rico en fitonutrientes, en especial beta-caroteno y vitamina A. Fabuloso para la salud de los sistemas inmunitario, respiratorio y cardiaco. Una taza de zumo de zanahorias tiene un valor nutritivo equivalente al de cuatro tazas de zanahorias crudas troceadas.
- Zumo de zanahorias y remolacha: Excelente para el hígado, para eliminar toxinas y fortalecer el sistema inmunitario.
- Zumo de zanahorias y apio: Maravillosa combinación para proveerse de vitamina A y muchos minerales importantes. Excelente para los sistemas cardiaco, respiratorio e inmunitario.
- Zumo de pepinos: El mejor para equilibrar las emociones y liberarse de sustancias como el alcohol, drogas o fármacos y nicotina. También es bueno para la piel, el cabello y las uñas. El pepino es un diurético natural, que elimina la hinchazón.
- Zumo de perejil, zanahoria, remolacha, espinaca y manzana: Muy energético y sanador. A mí me gusta tomarlo por lo menos una vez a la semana.
- Zumo de naranja y zanahoria: Deliciosa combinación dulce rica en ácido fólico, vitaminas C y A, y potasio. Excelente tónico para los sistemas inmunitario y respiratorio.

Beber zumos es una manera sensata, deliciosa y nutritiva de experimentar inmediatamente una oleada de energía y mejorar la salud general. Para seguir mi receta «bebe más, come menos», comienza con dos vasos de 24 cl de zumo fresco al día. Observarás cómo se estabiliza tu peso. A continuación, un modo sencillo de añadir zumo fresco a tu dieta.

Para un desayuno completo

24 cl de zumo de naranja o de piña mezclado con una cucharadita de proteína de soja y ¼ cucharadita de bebida verde en polvo.

Con el almuerzo

24 cl de zumo de zanahorias o de zanahoria y apio.

Con la cena

24 cl de zumo de una mezcla de verduras. Trata de beberte la ensalada en lugar de comértela. Al principio hazlo sencillo, y a medida que te vayas acostumbrando ve añadiendo verduras. Por ejemplo, pon en el robot una zanahoria, un tomate, cuatro rodajas de pepino, cuatro hojas de col rizada, dos ramitas de perejil, tres inflorescencias de brécol y una pizca de brotes de alfalfa, y obtendrás un fabuloso zumo para tener energía, prevenir el cáncer y mejorar la salud general.

Cuando te sientas dispuesto, comienza a disfrutar de un vaso de zumo de verduras o de frutas a media mañana, a modo de tentempié. Ésta es la manera perfecta de consumir las siete raciones de fruta y verdura al día y de aumentar el consumo de fibra, vitaminas, minerales y fitonutrientes.

Incluso puedes probar con una mezcla de brotes de brécol y espinacas con una pequeña cantidad de manzana para endulzarlo. Para prepararlo, pon en el robot cuatro inflorescencias de brécol fresco, cuatro hojas de espinaca y media manzana y mezcla. Este zumo será como una inyección de sulforafano, con sus propiedades anticancerígenas, además de las saludables enzimas y nutrientes protectores del cerebro presentes en las espinacas. Beber zumos puede sanarte y salvar tu vida.

BATIDOS

Otra manera de disfrutar de los muchos beneficios de los zumos es hacer un batido. Comienza con zumo de naranja, zumo de pomelo y zumo de piña, y añádeles fruta, proteína de soja y un poco de hielo. Mezcla y *¡presto!*, tienes una comida muy satisfactoria, baja en calorías y densa en nutrientes. A esto yo lo llamo batido energético. No hay límites a lo que se puede poner en el batido. Puedes usar una de mis recetas o inventar la tuya.

Me encantan los batidos, y normalmente me preparo uno para el desayuno. Además, si me he descuidado un poco en mi dieta y veo que me he echado encima unos kilos de más, tomo dos batidos al día con una comida ligera y a los pocos días he vuelto a mi peso normal.

Batido Dicha
Mezclar ½ taza de zumo de naranja, ½ taza de zumo de piña, hielo y 1 cucharadita de soja en polvo con vainilla. Opcional: añadir medio plátano y 2 fresones biológicos.

26 g de proteína, 150 calorías, 1 g de grasa.

Beneficios: vigor, aguante, menos hambre, mejor ánimo o humor.

Chai Freeze* (Sorbete chai)
Mezclar ½ taza de té chai, ½ taza de leche de soja y ½-1 taza de hielo.

125 calorías, 1 g de grasa.

Beneficios: energía, claridad mental, vigor.

The Don Juan* (El Don Juan)
Mezclar ½ taza de zumo de piña, un plátano troceado, ¼ taza de leche de coco *light*, ¼ taza de mango y 24-36 cl de hielo. Beber lentamente.

160 calorías, 1 g de grasa.

Beneficios: este batido activa la libido.

Bebida energética para el cerebro del doctor Dharma
Mezclar 18-24 cl de leche de soja con vainilla, 2 cucharaditas de proteína en polvo, ½ taza de arándanos dulces congelados y ½ cucharadita de polvo verde. Se puede añadir media manzana o medio plátano, a elegir. Beber con la primera comida del día.

30 g de proteína, 250 calorías, 3 g de grasa.

Beneficios: mayor energía física y claridad mental.

Green Power* (Potencia verde)
Mezclar 6 cl de zumo de hojas de trigo o ¼-½ cucharadita de polvo verde, 2 o 3 dátiles, 1 plátano troceado, ½ taza de zumo de papaya y 18-36 cl de hielo.

240 calorías, 1 g de grasa.

Beneficios: desintoxicación, desinflamación y energía física.

Liquid Sunshine* (Sol líquido)
El zumo de 5 zanahorias y media manzana.
200 calorías, 1 g de grasa.
Beneficios: mayor energía, estímulo al sistema inmunitario.

Nordine's Power Punch* (Ponche energético de Nordine)
Mezclar 15 cl de leche desnatada, 2 cucharaditas de proteína de suero, 1 plátano, 4 o 5 fresas, 2 cucharadas de yogur desnatado y ½ taza de hielo.
36 g de proteína, 400 calorías, 3 g de grasa.
Beneficios: fuerza física, desarrollo muscular, resistencia.

Omega Sensation* (Sensación Omega)
Mezclar ¾ taza de zumo de manzana, 1 plátano cortado en cuatro, 1 cucharadita de semillas de lino, 1 cucharadita de semillas de cáñamo, 1 cucharadita de cardamomo, 1 cucharadita de canela y 18-36 cl de hielo.
240 calorías, 3 g de grasa.
Beneficios: salud cardiovascular, mayor energía, desinflamación.

* Receta del balneario Miraval.

SUPLEMENTOS COMO MEDICINA

Si uno viviera en un medio ambiente prístino, respirara un aire absolutamente limpio, bebiera agua impecable, comiera una dieta perfecta y llevara una vida sin nada de estrés o meditara muchísimo, no necesitaría complementar el alimento con vitaminas, minerales ni nutrientes específicos para enfermedades. Si no se lleva una vida así, es necesario. De vez en cuando oigo decir que lo único que hacen las vitaminas es producir orina cara. Para mí, la orina cara es la de la bacinilla que se usa en la cama de un hospital o de una residencia de ancianos. Como demuestran estudios recientes, los suplementos tienen la capacidad de retrasar muchos de los penosos efectos del envejecimiento, como la disfunción inmunitaria, la enfermedad cardiaca, la pérdida de memoria y la degeneración de las articulaciones. Además de las pruebas científicas que apoyan la toma de tabletas multivitamínicas y minerales, también se ha demostrado que ciertos nutrientes son terapéuticos para enfermedades concretas.

Muchas personas comen en exceso y sin embargo están mal nutridas;

sencillamente no comen bien. Además, los alimentos que comen carecen de todos los importantes ingredientes salvadores de la vida de que hemos hablado en este libro. Hay muchos motivos para eso. Para empezar, si no se consumen alimentos de cultivo biológico, probablemente la dieta carecerá de nutrientes. Según la página web del USDA (www.usda.gov), en los 25 o 30 últimos años los alimentos han perdido un 50 por ciento o más de su contenido en vitaminas y minerales. Por ejemplo, entre 1963 y 2000, el contenido en vitamina C de la espinaca se vio reducido en un 45 por ciento. Desde 1975 ha bajado en un 50 por ciento la cantidad de calcio del brécol, y en un 88 por ciento el contenido de hierro del berro. La National Academy of Sciences ha emitido un comunicado advirtiendo que ahora hay que comer el doble de verdura de la que antes se pensaba que proporcionaba la cantidad necesaria de vitamina A.

Es una situación crítica. Un resumen de estudios publicado recientemente por la Life Extension Foundation destaca el grave peligro:

- El 90 por ciento de las mujeres y el 71 por ciento de los hombres consumen menos vitamina B_6 que la cantidad diaria recomendada.
- Los hombres con carencia de vitamina C tienen un 62 por ciento más de probabilidades de contraer cáncer y un 57 por ciento más de morir por cualquier causa.
- Las personas con niveles bajos de betacaroteno, vitamina E y selenio tienen más probabilidades de contraer cáncer.
- La región de China en que se consume la menor cantidad de micronutrientes tiene el mayor índice de cáncer. Los suplementos bajan ese índice.
- Los niños estadounidenses tienen insuficiencia de vitamina E.

Antes de comenzar el programa de terapia nutricional yóguica, la mayoría de mis pacientes ni siquiera comían siete a nueve raciones de fruta y verdura al día (una ración es 1 taza de verdura cruda, ½ taza de verdura cocida o 24 cl de zumo fresco). Debido a eso muchos estaban mal nutridos.

Ahora receto suplementos rutinariamente. Y da resultados. La reacción de la persona a los suplementos puede ser bastante espectacular. Muchas personas que sufren una diversa gama de síntomas experimentan una inmediata mejoría en su bienestar, energía y felicidad. Aparte de eso, cuando se toman como parte de una terapia integral, estos nutrientes suplementarios pueden mejorar muchos trastornos médicos.

Si bien muchos médicos ortodoxos todavía no apoyan su uso, el gran público no vacila en gastar su dinero arduamente ganado en suplementos dietéticos. Encuestas nacionales indican que cerca de un 50 por ciento de estadounidenses toma alguna forma de suplemento. La Administración de Alimentos y Fármacos (FDA) estima que en el mercado hay más de 29.000 productos de suplementos diferentes. Según *National Business Journal*, la venta de suplementos llegó a 14.000 millones de dólares en 1998, cifra muy superior a los 8.000 millones de cuatro años antes. La gente no va a desperdiciar miles de millones de dólares en algo que no funciona.

Muchas personas toman suplementos sin saber exactamente qué hacen. Es esencial comprender la forma de usar los nutrientes como medicina para vivir más años y bien. Algunos de los pacientes que veo toman dosis insuficientes de lo que sea que necesitan tomar. Un motivo es que las dosis o cantidades diarias recomendadas (RDA, Recommended Daily Allowances), determinadas por el Gobierno, son demasiado bajas para la salud óptima. La RDA es la cantidad mínima de ese nutriente que se necesita para continuar vivo. Si lo que se desea es una salud óptima, longevidad y evitar el envejecimiento prematuro, estas dosis son sencillamente insuficientes.

Y hay otro problema: muchos médicos recomiendan en sus publicaciones dosis que no son suficientemente elevadas. Creo que esto se debe a que carecen de la pericia clínica y estudios avanzados que poseen otros médicos vanguardistas. Entre los médicos que considero de vanguardia se cuentan el doctor Julian Whitaker, del Whitaker Wellness Institute; el doctor David Leonardi, del Cenegenics Life Enhancement Center; y el doctor Stephen T. Sinatra, del Optimum Health Institute. Además, las bien documentadas recomendaciones de la Life Extension Foundation son importantísimas en la confección del programa clínicamente eficaz de suplementos que receto con regularidad.

Cada vitamina y cada mineral es importante. También hay combinaciones de antioxidantes descubiertas hace poco que son esenciales para funciones corporales concretas, como la coenzima Q10 para la mayor producción de energía, y la N-acetilcisteína para reducir la incidencia de la gripe. Asimismo, recientemente se ha comprobado que existen suplementos específicos para ciertas enfermedades. Por ejemplo, ahora sabemos de nutrientes específicos para hacer más lento el envejecimiento del cerebro y dar marcha atrás a los signos de pérdida de memoria, incluso la enfermedad de Alzheimer. Entre estos nutrientes están la antioxidante vitamina E, el suplemento fosfatidilserina y la hierba ginkgo biloba.

COMBINACIONES ANTIOXIDANTES

Uno de los avances más importantes en la terapia vitamínica es el uso de nuevas combinaciones antioxidantes. Esto es importante porque los antioxidantes combaten los radicales libres, que son moléculas muy inestables que buscan y destruyen las células normales. Se cree que los radicales libres tienen un papel importante en el envejecimiento del cerebro y en la enfermedad cardiaca, el cáncer, el cansancio, el dolor crónico y la disfunción inmunitaria. A la edad de 27 años la velocidad con que avanza el daño causado por los radicales libres supera la capacidad natural para repararlo. Por lo tanto, al adoptar una terapia vitamínica potente saturamos todas las células del cuerpo con antioxidantes salvadores y nutrientes estimulantes del sistema inmunitario.

Esto no es sólo una teoría. En un estudio publicado en *Lancet*, a pacientes de hipertensión les bajó considerablemete la tensión arterial tomando solamente 500 mg de la antioxidante vitamina C. Según un análisis publicado en *Current Opinion in Lipidology*, 2.000 pacientes redujeron su riesgo de ataque al corazón en un 77 por ciento tomando 800 UI de vitamina E (d alfa tocoferol). Hay informes de curación de la hepatitis C con un combinado antioxidante compuesto por 600 mg de ácido alfalipoico, 400 mcg de selenio y 900 mg de cardo mariano. Según un estudio de personas con cambios precancerosos en el estómago, publicado en *Journal of the National Cancer Institute*, en 2000, las 631 personas que tomaron 1.200 mcg de selenio tenían cinco veces más probabilidades de mejorar del trastorno que las que tomaron un placebo.

NUEVAS COMBINACIONES ANTIOXIDANTES

Algunos suplementos más nuevos dan caza a los radicales libres dentro de las mitocondrias, que son las centrales energéticas del interior de las células. Otros protegen a los genes, para que envíen señales de salud y curación al resto del cuerpo. Naturalmente, las vitaminas C y E y los minerales zinc y selenio son antioxidantes ya muy conocidos. A continuación te doy la lista de los últimos descubrimientos en antioxidantes de los que deberías tener conocimiento:

Ácido alfalipoico

El ácido alfalipoico es un antioxidante productor de energía que ayuda al cuerpo a regenerar otros antioxidantes, como las vitaminas E y C. Estudios preliminares sugieren que podría ser muy eficaz para combatir la enfermedad cardiaca. Destruye los radicales libres. Yo receto una dosis de 250 mg para favorecer una vejez sana. Pero los estudios de investigación preliminares recomiendan dosis de hasta 1.000 mg para el sida y otras enfermedades peligrosas para la vida.

Coenzima Q10

Esta sustancia productora de energía ha sido tema de muchos informes médicos, artículos y libros. La coenzima Q10 es tan potente que ha servido a algunos pacientes para eliminar la necesidad de trasplante de corazón. Un colega mío, al volver al trabajo después de un congreso médico en que se enteró de las propiedades de la coenzima Q10, la recetó a tres de sus pacientes con cardiopatías graves. Los tres experimentaron una mejoría espectacular, pasando del estado de invalidez a poder caminar. Dos de los tres dejaron de necesitar bomba de oxígeno.

Yo oí hablar por primera vez de esta coenzima en un congreso sobre la enfermedad de Alzheimer. Le pregunté al presentador si creía que todo el mundo debería tomarla. Me contestó, muy serio: «Dharma, tendrían que ponerla en el agua potable». La coenzima Q10 es un excelente estimulante del metabolismo y destructor de radicales libres. Recomiendo dosis de 100-300 mg diarios. Aunque es un poco más cara que otros suplementos, creo que la bibliografía sobre ella demuestra que vale ese dinero. Debido a que es cara, algunas fórmulas contienen sólo una fracción de la dosis adecuada, digamos, 30 mg. En mi opinión, es mejor tomar coenzima Q10 con menos frecuencia en la dosis adecuada que tomarla diariamente en una dosis ineficaz.

Glutatión

El glutatión es el principal antioxidante del cuerpo. Muchos investigadores lo consideran el más importante. Se sintetiza en las células para combatir los efectos del metabolismo que nos pueden envejecer y alterar el ADN, conduciendo al cáncer. El glutatión tiene un papel esencial en la salud del hígado, y es particularmente útil en la desintoxicación de fármacos, drogas y sustancias contaminantes. Los especialistas en antioxidantes lo consideran esencial para mantener fuerte el sistema inmunitario.

Sin embargo, no se puede tomar por vía oral porque el aparato digestivo no lo absorbe.

Tomar ácido alfalipoico es la mejor manera de aumentar la producción de glutatión, aunque hay una excepción. En un reciente trabajo clínico, el doctor David Perlmutter, del Perlmutter Health Center de Florida, y yo, hemos demostrado que inyectar glutatión por vía intravenosa mejora los síntomas de la enfermedad de Parkinson. Si yo tuviera Parkinson, no vacilaría en probar esta terapia.

Indol-3-carbinol

El indol-3-carbinol (I-3-C), fitonutriente componente de las verduras crucíferas, como la col, es antioxidante y combate el cáncer. Según la Life Extension Foundation, los estudios médicos realizados con este compuesto se remontan a la década de 1960.

¿Cómo combate el cáncer el I-3-C? En primer lugar, provoca la muerte de las células cancerosas. Además, protege de daño al ADN, bloquea los efectos negativos del estrógeno y detiene la proliferación de las células cancerosas en la próstata. Informes publicados indican también que podría prevenir el cáncer causado por pesticidas y otras sustancias químicas. Inhibe también la proliferación de las células del cáncer de mama un 30 por ciento mejor que el tamoxifeno, fármaco bloqueador del estrógeno.

¿Es necesario tomar I-3-C si se comen las 7-9 raciones diarias de verdura? Probablemente no. Pero en caso de duda, te diría que tomaras este suplemento. No te hará daño, y podría servirte para prevenir la aparición del cáncer. La dosis recomendada es de 200 mg, dos veces al día para las mujeres, y tres veces al día para los hombres.

N-acetilcisteína

La N-acetilcisteína es un derivado del aminoácido cisteína, que contiene azufre. En un experimento publicado en 1997 en la *European Respiratory Journal* se comprobó que 600 mg de esta sustancia reducían notablemente la incidencia de la gripe. El cuerpo la convierte en glutatión, uno de nuestros antioxidantes naturales más importantes. Se ha informado que favorece la supervivencia de enfermos de sida y seropositivos. Es un potente añadido a nuestro armamento. Por lo general, la dosis recomendada es de 250-600 mg.

Vitamina B_{12} y ácido fólico

Estos dos nutrientes son fundamentales por su papel en la regulación de la homocisteína. Si es elevado el nivel de homocisteína aumentan las posibilidades de enfermedad cardiaca y pérdida de memoria. La dosis correcta de vitamina B_{12} es de 100-150 mcg diarios, y la de ácido fólico es de 400-800 mcg diarios.

NUEVOS SUPLEMENTOS Y COMBINACIONES DE SUPLEMENTOS TERAPÉUTICOS

Ya se conocen los tres tipos de suplementos (multivitaminas, el mineral zinc y diversos antioxidantes) que retrasan la pérdida de visión nocturna que experimentan muchas personas con la edad. Uno de mis socios de curación, un abogado retirado de 74 años, lo pasó muy mal hace poco cuando voló a una ciudad de la costa occidental por primera vez, llegó al anochecer y tuvo que alquilar un coche para conducir hasta la parte norte del estado. Lo espantó la dificultad que tuvo para ver su entorno en un lugar desconocido por la noche. Su médico le diagnosticó una forma prematura de degeneración macular, el tipo más común de pérdida de visión asociada a la edad.

Le hablé de un estudio de la doctora Emily Chew, directora del Epidemiology and Clinical Research del National Eye Institute, parte de los National Institutes of Health (NIH). En este estudio, publicado en *Archives of Oftalmology* en 2000, se analizó el efecto de los suplementos en la visión de 3.600 personas de edades comprendidas entre los 55 y los 80 años, y se comprobó un efecto muy positivo para detener el deterioro visual. Las dosis fueron 500 mg de vitamina C, 400 UI de vitamina E, 15 mg de betacaroteno, 80 mg de óxido de zinc y 2 mg de óxido cúprico, una forma de cobre que complementa al zinc. El estudio de la doctora Chew es un ejemplo del efecto sinérgico positivo de tomar dosis correctas de suplementos antioxidantes. Añadir el fitonutriente de los arándanos dulces (antocianinas), que se encuentra en la fruta natural o en forma de suplemento, podría aumentar este efecto para la visión nocturna.

OTROS NUEVOS SUPLEMENTOS TERAPÉUTICOS IMPORTANTES

DHEA

La deshidroepiandrosterona (DHEA) no es un suplemento nuevo. De hecho, ya he escrito acerca de sus muchos beneficios en otros dos libros.

Pero debo volver a hablar de ella porque todavía hay muchas personas que desconocen sus múltiples beneficios clínicos. Además, parece que incluso algunos escritores médicos no están al tanto de las crecientes pruebas de sus beneficios.

La DHEA es un esteroide débil producido por las glándulas suprarrenales, tanto en hombres como en mujeres. Es la hormona esteroidea más abundante en el cuerpo humano. Un nivel bajo de DHEA se relaciona con envejecimiento y enfermedad. Yo compruebo rutinariamente su nivel en la sangre de mis pacientes, y he observado que está bajo en casi todas las personas que experimentan deterioro en la función mental asociado a la edad. También se ha descubierto que el nivel bajo de DHEA va parejo con la disfunción inmunitaria, inflamación, mayor riesgo de contraer ciertos cánceres, mayor índice de enfermedad cardiaca en hombres, y osteoporosis. Estudios realizados por el doctor Samuel Yen, del San Diego Medical Center de la Universidad de California, han demostrado que la DHEA es un suave estimulante del ánimo. También tiene un papel valioso en el sistema de defensa antioxidante del cuerpo. Encontrarás más información sobre DHEA en el capítulo 17, «Alergias», y en el 18, «Antienvejecimiento».

MGN3

El MGN3 es un extracto de salvado de arroz y setas que en estudios clínicos ha demostrado ser muy útil para combatir el cáncer. Triplica la actividad de los linfocitos citotóxicos o supresores, esencial para la recuperación del cáncer y mantener la salud en caso de sida o seropositividad. También se ha comprobado que aumenta la actividad de los linfocitos B, importantes para la inmunidad, y aumenta el nivel de interferón, otro importante auxiliar del sistema inmunitario. Esto significa que el MGN3 es un potente estimulante del sistema inmunitario. Vuelvo a hablar de él en el capítulo 19, «Cáncer: Prevención y tratamiento».

Muérdago (Iscador)

Es un polémico remedio para el cáncer. Adquirió notoriedad cuando una de sus defensoras, la actriz Suzanne Somers, habló de él en *Larry King Live* en 2001. Explicaba que estaba tomando extracto de muérdago después de una operación y radioterapia para cáncer de mama. Lógicamente, muchos profesionales de la medicina ortodoxa estuvieron entre los primeros en calificarlo de charlatanería. Lo que al parecer no sabían era

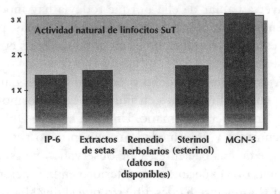

Bibliografía:
- «Enhancement of Human Natural Killer Cell Activity by Modified Arabinoxylane from Rice Bran (MGN3)» [Aumento de la actividad natural de los linfocitos SuT humanos con arabinoxilano modificado obtenido de salvado de arroz (MGN3)].
- «Immunomodulatory Effects of Active Hemicelulose Compound (MGN3)» [Efectos inmunorreguladores del compuesto activo de hemicelulosa (MGN3)], *Inl. Journal of Immunotherapy*.
- «NK Immunomodulatory Function in 27 Patients by MGN3, A Modified Arabinoxylane From Rice Bran» [Función inmunorreguladora de la actividad natural de los linfocitos SuT en 27 pacientes, con MGN3, arabinoxilano del salvado de arroz].
- «Maitake, King of Mushrooms» [Maitake, rey de las setas], Shari Liebeman, PhD, y Ken BaBal, CN.
- Anuncios publicados, 1998 (Inositol + IP-6).
- Datos publicados por Esslac: Ref.: Proliferación linfocitos SuT (no encontrada).
- Datos publicados por PSK: Ref.: Proliferación linfocitos SuT (no encontrada).
- Datos publicados por Floressence: Ref.: Proliferación linfocitos SuT (no encontrada).

Cortesía de Laboratorios Lane, Allendale, Nueva Jersey.

que esta combinación de tratamientos botánico y estándar prolonga en un 40 por ciento la vida de los enfermos de cáncer.

Pruebas científicas de la eficacia del muérdago para favorecer la curación y longevidad de los enfermos de cáncer se publicaron en el número de mayo de 2001 de *Alternative Therapies in Health and Medicine*, la principal revista de medicina holística. El artículo, del doctor Ronald Grossarth-Maticek, comenta un estudio cuyos resultados demostraron que las pacientes de cáncer de mama que recibieron la terapia ortodoxa más muérdago sobrevivieron un 40 por ciento más de tiempo que las que recibieron la terapia normal. Actualmente el muérdago es el remedio para el cáncer más usado en Alemania.

Generalmente el muérdago se administra en inyección subcutánea, a veces intravenosa, y a veces cerca del tumor. Rudolf Steiner, el fundador de la medicina antroposófica, sistema médico que usa remedios herbolarios y homeopáticos, lo usó por primera vez como terapia contra el cáncer en la década de 1930. El muérdago como terapia complementaria está indicado para cánceres de mama, colon, recto y pulmón, pero no para leucemia ni linfoma. El muérdago es un tratamiento muy prometedor para el cáncer, y esperamos que se hagan más estudios de investigación sobre sus beneficios y contraindicaciones.

Aceite de perilla

Este aceite [obtenido de especies de menta del género *Perilla*] es una fuente especialmente abundante de ácido alfalinolénico (ALA), principal ingrediente activo del aceite de semillas de lino. Hay informes de una sorprendente disminución en la tasa de mortalidad entre las personas que consumen ALA. El aceite de perilla, con su elevado contenido de ALA, disminuye el riesgo de enfermedad cardiaca en cuestión de semanas. También reduce el riesgo de cáncer de mama y de colon. Este aceite, rico en ácidos grasos omega-3, inhibe de modo considerable la producción de citocinas inflamatorias, que están relacionadas con enfermedades de alarma, como la artritis reumatoidea, la colitis, la aterosclerosis, y muchísimas enfermedades autoinmunitarias y asociadas a la edad.

Si eres un vegetariano estricto que no toma suficiente aceite de lino, o no comes suficiente salmón, el aceite de perilla es un buen suplemento. Mi recomendación es comenzar con seis cápsulas de 1.000 mg al día, las que proveen de la cantidad suficiente de ALA para que el cuerpo obtenga los beneficios de los saludables ácidos grasos omega-3.

SAM o

El SAM-e (S-adenosilmetiotina) es un antidepresivo muy popular. En un estudio piloto, publicado en el número de noviembre de 2000 de la revista *Movement Disorders,* se comprobó que es muy eficaz para aliviar los síntomas de depresión en pacientes con la enfermedad de Parkinson. Lo que hace aún más interesante este estudio es que los pacientes no mejoraban tomando antidepresivos normales como Prozac.

Un interesante estudio realizado en Alemania indicaba que SAM-e también podría proteger del envejecimiento del cerebro, al menos en roedores. En este estudio se descubrió que SAM-e aumentaba en un 50 por ciento el nivel de glutatión, aumentaba en un 98 por ciento la actividad antioxidante y disminuía en un 46 por ciento la actividad de los radicales libres.

La mayoría de los estudios indican que para aliviar los síntomas de la depresión hay que tomar dosis de 800-1.600 mg al día durante tres semanas. Para el efecto antienvejecimiento se pueden tomar 300-900 mg diarios. No se ha informado de efectos secundarios.

Dosis diarias de vitaminas recomendadas

Las siguientes son las dosis de vitaminas que recomiendo a mis pacientes; son también las que tomo yo. Para estar seguro de que tomas un multivitamínico lo bastante potente, cerciórate de que contiene por lo menos 50 mg del complejo vitamínico B. Si es así, normalmente también tiene cantidades adecuadas de los otros ingredientes recomendados.

Vitamina A (betacaroteno y carotenoides mezclados): 10.000-15.000 unidades.
Función: protege las membranas celulares y el ADN.

Vitamina C: 1.500-3.000 mg.
Función: sistema inmunitario, tejido conectivo y vasos sanguíneos.

Vitamina D: 600 UI.
Función: huesos sanos y asimilación del calcio.

Vitamina E (d-alfatocoferol): 800 UI.
Función: corazón, sistema inmunitario, eliminación de radicales libres.

Otras vitaminas:
B_1 (tiamina): 50 mg.
Función: energía.

B_2 (riboflavina): 50 mg.
Función: visión y células.

B_3 (niacina y niacinamida): 50 mg de cada.
Función: salud cardiovascular y disminución del colesterol.

B_6 (piridoxina): 50 mg.
Función: cerebro, nervios y sistema inmunitario.

Folato (ácido fólico): 800 mcg.
Función: protección del corazón y el cerebro, regulación de la homocisteína.

B_{12} (cianocobalamina): 150 mcg.
Función: nervios, sangre, metabolismo de la homocisteína.

Biotina: 50 mcg.
Función: energía, cabellos y huesos sanos.

Ácido pantoténico: 50 mg.
Función: energía, combate el estrés.

Ácido paraaminobenzoico (PABA): 50 mg.
Función: salud general.

Minerales
Calcio: 1.000 mg.
Función: nervios, células, huesos, energía.

Cromo: 200 mcg.
Función: metabolismo de la glucosa, energía, corazón, reducción del
colesterol.

Cobre: 2 mg.
Función: nervios, células.

Magnesio: 500 mg.
Función: corazón, tensión arterial, energía, relajación muscular.

Manganeso: 10 mg.
Función: energía, metabolismo de la glucosa.

Molibdeno: 200 mcg.
Función: energía.

Potasio: 60 mg.
Función: energía.

Selenio: 200 mcg.
Función: salud celular, antioxidante, prevención del cáncer.

Yodo: 200 mcg.
Función: energía.

Zinc: 30 mg.
Función: antioxidante, próstata, ojos, inmunidad.

Otras sustancias importantes
Betaína, hidrocloruro: 50 mg.
Función: digestión.

Boro: 10 mcg.
Función: cabellos, energía.

Colina: 10 mg.
Función: cerebro, hígado, función nerviosa.

Bioflavonoide hesperedin, complejo: 100 mg.
Función: inmunidad, vasos sanguíneos, tejido conectivo.

Bioflavonoides cítricos: 100 mg.
Función: inmunidad, vasos sanguíneos, tejido conectivo.

Inositol: 10 mg.
Función: cerebro y función nerviosa.

Silicio: 100 mg.
Función: todo el organismo.

Té verde en extracto: 50 mg.
Función: prevención del cáncer.

Trimetilglicina: 50 mg.
Función: metabolismo.

Vanadio: 50 mg.
Función: energía, muchos sistemas corporales.

VITAMINAS Y MINERALES EN LOS ALIMENTOS

Los suplementos son importantes, pero siempre que puedas deberías comer estos alimentos muy poco alarmantes para obtener directamente de ellos sus vitaminas y minerales. No olvides optar por los de cultivo biológico.

Vitamina A: Manzanas, naranjas, papayas, plátanos (incluidos los «cordones» blancos del interior de la piel), zanahorias.

Vitamina B: Cocos, manzanas, papayas.

Vitamina C: Aceitunas, chiles verdes, kiwis, leche de coco, limones, manzanas, naranjas, papayas, uvas, zanahorias.

Calcio: Berro, brécol, coles, espinacas, higos, limones, manzanas, naranjas, papayas, perejil, plátanos, productos lácteos (yogur desnatado, por ejemplo), semillas de sésamo, zanahorias.

Vitamina D: Papayas.

Vitamina E: Pipas de girasol.

Azufre: Ajo, berro, cebollas, perejil, pimiento chile, rábano picante.

Fósforo: Aceitunas, chiles rojos, coco, plátanos (muchos).

Hierro: Albaricoques, manzanas, plátanos, perejil.

Lecitina: Semillas de sésamo.

Magnesio: Coco, limones, manzanas, naranjas, semillas de sésamo, uvas.

Potasio: Aceitunas, calabacines, coco, limones, manzanas, naranjas, perejil, plátanos, rábano picante, uvas.

Proteína: El coco es proteína completa.

Sodio: Manzanas, naranjas, plátanos.

Yodo: Coco.

Zinc: Pipas de girasol.

13

El sexto principio:
Conciencia al cocinar
y presencia mental al comer

Las horas de comida pueden ser un oasis de agrado y curación, o todo lo contrario. Cuando nos casamos, la única tensión doméstica entre Kirti y yo se debía a mis hábitos a la hora de comer; como todo médico estadounidense, comía rápido. Esta habilidad la perfeccioné de joven residente en anestesiología, cuando no tenía tiempo para sentarme a comer, en especial cuando estaba de guardia en la Unidad de Traumatología del Hospital General de San Francisco. Me limitaba a tragar comida lo más rápido posible, normalmente a medianoche. Quince años después, esto no era una buena práctica para llevar al matrimonio con una mujer acostumbrada a celebrar las horas de comida. Me he esforzado en cambiar, y si bien de tanto en tanto recaigo en mi estresante forma de comer, tengo el gusto de informar de que ahora nuestras comidas son, por lo general, pacíficas.

Por desgracia, actualmente muchas personas comen con la misma velocidad rompecuellos con que hacen todo lo demás. Incluso es posible que se sientan frustradas o fastidiadas cuando llega la hora de comer. Si uno está nervioso, deprimido o molesto mientras come, el cuerpo no asimila bien la comida, y no se recibe la nutrición y el sustento que se necesita. Es importantísimo conectar y activar el estado interior sanador, sobre todo en el caso de tener la costumbre de comer mirando el telediario, hablando de trabajo o de negocios, o haciendo cualquier otra cosa que pueda producir preocupación, angustia o alteración. Con un poco de esfuerzo consciente, se puede crear un espacio divino en el cual disfrutar de la comida. Una manera que he descubierto de aminorar mi ritmo es hacer unas cuantas respiraciones profundas antes de la comida. Otra es decir una oración. La finalidad de bendecir los alimentos es expresar reverencia por la presencia de Dios en todas las cosas, y eso lo hago entonando «*Sat Nam*» tres veces. De hecho, «*Sat Nam*» es un sonido sanador, o mantra, que me recuerda que el alimento es un preciado regalo de nuestro Creador.

Muchos estilos de vida y religiones emplean técnicas similares. Los judíos dicen una oración para agradecer a Dios el pan de la tierra, y los cristianos rezan en el nombre de Jesús para bendecir el alimento. Muchos pacientes y amigos que no son religiosos hacen una pausa para dar las gracias antes de comer. Eso es algo muy agradable de hacer y tiene un efecto beneficioso en la digestión.

Al abrir el corazón para manifestar gratitud por la comida, inclinamos la cabeza en reverencia al Rey de reyes, al Uno, al Dador que abarca toda la naturaleza: aire, Sol, firmamento y Tierra, todo lo cual se une para darnos sustento. Este sencillo acto apoya nuestra búsqueda de la salud óptima.

Ejemplos de bendiciones:

Budista: «En este plato veo la totalidad del Cosmos que respalda mi sustento».

Cristiana: «En el nombre de Jesús, rogamos que se nos bendiga por esta comida; que nos nutra y sustente. Amén».

Hindú: «Todas las cosas proceden de Dios, y todas las cosas van a Dios. Reverenciamos la divinidad de la comida».

Judía: «Bendito seas, oh Señor nuestro Dios, Creador del universo, que produces el pan de la tierra».

Sij: «Que este alimento nos recuerde las bendiciones del Gurú. Que la gracia del Gurú nos lleve a la infinitud de la sabiduría, prosperidad y salud. *Sat Nam*».

Sufí: «Ven a comer con nosotros aunque hayas faltado a tus promesas cien veces. Ven, vuelve a venir, ven. Dios es grande».

Ahora que has bendecido la comida, estás preparado para comerla. Olfatea bien para estimular las secreciones salivales. Va bien tomarse tiempo para masticar también. En la terapia nutricional yóguica, como en la medicina china, se recomienda masticar el alimento hasta que esté casi en estado líquido. Esto mejora notablemente la digestión, porque las enzimas tienen todo el tiempo necesario para salir del páncreas y otros órganos y llegar al estómago y al intestino delgado. Deja reposar el alimento en la boca. Siente las texturas, y paladea los sabores. De tanto en tanto, come totalmente en silencio para ver cómo influye eso en tu valoración y aprecio del maravilloso regalo del alimento.

COCINAR CONSCIENTEMENTE

En realidad, la curación con el alimento debería comenzar antes que la comida llegue a la mesa. Hemos de estar alertas y conscientes de lo que comemos, y eso comienza con la elección hecha en la tienda. La elección comienza en la mente. Si puedes, tómate un momento para hacer lo siguiente:

- Antes de entrar en el mercado, medita o despeja la mente con unas cuantas respiraciones profundas. Esto también te servirá para comprar las cosas correctas para ti y tu familia, y no reaccionar emocionalmente a los mensajes subliminales que la publicidad implanta en tu mente.
- Otra opción es hacer una lista en estado relajado antes de ir a la tienda o al mercado. El alimento proporciona energía vital para el cuerpo a la vez que genera una energía sutil para el espíritu. El nerviosismo o las prisas mientras haces la compra te hará elegir mal.
- Antes de comprar, tal vez te sería útil repasar los ejercicios de tu diario de comidas, por ejemplo la compra por colores. No olvides hacer que tu carro de compras se parezca a un arco iris de nutrición.
- Experimenta probando algo nuevo, tal vez un alimento más exótico como leche de cabra, tofu horneado o sopa de miso.

El cocinero o la cocinera consciente siempre tiene presente que todo cuerpo es un templo de Dios y que, para mantener la salud, la pureza y la fuerza dignas del alma, sólo hay que comer alimentos integrales, limpiadores y nutritivos. Las vibraciones nerviosas durante la hora de la comida podrían anular los resultados saludables que se buscan al usar el alimento como medicina. Cuando vayas a preparar la comida, genera un espacio apacible cantando una canción alegre, entonando un mantra estimulante o escuchando música hermosa. El cocinero debe crear un sentimicnto positivo, dichoso, que ponga felicidad y amor en la experiencia de comer.

La necesidad de preparar el alimento deprisa ha causado un exceso de dependencia del horno de microondas. Si bien no niego que puede ser cómodo, también creo probable que las microondas cambien la configuración molecular del alimento y reduzcan su energía vital. Cuando instaures un programa sanador natural con alimentos puros, ricos en los fitonutrientes de la naturaleza, te recomiendo usar el microondas lo menos posible y mantenerte a distancia de él mientras funciona, por si emite energía electromagnética en grados peligrosos. Recomiendo encarecidamente usar el microondas sólo para calentar rápidamente una comida, no para una cocción que lleve más de unos minutos.

Cocinar conscientemente y comer estando presentes nos permite recordar que todo lo que comemos procede de Dios, como también nuestra salud y curación. La hora de comida se transforma en una profunda experiencia espiritual, y comer con plena conciencia nos permitirá sanar realmente.

14

El séptimo principio:
Hacer la transición

Muchas personas comen más alimentos de origen animal a lo largo de su vida de lo que contiene todo un rancho de Iowa. Si una persona consume la dieta estadounidense estándar toda su vida, se habrá comido el equivalente a 11 vacas, 4 terneras, 3 corderos, 43 cerdos, 1.000 pollos, 45 pavos y 800 pescados. La ciencia ha demostrado que este tipo de dieta es perjudicial para la salud y que es, en gran medida, la responsable de las epidemias de enfermedad cardiaca, cáncer y otras enfermedades degenerativas que tenemos hoy en día.

En cambio, los estudios de poblaciones vegetarianas (adventistas del séptimo día, mormones y otros grupos no religiosos) han demostrado que en ellas se producen notablemente menos enfermedades importantes. Por ejemplo, entre los mormones, que comen poca carne, la incidencia de cáncer es un 50 por ciento menor que entre el resto de la población. A comienzos de 1983, el doctor Dean Ornish demostró el efecto positivo de una dieta vegetariana en enfermos cardiacos graves, que han experimentado una reducción total de ateromas en sus arterias coronarias. Además, en un estudio de 88.000 mujeres, publicado en *New England Journal of Medicine* en 2001, se comprobó que aquellas que comían más grasa de origen animal tenían casi el doble de probabilidades de enfermar de cáncer de colon que las que comían el mínimo.

Por estos motivos y otros de los que ya hemos hablado en este libro, el programa de la terapia nutricional yóguica es un continuo que avanza hacia una dieta vegetariana. Dondequiera que estés en ese continuo en estos momentos está bien; es un punto de partida. Comenzamos donde estás ahora y avanzamos en dirección a una dieta sin carne roja, y rica en verduras, frutas y un poco de cereales, de cultivo biológico. Si llegas hasta allí, estarás encantado e infinitamente más sano. Si das el paso siguiente y eliminas el pescado, el pollo y los huevos, es decir, te haces lactovegetariano (un poco de productos lácteos está bien), yo estaré extasiado, y tú también.

Decidas lo que decidas, creo que debes pensar a largo plazo para que tu transición dure. Los estilos difieren entre las personas que aspiran al objetivo de una dieta vegetariana. Algunas lo hacen de la noche a la mañana; otras necesitan meses, o tal vez incluso años, para llegar a ella. De todos modos, si ya tienes alguna enfermedad importante, cuanto más rápido hagas el cambio a una dieta basada en la terapia nutricional yóguica, más pronto estarás en el camino hacia la curación.

Por motivos muy prácticos, el programa de la terapia nutricional yóguica basa la elección de los alimentos en la opción de estilo de vida, sea vegetariano o no. Da los cimientos sobre los cuales construir. Por lo tanto, es un sistema de transición flexible, que permite aprovecharlo en el esfuerzo para gozar de la mejor salud posible. Todos mis socios de curación están en algún punto entre una dieta vegetariana estricta y la dieta estadounidense estándar, y entre un estilo de vida activo y uno sedentario. El programa es lo bastante variado para acomodarlos a todos.

El programa de la terapia nutricional yóguica permite comer abundantes proteínas, hasta un 40 por ciento del total de calorías, según sea el grado de actividad, pero limita la cantidad de proteína de origen animal. Se añaden a la dieta fuentes adicionales de proteínas, como los sucedáneos de carne y proteína en polvo, de soja y suero de leche. La soja, por ejemplo, es proteína en un 43 por ciento.

Entre las principales dolencias expresadas por muchos de mis pacientes está el cansancio o fatiga. La dieta yóguica genera más energía para dirigirla hacia el disfrute de la vida y la curación. Las proteínas con grasas saturadas, como las de la carne roja y los huevos, exigen más energía para digerirlas de la que proporcionan al sistema sanador del cuerpo. También obstaculizan la eliminación y retardan la inmunidad. Una dieta vegetariana necesita menos energía para digerirse que la dieta estándar, proporciona más nutrientes y apoya la fuerza vital. Dado que los productos de origen animal son alimentos alarmantes de alta frecuencia, comer carne hace más difícil concentrarse y ser productivo. Siguiendo una dieta de base vegetal comprobarás que mejoras tu capacidad de concentración y productividad en tu vida diaria.

CÓMO DETERMINAR TU NECESIDAD DE ENERGÍA

¿Cuántas calorías necesitas? Multiplica tu peso actual por 22 si eres mujer, y por 24,2 si eres hombre. Por ejemplo, si pesas 61 kilos y eres mujer: 61 x 22 = 1.342 calorías para tus necesidades básicas; si eres hombre: 61 x 24,2 = 1.476,2 calorías.

Ahora calcula tu necesidad de energía para la actividad física. Primero determina a qué grado de actividad de los siguientes te acercas más por tu estilo de vida:

10 por ciento, sedentario: estás la mayor parte del tiempo sentado, o conduciendo, tumbado, durmiendo, de pie, leyendo, escribiendo a máquina o haciendo otro tipo de actividades de baja intensidad.

20 por ciento, actividad ligera: ejercicio ligero, como caminar no más de dos horas al día.

30 por ciento, actividad moderada: ejercicio moderado entre tres y cinco veces a la semana, como hacer las tareas de casa, del jardín y bailar.

40 por ciento, mucha actividad: deportes físicos vigorosos o trabajo que requiere esfuerzo físico intenso.

Ahora agrega las calorías para tus necesidades básicas por tu grado de actividad. Si una mujer de 61 kilos lleva un estilo de vida moderadamente activo, el resultado sería el siguiente:

30 por ciento de 1.342 = 402,6 + 1.342 = 1.744,6 calorías

A esta suma se le agrega un 10 por ciento, para añadir las calorías necesarias para la digestión y la asimilación de los nutrientes:

10 por ciento de 1.744,6 = 174,4, + 1.744,6 = 1.919 calorías

El total de necesidades de energía le exigen a esta mujer consumir 1.919 calorías diarias.

Si deseas o necesitas bajar de peso, resta 500 calorías a tu total y bajarás una libra por semana (0,454 kg).

CÓMO ESTABLECER LAS PREFERENCIAS EN ALIMENTOS

En esta parte interactiva, haz la lista de tus alimentos preferidos. Esto podría exigirte pensar bastante, pero muchos de mis socios de curación me han dicho que este ejercicio les sirvió para tomar conciencia de sus hábitos alimentarios. Esta toma de conciencia te permitirá establecer una dieta sana como opción de estilo de vida, en lugar de recurrir a dietas o regímenes de moda.

Categoría	Gusto	Aversión	Consumo habitual
Proteína /productos lácteos			
Féculas			
Cereales			
Cereales de desayuno			
Verduras feculentas			
Legumbres			
Frutas			
Verduras			
Grasas/otros			
Tentempiés			
Tus comentarios			

TENTEMPIÉS

He comprobado que algunas personas no se fijan en lo que comen como tentempiés. Tomar un buen tentempié durante el día reduce el hambre. Si necesitas más proteína, un batido con soja o suero en polvo va muy bien. Si necesitas fruta, come una manzana. Y no olvides beber ocho vasos de agua pura cada día.

CÓMO RESTAR ESAS 500 CALORÍAS DIARIAS

Restando 500 a las calorías totales del día, perderás una libra (0,454 kg) a la semana. Si haces ejercicio, además de bajar de peso tendrás los músculos más fuertes y las carnes más magras. Al hacer esto practicas la restricción calórica moderada, que prolonga la vida.

La manera más fácil de disminuir el consumo calórico es reducir el tamaño de las raciones a las cantidades que doy más adelante en este capítulo y en el «Apéndice B». Aunque no es necesario contar las calorías, sí que hay que tener el suficiente sentido común para decidir qué cantidades comer.

No olvides hacer ejercicio cuatro veces a la semana, beber ocho vasos de agua pura cada día y meditar, para mantenerte tranquilo, sereno y presente en el momento. Si estás presente en tu cuerpo descubrirás naturalmente la ración correcta para ti.

Una vez que consigas tener tu peso ideal, puedes reintroducir unas 500 calorías sanas al día para mantenerlo.

Recuerda que lo esencial del programa de la terapia nutricional yóguica, además de consumir proteínas de fuentes no cárnicas, es comer un mínimo de siete raciones de verdura y siete de fruta al día. Una ración de verduras es sólo media taza de verduras cocidas o crudas y una taza entera de verdura de hoja verde, como la lechuga romana o la espinaca. Una ración de fruta es una fruta de tamaño mediano, o media taza de frutas cocidas o crudas, un cuarto de taza de frutas pasas o tres cuartos de taza de zumo de fruta. En el «Apéndice B» encontrarás la lista completa de raciones y calorías de todos los alimentos.

Si comes carne roja, limita el consumo a tres raciones de 90 g cocida (más o menos el tamaño de un mazo de naipes) a la semana. Que la carne sea un plato secundario, no el principal. Por ejemplo, en lugar de comer un bocadillo de rosbif, corona un plato de verduras asadas a la parrilla con una loncha delgada de rosbif.

ÚLTIMOS CONSEJOS PARA HACER LA TRANSICIÓN A UN PROGRAMA DE TERAPIA NUTRICIONAL YÓGUICA

- Haz enseguida el cambio a fuentes de proteínas no cárnicas para que consumas la cantidad suficiente de proteína sin la grasa. En el plan de comidas que ofrezco a continuación verás cómo hacerlo. En el «Apéndice B» encontrarás una lista de productos proteínicos no cárnicos.
- Ten siempre a mano una barra de proteína, una manzana o tu fruta predilecta por si necesitas un tentempié.
- Estudia la posibilidad de hacer un curso de cocina vegetariana o compra un libro de cocina vegetariana. En el «Apéndice D: Recursos y proveedores», he incluido la lista de algunos de mis libros de cocina vegetariana favoritos. También puedes aprender muchísimo acerca de cocina sana en diversos programas de televisión por cable.
- Prueba algo nuevo cada vez que vayas a la compra. Elige un cereal integral que no hayas probado nunca, quinua, por ejemplo.
- Para dar más sabor a las ensaladas usa condimentos poco calóricos: un sabroso zumo de tomate, zanahorias pequeñas o brotes. Para aliñar usa aceite de oliva y Braggs Liquid Aminos, y abstente del queso, cuscurros fritos o trocitos de beicon, todos muy calóricos.
- Cuando salgas a comer fuera, prescinde de la carne. Prueba algún restaurante étnico con entrantes vegetarianos.
- Elige un postre estilo mediterráneo. Prueba con una manzana, melón o piña, o prepara una macedonia. Es deliciosa y satisface el deseo de dulce, sin la grasa, el azúcar y las calorías.
- Desayuna.

TODO REUNIDO

Ahora que tienes la lista de tus preferencias y has identificado los alimentos cuyo consumo vas a aumentar o disminuir, es hora de que lo reúnas todo y hagas la transición.

El siguiente es un plan de comidas que te servirá para estructurar tu consumo de alimentos. Lógicamente puedes reemplazar productos por los tuyos favoritos, pero ten presente que te conviene mantener el equilibrio entre calorías, hidratos de carbono, proteínas y grasas.

EJEMPLO DE PLAN DE COMIDAS

Desayuno

1 taza de fruta con ½ taza de yogur desnatado; 1 tostada de pan de trigo integral; 24 cl de zumo; té (verde o negro) o café (mejor descafeinado).

O bien 1 taza de avena con ½ taza de queso fresco bajo en grasa; 1 fruta fresca o 1 taza de fruta troceada, o 24 cl de zumo; 1 taza de té (verde o negro) o café.

O bien 1 taza de batido proteínico (recetas en el capítulo 12).

O bien una tortilla de 3 claras de huevo con espinaca, tomate y cebolla; 1 tostada de pan de nueve cereales; 24 cl de zumo; 1 taza de té (verde o negro) o café.

Toma tus suplementos con el desayuno. Al final del capítulo 12 están las dosis.

Tentempié de media mañana

1 taza de batido proteínico, si no lo has tomado con el desayuno.

O bien 1 barra de proteína.

O bien 1 fruta fresca, si has tomado un desayuno rico en proteína.

Almuerzo

90-150 g de tofu o pollo, 1 ½ taza de frijoles mung (u otra legumbre) más ½ taza de arroz o 1 taza de estofado de mijo u otro cereal.

2-3 tazas de verduras de hoja verde o de ensalada mixta, o 1 ½ taza de otras verduras cocidas. 1 pan de pita o una torta de trigo integral, o 1 rebanada de pan de nueve cereales, si no lo has tomado con el desayuno.

Tentempié de media tarde

24 cl de zumo fresco de verduras.

O 24 cl de un batido proteínico.

O un bocadillo de mantequilla de almendras o tahini con gelatina: 2 cucharadas de la mantequilla, 1 cucharada de gelatina.

Cena

90-150 g de salmón; 150 g de soja en forma de tempeh o tofu, o 1 hamburguesa vegetal; ½ taza de arroz integral cocido.

1 ½-3 tazas de verduras al vapor, salteadas o al horno.

De postre, 1 fruta.

Tentempié de la noche

Apio con aliño no graso.

O 1 taza de manzana en rodajas finas.

O ½-1 taza de yogur desnatado.

Revisemos los tamaños de las raciones para ver si lo has entendido.

Cada ración de *proteína* ha de ser del tamaño de un mazo de naipes.

Cada ración de *verdura* o *fruta* debe ser del tamaño de una manzana mediana.

La ración de grasa por comida ha de ser de media cucharada de grasa buena, como aceite de oliva virgen extra, aceite de semillas de lino o ghee (mantequilla aclarada).

Usa tu intuición para elegir las opciones del ejemplo de menú diario. Aplica tu creatividad y varía tu dieta todo lo que puedas.

DIARIO DE COMIDAS, EJERCICIO 10

Para obtener la sabiduría y el poder medicinal de los alimentos naturales integrales, prueba a hacer este ejercicio de visualización, seguido por la práctica sugerida. Busca un lugar tranquilo para sentarte y ten a mano tu diario de comidas y un lápiz.

Siéntate en posición cómoda. Inspira y espira por la nariz unas cuantas veces y relájate totalmente. En tu imaginación, enfoca la atención en tu plato de comida típico. Visualiza lo que comes un día normal. Tal vez ya has empezado a cambiar algunas cosas desde que empezaste a leer este libro y a hacer los ejercicios anteriores. Visualiza el plato que te sirves ahora.

¿Está tu plato ocupado principalmente por proteína de origen animal, como carne roja, o bien por las verduras? Observa los colores, huele los aromas, siente en la boca la textura de los

alimentos y paladea los sabores. ¿Es tu plato totalmente saludable o cabe alguna mejora? Medita sobre los cambios que te
gustaría incorporar a tu plato para hacerlo aún más sano, ba-
sándote en lo que has leído hasta aquí y en lo que sabes por experiencia.

Luego inspira por la nariz, retén el aliento un momento y
haz salir fácilmente el aire por la nariz. Entra en un estado mental más relajado aún. Ahora visualiza el plato perfecto para ti.
Tal vez contiene soja, para la proteína, en forma de tofu o hamburguesa de soja. O, si comes carne, ves un trozo pequeño de
pollo o pescado y una gran cantidad de verduras frescas, crudas
o hechas ligeramente al vapor. Visualiza todos los colores. Observa el naranja de las zanahorias, el rojo de la remolacha, el
verde oscuro de la col rizada, el verde claro del brécol y el blanco de la coliflor. ¿Qué colores hay en tu plato ideal? Visualiza
una pequeña ración de cereales, tal vez una cama de esponjoso
arroz integral con rodajas de diversas verduras. Por último,
siempre muy relajado, observa cómo el tamaño de tus raciones
se adecua a tu grado de actividad física.

Cuando tengas bien clara en la mente la imagen de tu plato
perfecto y lo sientas fácil, apacible y sin esfuerzo ahí, haz una
inspiración profunda. Retén el aliento a la vez que levantas los
brazos por encima de la cabeza y luego los bajas y te relajas es-
pirando por la nariz. Disfruta de esta nueva percepción de tu
plato perfecto.

Ahora es el momento de introducir esa percepción en la vida.
En tu diario de comidas dibuja tu actual plato de comida y tu plato ideal. Después compáralos con los dibujos que aparecen a continuación. Piensa con cuál se adecua más tu dieta actual. Recuerda
tu visualización de la dieta óptima para ti. ¿Se parece más al plato 1 (el plato Piscis), al plato 2 (el de transición) o al plato Acuario (3)?

Plato 1
El plato Piscis

Plato 2
El plato de transición

Plato 3
El plato Acuario

Aprovechando el ejemplo de menú para el día, comienza el proceso de hacer que tu plato actual se parezca a tu plato ideal con la mayor frecuencia posible.

El plato perfecto de Hari

Mi hija Hari es especialista en terapéutica natural y experta en la preparación de alimentos biológicos. A continuación, la maravillosa receta del plato perfecto de Hari:

Ensalada
4 raciones

4 tazas de verduras de hoja verde mezcladas
2 cucharadas de frutos secos crudos
2 cucharadas de pasas
1 taza de tofu al horno troceado

ALIÑO
3 cucharaditas de aceite de oliva virgen extra
¼ taza de zumo de naranja
2 cucharaditas de Braggs Liquid Aminos

Mezclar la ensalada en una fuente. En un plato batir todos los ingredientes del aliño. Aliñar la ensalada con él y servir.

Plato principal: Sorpresa de espinacas
4 raciones

2 cucharadas de aceite de oliva virgen extra
3 dientes de ajo picados
3 cebolletas troceadas
1 taza de setas troceadas
2 manojos de espinacas
¼ cucharadita de sal marina
¼ cucharadita de pimienta
2 cucharadas de zumo de limón
1 ½ cucharada de queso romano o parmesano rallado

Cubrir ligeramente el fondo de una cacerola con aceite de oliva. Sofreír el ajo, la cebolla y las setas durante cinco minutos. Añadir las espinacas bien lavadas y troceadas. Agregar la sal, la pimienta y el zumo de limón. Tapar y cocer unos dos o tres minutos. Espolvorear con el queso rallado y servir.

Deliciosa bebida nutritiva: Infusión yogui

Poner a hervir 30 cl de agua por cada taza de infusión. Cuando empiece a hervir, añadir (por cada taza):

4 granos de pimienta negra enteros
4 vainas (llamadas cápsulas) de cardamomo
3 clavos de olor enteros
½ palito de canela
1 rodaja de raíz de jengibre fresco (1 cm de grosor)

Tapar y dejar hervir entre 15 y 20 minutos. Después añadir:
½ taza de leche de soja o de la normal
¼ cucharadita de té negro (opcional)

Calentar hasta que rompa a hervir y servir. Se puede endulzar con una cucharadita de miel si se desea.

Según los maestros de la terapia nutricional yóguica, la pimienta negra es purificadora de la sangre, el cardamomo es para el colon, los clavos para el sistema nervioso y la canela para los huesos. El jengibre es bueno para la digestión, para controlar la inflamación y en caso de resfriado, gripe o debilidad física. La leche facilita la digestión de las especias y evita la irritación del colon y el estómago, y el té negro une todos los ingredientes, dándoles una nueva estructura química, lo que hace de esta infusión una deliciosa y saludable bebida.

Si te parece muy complicada la preparación, la infusión yogui (Yogi Tea) se puede comprar en las tiendas de alimentos dietéticos y en muchos supermercados tradicionales, bien en bolsitas, bien premezclada en pequeños envases de cartón.

Postre: Revoltillo de manzana
6 raciones

5 manzanas medianas, peladas y cortadas en rodajas finas
⅓ taza de miel
zumo de medio limón (unas dos cucharadas)
1 cucharadita de ralladura de piel de limón
½ cucharadita de canela
⅛ cucharadita de nuez moscada
1 cucharada de mantequilla derretida o ghee
1 taza de muesli de cereales tostados
1 taza de zumo de manzana
Opcional: ½ taza de pasas, ¼ taza de frutos secos varios troceados

Colocar en un cuenco las manzanas, la miel, el zumo y las ralladuras de limón, la canela y la nuez moscada y mezclar bien. Extender todo en una fuente para hornear de 20 cm. Aparte mezclar la mantequilla y el muesli y extender sobre las manzanas. Luego añadir el zumo de manzana para mantener la humedad mientras se cuece. Hornear a 175 °C durante 40 minutos.

Se puede servir con ½ taza de yogur de vainilla desnatado por persona.

15
Recetas básicas de la terapia nutricional yóguica

El programa de la terapia nutricional yóguica abunda en energía vital. Muchos de los siguientes alimentos y recetas han confirmado su valor a lo largo de miles de años.

BEBIDAS SANADORAS

Según la terapia nutricional yóguica, es mejor beber una hora antes o una hora después de comer que durante la comida. Esto permite a las enzimas digestivas procesar los alimentos sin ser diluidas por líquidos.

En las siguientes recetas se pueden usar productos alternativos a la leche.

Helado de crema o batido de plátano
1 ración

Los plátanos son uno de los alimentos perfectos de la naturaleza. En esta receta se usan plátanos congelados. Los plátanos maduros se pueden conservar congelándolos, con o sin piel. Si los congelas con piel, cuando los vayas a usar ponlos bajo el grifo de agua caliente, y la piel se desprenderá fácilmente. Recomiendo dejar los cordoncitos que hay bajo la piel porque son ricos en minerales.

En una licuadora o robot, colocar:
    2 plátanos congelados, troceados
    ½-⅔ taza de leche

Mezclar los ingredientes hasta que formen una pasta cremosa. Para hacer helado se puede añadir almendras, nueces o algarrobas troceadas. Para el batido, añadir 1 ½ taza de leche.

Infusión adelgazante
2,5-3 litros

Esta infusión se ha usado durante siglos para disolver el tejido graso. También rejuvenece y embellece la piel, limpia la membrana mucosa del colon y es una excelente fuente de vitamina C. Esta infusión es diurética y reduce la retención de líquido (responsable en gran parte del peso indeseado), equilibra el apetito y disminuye las ansias de comer. Para bajar de peso, beber 2-3 vasos al día.

La sal negra se considera un alimento muy medicinal para la prevención del cáncer; dados su fuerte sabor y olor, sólo se usa en cantidades muy pequeñas. El tamarindo, fruto tropical agridulce, se vende en forma de pasta, con o sin las semillas. Ambos productos se encuentran en tiendas de productos asiáticos.

¼-⅓ taza de hojas de menta, fresca o seca
2 tazas de semillas de comino
1 cucharada de tamarindo fresco o concentrado
¼ cucharadita de sal negra
4 limones cortados en rodajas
½ cucharada de pimienta negra
3 litros de agua

Mezclar los ingredientes en un cazo con el agua y llevar a ebullición; tapar y continuar el hervor a fuego suave durante dos horas. Podría ser necesario añadir otro medio litro de agua. Colar y servir caliente o frío. Los ingredientes se pueden volver a usar para hacer más infusión, sólo hay que añadir los limones frescos. La infusión se puede guardar en el refrigerador hasta una semana.

Infusión de cardamomo e hinojo
2 ½-3 tazas

Tanto el cardamomo como el hinojo favorecen la buena digestión, por lo que esta combinación es particularmente útil.

4 tazas de agua
5 cápsulas de cardamomo negro o 10 de cardamomo verde (en tiendas asiáticas) abiertas y prensadas
1 cucharada de semillas de hinojo

Hervir juntos los ingredientes, tapar y continuar el hervor entre 20 minutos y media hora, hasta que el agua se torne marrón. Es posible que haya que añadir más o menos ½ taza de agua. Añadir un poquito de leche y miel al gusto.

Infusión de jengibre
1 ración

La infusión de jengibre calma los nervios y da energía al cuerpo y la mente. Si bien cualquiera se beneficia de beberla, esta deliciosa bebida está especialmente indicada para las mujeres durante la menstruación.

2 tazas de agua
4-6 rodajas finas de raíz de jengibre fresco sin pelar
1 cucharadita de zumo de limón
1 cucharadita de miel
Opcional: en lugar de zumo de limón se puede usar leche descremada

Llevar el agua a ebullición y poner las rodajas de jengibre; continuar hirviendo hasta que el agua esté ligeramente marrón, unos 15 minutos. Añadir el zumo de limón y la miel.

Lassi de mango
Aproximadamente 4 tazas

Un lassi (lussee) es una bebida hecha con yogur. Es fabulosa para tomarla en el desayuno o como tentempié. Los mangos se han usado durante siglos como remedio para trastornos hepáticos, problemas menstruales y digestivos en general. Combinados con yogur fresco, que contiene bacterias beneficiosas, son un tónico para todo el aparato digestivo. La combinación de mangos y yogur es un ejemplo práctico de cómo se pueden equilibrar mutuamente los alimentos para conseguir una nutrición perfecta.

> 2 tazas de yogur natural descremado
> 2 mangos medianos, muy maduros, pelados y cortados en rodajas
> 2-3 cucharaditas de jarabe de arce o miel
> ½ taza de hielo o ⅔ taza de agua
> *Opcional*: ⅛ cucharadita de agua de rosas (se encuentra en tiendas asiáticas)

Mezclar los ingredientes en una licuadora hasta que el batido esté cremoso y sin grumos. Podría ser necesario añadir hasta ⅓ taza de agua pura si la mezcla queda demasiado espesa.

Leche dorada
1-1 ½ taza

La cúrcuma, raíz que molida forma un polvo amarillo anaranjado, es uno de los principales ingredientes del curry. La cúrcuma es un conocido antiinflamatorio y suele recetarse en el tratamiento de muchas enfermedades. Es más conocida como lubricante para las articulaciones. También es excelente para la piel y las membranas mucosas, en especial las de los órganos reproductores femeninos. Siempre hay que cocerla durante al menos cinco minutos, en agua o en aceite antes de usarla. La solución preparada se puede guardar en el refrigerador hasta un mes, y de ahí se saca para usarla en recetas como la leche dorada. Para prepararla, cocer dos cucharaditas de cúrcuma en dos tazas de agua pura durante ocho minutos, y luego dejarla enfriar.

La leche dorada es beneficiosa para las articulaciones, alivia el dolor y rompe los depósitos de calcio que causan la rigidez.

¼-½ cucharadita de cúrcuma
½ taza de agua
24 cl de leche
1 cucharada de aceite de almendra prensado en frío, comestible
1-1 ½ cucharadita de miel

Hervir la cúrcuma en el agua unos ocho minutos. Es posible que haya que añadir media taza de agua. Agregar la leche y el aceite de almendras, llevar a ebullición, retirar del fuego y añadir la miel.

Leche de jalapeño
1 ración

Al primer síntoma de resfriado o de gripe, la leche de jalapeño es el remedio para evitarlo, debido a su abundante contenido de vitamina C. Hay que tener cuidado, es picante. Consejo: es útil usar jalapeños congelados. Cuando están congelados es más fácil trocearlos, su olor es menos fuerte y el zumo no se pega en los dedos. Se pueden guardar los jalapeños congelados en una bolsa de plástico en el congelador.

Hasta 5 chiles jalapeños frescos o congelados
24 cl de leche descremada

Mezclar los ingredientes en una licuadora y bebérselos con pajita. Se puede comenzar con medio jalapeño e ir aumentando paulatinamente la cantidad.

Leche de sésamo y jengibre
Aproximadamente 2 tazas

Esta bebida nutre el sistema nervioso y es especialmente beneficiosa para los órganos sexuales, ya que estimula la producción de sanos fluidos sexuales.

¼ taza de semillas de sésamo
2 cucharadas de raíz de jengibre fresco troceada
36 cl de leche
2 cucharaditas de miel o jarabe de arce

Mezclar en la licuadora a alta velocidad hasta que estén totalmente licuados todos los ingredientes.

RECETAS DE LA ANTIGUA TERAPIA NUTRICIONAL YÓGUICA

ACEITE DE ALMENDRAS

Dos cucharadas al día de aceite de almendras comestible, tomado con la comida o en un batido, va bien para bajar el nivel de colesterol, reducir la grasa corporal y el hambre, limpiar de toxinas del cuerpo y mantener la piel sana y lustrosa. Se puede usar para aliñar las ensaladas, las sopas y los cereales. El aceite de almendras se encuentra en las tiendas de alimentos dietéticos.

ALMENDRAS

Las almendras son una excelente fuente de proteínas y una buena fuente de manganeso, fósforo y potasio. El aceite de almendras es también beneficioso para la piel, tanto ingerido como en aplicación externa.

En la terapia nutricional yóguica es preferible comer las almendras peladas porque su piel se considera muy astringente. Para blanquear las almendras, hay que dejarlas en remojo en agua pura durante la noche. Después de escurrirlas se les echa agua caliente y se pelan. Se pueden guardar en el refrigerador, en un recipiente con agua que las cubra bien.

Arroz basmati

En toda Asia se venera este arroz naturalmente blanco como un alimento sagrado. Es un arroz fragante, de alta calidad, que no ha pasado por los llamados «molinos de arroz» ni ha sido descascarillado, proceso que despoja al arroz de la mayor parte del contenido vitamínico y mineral. El arroz basmati es abundante en vitaminas B, yodo y proteína de alta calidad, y es de fácil asimilación. El arroz integral, moreno, si bien es rico en vitaminas, puede ser difícil de digerir, a no ser que se cueza en agua durante bastante tiempo en una proporción 4:1 (cuatro tazas de agua por una de arroz). El arroz blanco basmati se cuece en agua en proporción 2:1, unos 20 minutos. Lavarlo tres veces antes de ponerlo a cocer en agua fría. Llevar a ebullición, y continuar el hervor a fuego suave hasta que se haya absorbido toda el agua y el arroz esté blando.

Creps de jalapeños
4 creps medianas-pequeñas

En la terapia nutricional yóguica son famosas las creps de jalapeño por sus propiedades medicinales para resfriados y gripe. La receta original se ha adaptado a los gustos occidentales sustituyendo parte de la harina de trigo integral por besan (harina de garbanzos, que se encuentra en tiendas asiáticas) y reduciendo la cantidad de especias.

½ taza de besan
⅓ taza de harina de trigo integral
1 taza de leche
¼ cucharadita de levadura
1 cucharada de jengibre picado fino o rallado
1 diente de ajo picado fino
½ cucharadita de semillas de cilantro en polvo
½ cucharadita de sal marina
¼ cucharadita de chile rojo triturado
½ cucharadita de semillas de orégano
¼ cucharadita de pimienta negra
½ cucharadita de comino
1 cucharada de jalapeños picados finos
10 almendras blanqueadas muy troceadas

2 cucharaditas de aceite de oliva virgen extra
1-2 cucharadas de yogur natural descremado por persona

En un cuenco mezclar las harinas y añadir la leche y la levadura; se forma una pasta consistente para armar las creps. Agregar los demás ingredientes, incluidas las almendras. En una sartén calentar ⅓ cucharadita del aceite, o menos, por crep. Verter ¼ taza de pasta y extender de forma pareja, formando un círculo. Freír hasta que esté dorada por ambos lados. Servir con yogur para facilitar la digestión y suavizar el sabor picante del jalapeño.

Curry de yogur
4 raciones

El curry de yogur calma y fortalece el sistema nervioso y es agradable al paladar.

3 tazas de verduras variadas troceadas (por ejemplo, brécol, zanahorias, coliflor y guisantes)
1 taza de arroz blanco basmati
1 taza de yogur desnatado
¼ taza de besan (harina de garbanzos; en tiendas asiáticas)
1 taza de agua pura
1 cucharada de cúrcuma
¼ cucharadita de semillas de orégano
¼ cucharadita de comino
¼ cucharadita de pimienta negra molida
1 cucharada de garam masala
3 cucharaditas de ghee
2 cebollas pequeñas picadas finamente
2 dientes de ajo triturados
¼ taza de jengibre picado

Cocer las verduras al vapor hasta que estén tiernas y reservarlas. Preparar el arroz basmati según la receta de la página 171 y reservarlo. Mezclar el yogur y la harina besan con una taza de agua hasta que se disuelvan los grumos, y reservarla. Sofreír la cúrcuma, las semillas de orégano, el comino, la pimienta negra y el garam masala en el ghee hasta que esté todo dorado. Añadir la cebolla, el ajo y el jengibre. Cocer hasta que la mezcla esté bien ligada, unos cinco minutos. Incorporar la mezcla de harina y yogur, removiendo bien. Continuar la cocción hasta que la salsa esté espesa. Servir sobre el arroz y las verduras al vapor.

Ensalada natural
6 raciones

Es una ensalada única, sin lechuga, pero muy agradable al paladar. El perejil fresco aporta minerales que limpian los riñones y regulan el equilibrio cálcico en el organismo; también se ha demostrado la utilidad del perejil para tratar la diabetes. El kelp, alga seca, es rica en minerales y yodo, beneficioso para la glándula tiroides. El apio es bueno para los nervios, y las pipas de girasol aportan proteína de alta calidad.

> 1 taza de zanahorias ralladas
> ½ taza de queso suave, o queso de soja, rallado
> 1 taza de migas de pan (o pan cortado en dados pequeños)
> ½ taza de pipas de girasol crudas
> 1 taza de apio picado fino
> 1 taza de perejil picado fino
> ¼-½ cebolla picada fina

ALIÑO:
> 1 ½ cucharada de aceite de sésamo o aceite comestible de almendras, prensado en frío
> 1-2 cucharadas de Braggs Liquid Aminos o salsa de soja
> 3 cucharadas de zumo de manzana
> 3 cucharadas de zumo de limón
> 2 cucharaditas de albahaca
> 1 cucharadita de salvia
> 1 cucharadita de kelp
> 3 cucharadas de agua pura

Disponer los ingredientes de la ensalada en una fuente, mezclar los ingredientes del aliño, aderezar la ensalada con él y servir.

Fondue de remolachas con zanahorias
6 *raciones*

3 cebolletas picadas finamente
2 cucharaditas de aceite de oliva virgen extra
½ cucharadita de ajo picado
⅛ cucharadita de sal marina
⅛ cucharadita de pimienta
5 remolachas medianas cocidas, peladas y ralladas
6 zanahorias cocidas al vapor, peladas y ralladas
⅓ taza de queso suave rallado (de leche o sucedáneo)

Sofreír la cebolla en el aceite a fuego medio cinco minutos. Añadir el ajo, la sal marina y la pimienta y continuar cociendo otros cinco minutos. Agregar la remolacha y la zanahoria y remover ligeramente. Espolvorear el queso encima y continuar la cocción a fuego suave hasta que el queso esté fundido.

Ghee

El ghee es muy apreciado en la terapia nutricional yóguica, como nutriente y conservador de alimentos y como remedio. También se llama mantequilla aclarada, porque se han eliminado las impurezas mediante la cocción. Guardado en un bote o frasco hermético, se mantiene de tres a cuatro meses sin refrigeración, a temperaturas suaves. En caso de duda, guardarlo en el refrigerador. Su contenido de colesterol es bajo, y no lleva sal.

En un cazo hacer hervir mantequilla sin sal a fuego suave entre 10 y 20 minutos, hasta que encima se forme una costra casi transparente; quitar la costra y colar el líquido dorado que quede; hay que desechar el poso blanco del fondo.

Masala

La palabra masala significa «mezcla», y este masala es una mezcla yóguica de especias y raíces trinidad.

1 cucharada de cúrcuma
3 cucharaditas de aceite de oliva virgen extra
2 cucharadas de jengibre pelado y rallado
3 dientes de ajo picados
1 cebolla amarilla picada

Para preparar el masala básico, sofreír la cúrcuma en aceite de oliva cinco minutos; añadir el jengibre y cocer otros cinco minutos. Agregar el ajo y la cebolla. Si la mezcla comienza a pegarse en el cazo, añadir un poquito de agua. Continuar la cocción hasta que esté todo blando y mezclado, unos diez minutos. Esta mezcla de especias da sabor a las verduras, legumbres y cereales. Simplemente añadir una cucharadita por persona al plato favorito en la última fase de la cocción. El masala se conserva bien refrigerado hasta dos semanas. También se mantiene bien en el congelador durante dos meses.

Patatas potentes
8 raciones

4 patatas rojas para hornear
2 cucharaditas de aceite de oliva virgen extra
3 cebollas medianas picadas
3 cucharadas de jengibre picado
2 cucharadas de ajo picado
1 cucharadita de chile rojo triturado o pimienta cayena (más o menos al gusto)
½ cucharadita de clavo molido
1 cucharadita de cardamomo en polvo o en semillas, o 3 cápsulas
½ cucharadita de canela molida
⅓ taza de salsa tamari (soja)
250 g de requesón descremado

Hornear las patatas a 205 °C hasta que estén blandas por dentro y crujientes por fuera, unos 45 minutos. Mientras tanto, calentar el aceite de oliva en una sartén y poner a sofreír la cebolla, unos diez minutos; añadir el jengibre y cocer otros cinco minutos o hasta que esté todo bien hecho; entonces añadir el ajo y las especias. Si la mezcla se engancha, agregar hasta media taza de agua. Cocer hasta que todos los ingredientes estén bien ligados. Añadir la salsa tamari y apagar el fuego. Cuando las patatas estén lo bastante frías, cortarlas por la mitad, a lo largo. Extraer la parte interior de cada patata, dejando la cantidad suficiente para que no se rompa o desarme. Unir la patata extraída con la mezcla de cebolla y añadir el requesón. Rellenar los huecos, formando montículos encima, y servir caliente.

Pisto (Ratatouille)
6 raciones

Es una receta muy sanadora. Las berenjenas son consideradas como alimentos muy potentes para mujeres, dan energía y tranquilidad, y los calabacines son excelentes para la eliminación y para la salud de la piel.

1 berenjena mediana pelada, u 8 berenjenas asiáticas pequeñas sin pelar
3 calabacines medianos
1 cebolla picada finamente
2 cucharaditas de aceite de oliva virgen extra
½ cucharada de cada uno de los ingredientes: ajo, albahaca, orégano y eneldo
½ cucharadita de pimienta negra
1 taza de tomates troceados (frescos o de lata)
sal marina o Braggs Liquid Aminos al gusto

Si se usa la berenjena normal, cortarla en trozos delgados del tamaño de un dedo y cocerlos al vapor de cinco a ocho minutos; una vez cocidos, quitarles las semillas. Si se usan las berenjenas asiáticas, cortarlas en rodajas finas y dejarlas sin cocer. Partir en cuatro los calabacines, a lo largo, y cortar las tiras en trozos de unos cinco centímetros. Saltear la cebolla en el aceite de oliva dos minutos, añadir el ajo y las especias y cocer unos cuantos minutos más. Después agregar el tomate, la berenjena y los calabacines. Cocer hasta que las verduras estén blandas. Servir con cuscús o con arroz basmati.

Remolachas

La remolacha limpia el hígado y los intestinos. Va bien para tratar las hemorroides, eliminar toxinas del cuerpo y regular el azúcar en la sangre. Para ayudar a tu cuerpo a hacer su limpieza interior, come remolacha cada día durante una semana, en primavera u otoño.

Para prepararlas, quitarles las hojas, cortándolas a un centímetro, y cocerlas al vapor hasta que estén blandas. Cuando estén blandas, ponerlas bajo el grifo de agua fría y frotarlas con las manos; se desprende la piel. Las remolachas cocidas se pueden guardar en el refrigerador por lo menos una semana. Las hojas se pueden cocer ligeramente al vapor o ponerlas crudas en ensaladas.

Si prefieres tomar el zumo, ten presente que es mejor diluirlo, en proporción 1:4, con otros zumos, por ejemplo de manzana o de zanahoria.

Sopa de vida
10 raciones

La cebolla, el ajo y el jengibre son las tres raíces de la vida; la cebolla fortalece el sistema inmunitario, el ajo tiene fitonutrientes que reducen el colesterol y el jengibre es un antiinflamatorio natural y un tónico digestivo. La albahaca, la pimienta y el orégano son las tres hierbas de la vida; la albahaca es para el estómago, la pimienta para la sangre y las semillas de orégano son famosas por sus propiedades curativas y para la prevención de la enfermedad. El caldo de esta sopa es muy vigorizante, se conserva bien y es más sabroso en los días inmediatamente posteriores a haberlo hecho.

2 cucharaditas de aceite de oliva virgen extra
2-3 cebollas amarillas en rodajas finas
¼ taza de jengibre picado
2 cucharaditas de cúrcuma
1 cucharadita de pimienta negra
1 cucharada de semillas de alcaravea
½ cucharadita de semillas de orégano (en tiendas asiáticas)
1 cucharada de semillas de amapola

1 cucharada de semillas de apio
1 cucharada de garam masala
2-3 tomates maduros hechos al vapor, pelados y troceados
3 cucharadas de albahaca
1 cucharada de eneldo
1 cucharada de orégano
1 cucharada de estragón
3 l de agua
1-2 patatas con piel cortadas en rodajas
2-3 zanahorias cortadas en rodajas
4 tazas de verduras variadas troceadas
4 cucharadas de Braggs Liquid Aminos
3-5 dientes de ajo picado

En la cacerola para caldo calentar el aceite de oliva a fuego medio y sofreír la cebolla y el jengibre; si empieza a pegarse, añadir un poco de agua. Hacer espacio en el centro de la mezcla y poner allí la cúrcuma, la pimienta negra, las semillas de alcaravea, orégano, apio y el garam masala. Sofreír dos minutos y mezclarlo con la cebolla. Añadir los tomates y las hierbas. Agregar el agua, las patatas, las zanahoria y las verduras. Llevar a ebullición y luego cocer a fuego suave alrededor de una hora. Añadir el Braggs Liquid Aminos y el ajo, y continuar la cocción cinco minutos más.

Tofu, el saludable

Es mejor lavar el tofu antes de usarlo y mantener los trozos restantes en el refrigerador cubiertos con agua. Para reducir al mínimo los gases que produce, no hay que comerlo crudo. Por norma, usar tofu firme para cortarlo en rodajas o dados, y tofu blando para mezclar.

Ensalada de tofu
4 raciones

1 paquete de tofu firme (unos 450 g)
zumo de 1 limón

3 tallos de apio cortados en daditos
⅔ taza de rábanos, zanahorias y/o calabacín crudo rallados
½ pimiento rojo dulce picado finamente
2-3 encurtidos al eneldo picados finamente

ALIÑO:
¼-½ taza de mayonesa sin huevo y sin azúcar (se encuentra en tiendas de alimentos dietéticos)
2-3 cucharadas de mostaza preparada
1 cucharada de zumo de limón
½ cucharadita de sal marina
½ cucharadita de pimienta negra

Lavar el tofu y cortarlo en rebanadas de algo más de 1 cm de grosor. Rociarlo con un poco de zumo de limón y hornearlo en una fuente ligeramente aceitada a 190 °C hasta que esté medio duro. Dejarlo enfriar y rallarlo.

Paté de tofu
Aproximadamente 2 ½ tazas

El tofu y el sésamo son ricos en calcio y proteínas, y ambos se usan en este plato. El tahini es pasta de semillas de sésamo, y se encuentra en supermercados, tiendas de alimentos naturales y tiendas asiáticas. Los nutritivos copos de levadura tienen un sabor parecido al del queso, son ricos en vitamina B y se encuentran en tiendas de alimentos naturales.

450 g de tofu firme lavado y escurrido
1-2 tallos de apio, cortado en cubitos pequeños
1 escalonia picada fino
⅛ taza de perejil fresco picado fino
⅛ taza de pimiento rojo dulce o zanahoria rallada

ALIÑO:
1 cucharada de zumo de limón
⅓-½ taza de mayonesa sin huevo ni azúcar

1 ½ cucharada de copos de levadura
½-1 cucharadita de sal marina
1 cucharada de aderezo vegetal como Jensen's o Spike
2 cucharadas de pasta de sésamo tahini

Cocer el tofu al vapor entre cinco y diez minutos y escurrirlo nuevamente para que no quede ningún resto de agua. Desmenuzarlo y mezclarlo con los demás ingredientes. En otro cuenco mezclar los ingredientes del aliño y luego unirlo todo. Servirlo untado en galletas crujientes, en bastoncitos vegetales o en el pan para bocadillo.

Tofu al horno

Véase la página 292.

Tofu marinado
4 raciones

1 paquete de tofu firme (unos 450 g)
2 cucharaditas de aceite de oliva virgen extra
¼ taza de salsa de soja o de Braggs Liquid Aminos
1 cucharada de jengibre pelado y rallado
1 diente de ajo picado fino
el zumo de 1 limón
¼ taza de agua pura

Lavar el tofu y cortarlo en rodajas de 1 cm más o menos. En una fuente para hornear de vidrio mezclar el aceite de oliva, la salsa de soja, el jengibre, el ajo y el zumo de limón. Añadir el tofu y dejarlo marinar de dos a tres horas; girarlo de tanto en tanto mientras se marina. Después hornear a 175 °C durante 30 minutos. Si la marinada se evapora y el tofu comienza a pegarse, añadir un poquito de agua. Servir con verduras salteadas o al vapor.

Trigo

Los granos de trigo enteros, de los que se hace la harina moliéndolos, son un excelente alimento cuando se cuecen hasta que están tiernos. Limpian los intestinos, fortalecen los dientes y las encías, embellecen la piel y podrían prevenir los trastornos gástricos, incluido el cáncer de estómago.

½ taza de trigo
5 tazas de agua pura

Remojar el trigo en dos tazas de agua purificada. Escurrir y cocer a fuego medio en 2 ½-3 tazas de agua, hasta que los granos estén hinchados y tiernos, alrededor de una hora. También se pueden dejar cociendo durante la noche en una olla de barro.

El trigo es delicioso como cereal de desayuno, mezclado con leche y miel, o como plato principal con masala.

SEGUNDA PARTE

PARA ESO COMER ESTO

16

Adicciones

La adicción es una de las grandes enfermedades a las que se enfrenta actualmente el mundo. Según mi experiencia, las adicciones son una forma de automedicación, una especie de sucedáneo de las vitaminas, minerales u oligoelementos que faltan. La terapia nutricional yóguica, como parte de un programa médico holístico que incluye meditación, acupuntura y masaje, ha tenido mucho éxito en tratamientos para eliminar problemas con drogas, alcohol y nicotina.

DIETA

Para combatir adicciones ha de seguirse la dieta de la terapia nutricional yóguica (véase el capítulo 14). También seguir una monodieta de frijoles mung con arroz durante siete días (receta en la página 100) tiene un efecto especialmente purificante y positivo.

La drogadicción es evidentemente un problema muy grave. Este programa dietético, si bien difícil, ha resistido la prueba del tiempo. Ha sido eficaz incluso en los casos más difíciles, entre ellos la adicción a la heroína.

Otras terapias que hay que seguir junto con este programa son la acupuntura y el masaje terapéutico. Además, a continuación enumero los alimentos específicos que receto para aliviar los síntomas de la adicción:

- Para el desasosiego extremo, va bien masajearse los pies con una mezcla de zumo de ajo con aceite de almendras. El ajo mejora la respiración y baja la tensión arterial, y los nervios que terminan en los pies absorben fácilmente su zumo, lo que tiene un efecto positivo en todos los órganos internos y en el cerebro.
- Para despabilarse tras tomar sedantes o alcohol, beber una infusión de menta con zumo de ajo inmediatamente después de practicar esta sencilla técnica de respiración, Sitali pranayama, du-

rante diez minutos: inspirar por la boca, con la lengua enroscada hacia arriba y asomada ligeramente fuera de la boca; después espirar por la nariz. El zumo de ajo es un excelente purificador de la sangre y contribuye a eliminar el exceso de alcohol del organismo. La infusión de menta acelera la desintoxicación y mejora la digestión.

- Para aumentar la energía, beber zumo de piña (puede ser de lata). Por su dulzura natural, este zumo proporciona al cuerpo energía pura y fácilmente asimilable.
- Mientras se está intentando dejar de fumar, comer un paquete de pasas al día. Las pasas son muy ricas en antioxidantes y minerales y reemplazan eficazmente el hábito de fumar cigarrillos.

SUPLEMENTOS Y NUTRIENTES ESPECÍFICOS

Todo el mundo debería tomar un suplemento multivitamínico y mineral de alta potencia, como se explica en el quinto principio (véase página 130). Además, para sustentar el cuerpo durante una adicción activa y durante la abstinencia, se recomiendan los siguientes nutrientes:

Principal
Vitamina C: Tomar de 3.000 a 9.000 mg al día, repartidos en tres dosis. El alcohol y el cigarrillo agotan la provisión de vitamina C, por lo tanto tomarla restablece la cantidad de esta vitamina en el cuerpo.

Secundaria
Coenzima Q10: Entre 100 y 300 mg diarios contribuyen a generar energía celular.

HIERBAS

Principales
Ginsén: 75-150 mg de panax ginsén y 150-300 mg de ginsén siberiano al día desintoxican y normalizan el funcionamiento de todo el organismo.

Cardo mariano: 320 mg diarios, con las comidas. Tomar el extracto sólido que contenga un 80 por ciento. El cardo mariano protege de las toxinas y sustancias contaminantes y favorece la producción de células hepáticas.

Secundarias

Kava kava: 150 mg hasta seis veces al día, para la ansiedad. Consulta con tu médico respecto a posibles problemas hepáticos. Kava kava también es buena para el insomnio y trastornos relacionados con el estrés.

Hipérico (o corazoncillo o hierba de San Juan): 300 mg tres veces al día, para la depresión. El hipérico además controla el estrés y es un estimulante natural del ánimo.

ZUMOS

El siguiente régimen de zumos de siete días ha logrado ayudar a muchas personas a tratar sus adicciones en The SuperHealth Ranch, donde fui director médico. Estos zumos son muy eficaces para desintoxicar y dan la nutrición esencial para rejuvenecer la sangre y los órganos internos. Se puede seguir este régimen cómodamente en casa, añadiéndolo a las comidas. Los zumos se han de hacer exclusivamente con frutas y verduras frescas y de cultivo biológico y bebérselos inmediatamente.

Para preparar los zumos, lavar y secar todos los ingredientes; pelar el pepino y la piña antes de extraerle el zumo.

07.00	1 taza de agua caliente, 1 cucharada de zumo de limón, 1 cucharadita de agua de rosas A días alternos, reemplazar por 1 taza de zumo de naranja y ½ cucharada de zumo de jengibre
10.00	½ taza de zumo de pepino, ½ taza de zumo de apio
15.00:	
Domingo	⅓ taza de zumo de remolacha, ⅓ taza de zumo de zanahorias, ⅓ taza de zumo de piña
Lunes	⅓ taza de zumo de remolacha, ⅓ taza de zumo de zanahorias, ⅓ taza de zumo de piña
Martes	½ taza de zumo de manzanas, ½ taza de zumo de apio
Miércoles	⅓ taza de zumo de remolacha, ⅓ taza de zumo de zanahorias, ⅓ taza de zumo de piña

Jueves	⅓ taza de zumo de uvas, ⅓ taza de zumo de manzana, ⅓ taza de zumo de zanahoria
Viernes	½ taza de zumo de manzana, ½ taza de zumo de apio
Sábado	⅓ taza de zumo de uvas, ⅓ taza de zumo de manzana, ⅓ taza de zumo de apio.

El limón con agua, tomado a primera hora de la mañana, tiene un efecto muy calmante en el sistema digestivo, favorece la eliminación y la quema de grasas. Los zumos de naranja y de jengibre son potentes agentes antioxidantes y antiinflamatorios. Los zumos de pepino y de apio calman el sistema nervioso y aportan grandes cantidades de minerales esenciales que ayudan a alcanzar una salud óptima. La combinación de zumos de zanahoria y remolacha estimula el sistema digestivo y el hígado y normaliza todo el organismo. El zumo de manzana y apio limpia los riñones, mejora la digestión, nutre los músculos y alivia el estrés. La combinación de zumos de uva, manzana y zanahoria normaliza el organismo, acelera el metabolismo y facilita la expulsión de toxinas. El zumos de uva, manzana y apio relaja el sistema nervioso, estimula el sistema inmunitario y mejora la digestión.

Receta

Una terapia yóguica tradicional para superar las adicciones es realizar un ayuno con plátanos. Se hace de la siguiente manera.

Desayuno
Beber una taza de zumo fresco de naranja, con la pulpa, endulzado con una cucharadita de miel. Pasada una hora, comer tres plátanos, sin olvidar comer las hebras del interior de la piel. Masticar bien, hasta que cada bocado esté líquido, sólo entonces tragarlo. Inmediatamente después de los plátanos, masticar las semillas de una vaina de cardamomo.

Almuerzo
Tres plátanos, seguidos por las semillas de una vaina de cardamomo.

Cena
Tres plátanos seguidos por las semillas de una vaina de cardamomo.

No olvidar beber por lo menos ocho vasos de agua al día a temperatura ambiente. También se puede beber la infusión yogui (Yogi Tea, receta en la página 162) u otra infusión de hierbas.

El ayuno con plátanos no es recomendable para personas que no hayan hecho nunca un ayuno. En el caso de no haber ayunado nunca, hacer la monodieta de frijoles mung con arroz durante siete días antes de probar el ayuno de plátanos. Como ocurre en todo ayuno, al comienzo podría experimentarse debilidad, emotividad o mal genio. Estos síntomas desaparecen poco a poco. Si se presenta el problema del estreñimiento, ir aumentando paulatinamente las semillas de cardamomo, hasta tres vainas después de cada comida.

Este ayuno elimina los depósitos de droga del cerebro. Recomiendo comenzar el día de luna nueva y continuar 14 días hasta la luna llena. Regenera los tejidos desgastados y ajusta el equilibrio de hierro, sodio y potasio en el cuerpo.

Para romper el ayuno
El día 15 beber solamente agua caliente con un poquito de zumo de limón y miel. Después seguir una monodieta de frijoles mung con arroz durante 28 días. También se puede beber la infusión yogui (receta en la página 162). Preparar los frijoles mung con arroz según la receta básica (página 100), con las siguientes modificaciones:

- En lugar de una taza de frijoles y una de arroz, media de cada.
- Además de las especias, añadir unas cuantas hojas de menta, frescas o secas.

Al final de los 28 días, ir introduciendo poco a poco ensaladas y fruta. Finalmente, comer productos lácteos y trigo.

17

Alergias

Las alergias están en aumento en la población debido a la mayor exposición a las toxinas medioambientales y a los alimentos contaminados. Sin embargo, la modificación de la dieta, las vitaminas, los nutrientes y las hierbas tienen un papel importante en la reducción de las reacciones alérgicas.

En el caso de tener alergia, lo más importante es desintoxicar el cuerpo con un ayuno corto, como se explica en el primer principio (capítulo 8). Luego se ha de procurar por todos los medios optar por alimentos de producción biológica u orgánica, y tener mucho cuidado de no comer ningún alimento transgénico (sometido a manipulación genética). La principal fuente de proteína deberá ser de origen vegetal, no animal. Otra medida importante es eliminar de la dieta todos los productos lácteos.

Si la alergia continúa después del ayuno corto, hay que tener un cuidado extra en la dieta. Lleva un diario de comidas, repite el ayuno corto, y poco a poco ve reintroduciendo los alimentos en la dieta de uno en uno. De esta manera descubrirás qué alimento es el que induce la reacción alérgica. Los alimentos causantes de alergia más comunes son los huevos, el trigo, las patatas blancas, los productos lácteos, la soja, los cacahuetes y, a veces, las naranjas.

DIETA

Es posible que no haya que buscar más allá de la receta de frijoles mung con arroz (página 100) para resolver los problemas alérgicos. Esta determinada combinación de alimentos y la forma de prepararla ofrece una buena nutrición a la vez que elimina suavemente las toxinas y reduce las exigencias al aparato digestivo. Muchas personas han limpiado sus organismos siguiendo esta monodieta durante una semana o más. Se puede variar el sabor añadiéndole salsa u otras especias. Si las cosas van bien, es decir, si disminuyen los síntomas, entonces añade salmón, por su contenido de ácidos grasos omega-3, para reducir las señales inflamatorias enviadas al sistema inmunitario. Claro que comer abundantes verduras de hoja verde, con su enorme surtido de fitonutrientes y antioxidantes, saturará el organismo y reducirá la aportación de los radicales libres a la reacción alérgica.

Dado que las personas que sufren de alergias suelen tener insuficiencia de manganeso, la dieta deberá ser variada y contener trigo sarraceno, judías, guisantes y arándanos, todos ricos en este nutriente.

SUPLEMENTOS
Y NUTRIENTES ESPECÍFICOS

Todo el mundo debería tomar un suplemento multivitamínico y mineral de alta potencia, como se explica en el quinto principio (véase página 130). Además, para prevenir las alergias recomiendo tomar los siguientes nutrientes diariamente:

Principales
Bioflavonoides: Una buena manera de obtener bioflavonoides es tomar 100 mg de extracto de pepitas de uvas tres veces al día. Los bioflavonoides actúan sinérgicamente con la vitamina C.

Coenzima Q10: Tomar 100 mg diarios. La coenzima Q10 mejora el funcionamiento inmunitario.

Vitamina C: Tomar hasta 12.000 mg diarios repartidos en seis dosis. Si se produce trastorno estomacal o diarrea, simplemente reducir la dosis. La vitamina C interviene en la producción de las hormonas antiestrés y en la de proteínas del sistema inmunitario.

Secundarios
Aceite omega-3: Tomar 1.500 mg diarios. Un suplemento de omega-3 en forma de ácido gammalinolénico, del aceite de borraja, va bien para controlar las alergias.

Ácido pantoténico: Si el estrés es un factor coadyuvante en la alergia, entonces hay que añadir vitaminas B extras al multivitamínico, en especial 300-500 mg de ácido pantoténico (vitamina B_5). Tonifica las glándulas suprarrenales y el timo, que son esenciales en el combate contra las alergias.

DHEA: Además de sus fuertes propiedades antienvejecimiento, el ácido deshidroepiandrosterona tiene importantes propiedades antialérgicas. Si no se toma ya como parte del programa antienvejecimiento, se puede tomar en una dosis diaria de 25-100 mg para disminuir los síntomas alérgicos.

No hay que olvidar pedirle al médico que compruebe el nivel de DHEA en la sangre antes de añadirlo a los suplementos diarios. Los hombres, además, han de hacerse el análisis del PSA (antígeno específico prostático) y, en muchos casos, un examen médico de próstata, antes de añadir este suplemento a la dieta diaria; después han de repetir ambos análisis (de DHEA y PSA) cada seis meses. Las mujeres han de repetir solamente el análisis de DHEA cada seis meses. Para más información sobre DHEA, véase el capítulo 18.

Magnesio: Añadir magnesio, en una dosis de 500-1.000 mg diarios, es particularmente útil si la alergia causa síntomas parecidos a los del asma. El magnesio contribuye a reducir el estrés y alivia la ansiedad, la tensión y los espasmos musculares.

N-acetilcisteína: Se han obtenido buenos resultados antialérgicos con el potente antioxidante N-acetilcisteína. Recomiendo hasta 600 mg al día. La N-acetilcisteína es un potente desintoxicador de sustancias como el alcohol y otras toxinas, que pueden causar inmunosupresión.

HIERBAS

Principal
Ortiga mayor: Tomar 750 mg diarios. La ortiga mayor (o picante) es buena para el sistema inmunitario y se ha usado en el tratamiento de alergias graves.

ZUMO
Batido antialérgico
1 ración

2 rodajas de melón cantalupo pelado
1 rodaja de 0,5 cm de raíz de jengibre pelada
½ manzana

Opcional:
¼ cucharadita de Longevity Green Drink (véase el «Apéndice D») u
otro polvo verde.

Lavar y secar todos los ingredientes y pasarlos por la licuadora. Los zumos frescos conviene consumirlos antes de que pasen dos o tres horas de su preparación, y han de guardarse en el refrigerador.

El melón cantalupo, el jengibre y la manzana estimulan el sistema inmunitario, desintoxican el tubo gastrointestinal y alivian el sistema digestivo. Esto rejuvenece los órganos internos, lo que contribuye a aliviar los síntomas alérgicos.

RECETA
Véase, por favor, la receta de frijoles mung con arroz de la página 100.

18
Antienvejecimiento

Yo fui uno de los trece primeros médicos y científicos de la American Academy of Anti-Aging Medicine (4AM). En nuestra primera reunión en Chicago en 1991, hablamos de la formación de una organización profesional que tuviera por misión la prolongación de la salud y la duración de la vida. Desde entonces la medicina antienvejecimiento ha progresado exponencialmente. Hoy en día la 4AM cuenta con más de 5.000 miembros. Hemos aprendido muchísimo desde 1991, y en estas páginas compartiré contigo parte de ese conocimiento acumulado. Si sigues mi consejo, pronto notarás mejoría en tu bienestar físico, mental, emocional y espiritual. También añadirás años productivos y placenteros a tu vida.

La fuente de la juventud que buscamos está dentro de nosotros. Sólo tenemos que activarla. Si bien todos los principios, ideas y recetas de este libro te prolongarán la vida y harán más placenteros tus años, hay unos cuantos consejos dietéticos y suplementos nutritivos especiales que te servirán para activar concretamente tus genes de la longevidad y desactivar los del envejecimiento. Además, el concepto moderno de terapia hormonal sustitutiva ingeniosa tiene un papel importante en vivir una vida mejor. El antienvejecimiento se ha convertido en el control de la edad.

DIETA

En primer lugar, aplica los siete principios esbozados en este libro, y luego come una dieta juiciosamente pobre en grasas saturadas que contenga semillas, frutos secos, cereales, legumbres, proteína de alta calidad como la del pescado y, en especial, los productos de soja. Procura hacer la transición a una dieta totalmente vegetariana, si lo deseas, o, como mínimo, limita el consumo de proteína de origen animal, sobre todo de carne roja, a no más de dos veces por semana. Reduce también los huevos a cuatro por semana y elimina todas las frituras. Evita los alimentos procesados como el pan blanco, la harina blanca y las comidas rápidas, pero no olvides comer entre siete y nueve raciones de fruta y de verdura frescas cada día, especialmente brotes de brécol, coles, coliflor, tomates, arándanos y manzanas.

A medida que te haces mayor deberás disminuir el consumo de calorías totales y aumentar la cantidad de alimentos crudos. No olvides beber ocho vasos de agua pura (embotellada o filtrada) al día. Añade a tu dieta mucho ajo, cebolla, jengibre y chiles, cuanto te lo permita tu gusto y digestión, por su inmenso surtido de nutrientes antienvejecimiento. Limita el consumo de bebidas alcohólicas a una ocasional copa de vino tinto, y reduce la sal.

SUPLEMENTOS Y NUTRIENTES ESPECÍFICOS

Todo el mundo debería tomar un suplemento multivitamínico y mineral de alta potencia, como se explica en el quinto principio (véase página 130). Además, para combatir los efectos negativos del envejecimiento, sugiero tomar los siguientes nutrientes específicos:

Principales
Coenzima Q10: 100-300 mg diarios. La coenzima Q10 desempeña un importante papel en la producción de energía en todas las células, estimula el sistema inmunitario y tiene importantísimos efectos antienvejecimiento.

Ácido alfalipoico: 250 mg al día. El ácido alfalipoico es un potente antioxidante que interviene en la función hepática.

Vitamina E: Hasta 800 UI al día. La vitamina E inhibe las lesiones celulares y la generación de radicales libres. Hace más lento el envejecimiento y el avance de la enfermedad de Alzheimer.

Vitamina C: Hasta 10.000 mg diarios, según se tolere. La vitamina C favorece el desarrollo y la reparación de los tejidos, y participa por lo menos en 300 procesos metabólicos del cuerpo.

Enzimas digestivas: 1-2 cápsulas o tabletas con cada comida, según qué suplementos se tomen. Las enzimas digestivas favorecen la asimilación óptima de los nutrientes.

Té verde: 1 o 2 tazas al día, descafeinado. El té verde contiene sustancias químicas que favorecen la salud.

Secundarios
Indol-3-carbinol: 150 mg tres veces al día. El indol-3-carbinol es muy eficaz en la lucha contra los radicales libres y los daños que causan en el ADN.

N-acetilcisteína: Hasta 500 mg diarios. La N-acetilcisteína aumenta el nivel de enzimas protectoras, retardando así los daños producidos en las células por el envejecimiento.

HIERBAS

Principal
Ginkgo biloba: 120 mg por la mañana. El ginkgo aumenta la irrigación sanguínea y eleva la provisión de oxígeno a todas las partes del cuerpo, entre otras, el corazón y el cerebro.

Secundarias
Ginsén: 150 mg de panax ginsén y/o 300 mg de ginsén siberiano al día. Un exceso de ginsén podría subir la tensión arterial. Hay que procurar no excederse de la dosis recomendada. El ginsén combate la debilidad, proporciona energía y aumenta la longevidad.

Astrágalo: 500 mg cuatro veces al día. El astrágalo protege el sistema inmunitario, ayuda en la función de las suprarrenales y favorece la curación. No se ha informado de ningún efecto secundario con esta dosis recomendada.

BREVE COMENTARIO SOBRE
LA TERAPIA HORMONAL SUSTITUTIVA

«La terapia hormonal sustitutiva es una estrategia prometedora», «Nadie debería inyectarse hormonas antienvejecimiento».

Estas dos declaraciones las hizo el mismo médico, cuyo nombre me callo. La primera la hizo en una reunión profesional a la que asistí, y la segunda en una entrevista para una revista. Esta contradicción subraya la controversia que hay en torno al arte y la ciencia de la terapia hormonal sustitutiva.

Yo aplico esta terapia, y la encuentro muy beneficiosa. Por ejemplo, hace poco vino a verme un anciano porque estaba literalmente a punto de morirse. Apenas le quedaba energía, había perdido la memoria y su diabetes estaba descontrolada; además, tenía mucha dificultad para respirar, a causa de la debilidad y de una enfermedad de pulmón subyacente. Le hice un análisis de sangre para comprobar sus niveles hormonales; eran increíblemente bajos, casi incompatibles con la vida. Le restablecí los niveles de testosterona y de DHEA, que eran casi inexistentes, pero no pude darle la hormona del crecimiento humano, debido a su precio. De todos modos, mejoró con tanta rapidez que a las pocas semanas fue capaz de viajar por el país para visitar a parientes en los que había pensado cuando estaba preparándose para morir.

Muchos médicos practicantes de la medicina antienvejecimiento han tenido experiencias similares con la terapia hormonal sustitutiva. Aquellos que tienen poca experiencia en esta especialidad se oponen a su práctica diciendo que no hay suficientes estudios. No estoy de acuerdo con eso. Hay bastantes trabajos clínicos que la respaldan y permiten aplicarla con cuidado a ciertas personas seleccionadas. Pero hay consideraciones importantes:

- Hay que hacer un análisis de sangre para comprobar los niveles hormonales. Si son bajos, tiene sentido aplicar la terapia sustitutiva de modo informado. Si no están bajos, existe el riesgo de aumentarlos por encima del nivel normal.
- Los niveles hormonales deben restablecerse a los que son naturales en una persona de 30 años, no más joven.
- Los análisis de sangre deben repetirse cada seis meses o cuando sea necesario para controlar los niveles hormonales.

Entre las hormonas cuyos niveles compruebo están DHEA, estrógeno, hormona del crecimiento humano, progesterona, testosterona y hormona tiroidea. Aunque, como muchos médicos de esta especialidad, no mido los niveles de melatonina ni de pregnenolona, receto estas hormonas cuando está indicado clínicamente. No sé de ningún paciente tratado por especialistas en medicina antienvejecimiento que haya experimentado efectos secundarios graves, peligrosos o incontrolables por causa de esta terapia.

A continuación, una breve descripción de cada hormona importante y los síntomas que se experimentan cuando sus niveles en la sangre son bajos.

DHEA

Ya me he referido a DHEA en el capítulo 12, al hablar de los suplementos. La receto muchísimo, y jamás me han decepcionado los resutados. DHEA protege el corazón, estimula el sistema inmunitario, restablece la vitalidad sexual, mejora el ánimo y tiene efectos positivos en la apariencia corporal. Y tal vez lo más importante, devuelve el «jugo de la vida». Como para cualquier otra hormona, has de tomar DHEA bajo la supervisión de tu médico.

En cuanto a la dosis, más adelante en este capítulo encontrarás el cuadro con la información.

Estrógeno

En la mujer, los ovarios secretan estrógeno, que es el responsable de mantener la humedad en la piel y su aspecto juvenil, así como de mejorar el tono muscular y mantener la lubricación natural de las membranas mucosas de la vagina. También estimula la actividad inmunitaria. Niveles bajos de estrógeno se han relacionado con una mayor incidencia de la enfermedad de Alzheimer, como también con síntomas menopáusicos como sofocos, osteoporosis, ansiedad y menor libido.

Premarin, el fármaco que recetan con más frecuencia los médicos en la terapia sustitutiva de estrógeno, está compuesto por orina de yegua preñada. ¿Es eso lo que la mujer desea introducir en su cuerpo? Una opción mejor es una de estas dos formas naturales de estrógeno: Biest, mezcla de un 80 por ciento de estriol y un 20 por ciento de estradiol, o Triest, combinación equilibrada de 10-20 por ciento de estradiol, 10-20 por ciento de estrona y 60-80 por ciento de estriol.

Puesto que constantemente está apareciendo información sobre los descubrimientos respecto a la terapia sustitutiva de estrógeno, siempre deberás hablar con tu médico sobre los posibles efectos dañinos del estrógeno.

En cuanto a la dosis, más adelante en este capítulo encontrarás el cuadro con la información.

Hormona del crecimiento humano (hGH)

Si ha habido esperanza de una fuente de juventud en inyección, esta es hGH. Puesto que comenzó a abrirse camino en la medicina clínica a comienzos de la década de 1990, esta hormona ha sido tema de libros, programas de televisión y debates en todo el mundo.

¿Es eficaz? ¿Es peligrosa?

Lo que está claro es que la menor producción natural de esta hormona en el cuerpo con la edad es al menos en parte, si no totalmente, responsable de una buena cantidad de signos generales de envejecimiento. Entre éstos se cuentan:

- Menor energía y cansancio.
- Falta de bienestar.
- Falta de dinamismo y motivación.
- Menor capacidad y deseo de hacer ejercicio.
- Menor concentración, sociabilidad y actividad.
- Menor tiempo de sueño.
- Mala reacción al estrés.
- Dificultades con la memoria.
- Irritabilidad y trastornos del ánimo.

Las reacciones físicas de la carencia de hormona del crecimiento son:

- Flaccidez de los músculos.
- Más cantidad de grasa abdominal.
- Menor fuerza muscular.
- Flaccidez de la piel.
- Arrugas.
- Caída de pelo.
- Mala postura.

La disminución del nivel de la hormona del crecimiento podría ser causa de:

- Mala curación o cicatrización.
- Mayor cantidad de grasa en la sangre.
- Menor densidad ósea.
- Cardiopatía por arteriosclerosis.
- Menor reacción inmunitaria.
- Mal funcionamiento renal.
- Posiblemente cáncer.

Según estudios de investigación realizados por el doctor Daniel Rudman, publicados en *New England Journal Of Medicine* en 1991, y teniendo en cuenta también la amplia experiencia clínica de los doctores Sam Baxas, Neal Rozier, David Leonardi, Ronald Klatz, Leo M. Levin y yo mismo, parece que los resultados de la terapia sustitutiva de la hormona del crecimiento son:

- Menor cantidad de grasa corporal.
- Mayor energía y capacidad para hacer ejercicio.
- Mejor calidad de vida y vitalidad.
- Mayor volumen y fuerza muscular, en especial si se hace ejercicio.
- Más formación de hueso y fuerza ósea.
- Mayor capacidad de curación; por ejemplo, después de herida, lesión o cirugía.
- Mayor sensación de bienestar.
- Mejor aspecto de la piel, menos arrugas.
- Mejor funcionamiento cardiaco.
- Mejor regeneración de la piel y crecimiento del pelo y uñas.
- Más memoria y mejor función cerebral.
- Sueño más reparador.
- Mejor funcionamiento y capacidad pulmonar.
- Menos grasa en la sangre.
- Mayor duración y calidad de la vida (prevención de enfermedades).
- Apariencia más juvenil.

¿Cuál es el lado negativo entonces?

Creo que no hay ningún lado negativo en la terapia sustitutiva de la hormona del crecimiento humano si se aplica con buen juicio. Siempre compruebo bien los valores de hGH del laboratorio y no la receto en exceso. Sin embargo, he de decir que si bien no sé de ningún efecto secundario a la larga cuando se receta y se toma de modo sensato, todavía no tenemos todas las respuestas. Siempre recomiendo prestar atención a la proporción riesgo/beneficio. Digamos que a una persona anciana que está sufriendo le interesa más la calidad de vida ahora de lo que le preocupan los posibles efectos secundarios después. En mi opinión, ¿por qué no procurar que esa persona viva su vida con la mejor calidad posible? La terapia sustitutiva de hGH hace eso.

Si, por otro lado, la persona es relativamente joven, cincuentona, digamos, pero tiene síntomas de envejecimiento prematuro, y sabemos que podría haber riesgos en el camino, puede elegir si probar o no la terapia. Pero no olvides que siempre se puede probar y dejarla.

La terapia sustitutiva de hGH no es solamente para hombres. Uno de mis grandes éxitos terapéuticos con la hormona del crecimiento fue con una señora que tenía una forma de artritis grave. Antes de la terapia estaba encorvada, no se podía mover y sufría mucho dolor. Después desarrolló tanta fuerza y se le alivió tanto el dolor que se instaló una piscina desmontable en el patio de atrás de la casa para poder nadar cada día.

Si tú o alguna persona conocida decidís tomar hGH, es inevitable que surjan más preguntas. Éstas son las respuestas a las preguntas más corrientes acerca de la hormona del crecimiento:

1. *¿Qué vale esta terapia?* El precio de la terapia sustitutiva de la hormona del crecimiento puede ser prohibitivo para muchas personas, pues podría acercarse a los 1.000 dólares mensuales. Aunque algunos pacientes y médicos alargan el tiempo entre inyección e inyección, en general ha de administrarse el resto de la vida.

2. *¿Qué resultado da tomar fórmulas orales liberadoras de la hormona?* Estos productos por vía oral contienen una mezcla de aminoácidos pensados para inducir a la glándula pituitaria a liberar hGH. Mi opinión profesional es que si se necesita hGH hay que tomar la verdadera. Si no hay forma de permitirse el gasto, se puede probar con estas fórmulas orales, pero no estoy convencido de que aumenten la liberación de hGH suficientemente, para que resulte terapéutica.

3. *¿Y tomar la hormona del crecimiento homeopática sublingual?* La respuesta es la misma; si se necesita hGH, opino que hay que tomar la hormona verdadera. No he visto estudios que demuestren de modo concluyente que la hormona del crecimiento homeopática sublingual sea clínicamente eficaz.

En cuanto a la dosis, más adelante en este capítulo encontrarás el cuadro con la información.

Hormona tiroidea

La hormona del tiroides regula la temperatura, el metabolismo y la función cerebral. Cuando el nivel de esta hormona es el adecuado, descompone las grasas, ayuda a perder peso y baja el nivel de colesterol. También protege de la enfermedad cardiaca y del deterioro cognitivo, fortalece el cabello y las uñas y mejora la piel seca.

A medida que nos hacemos mayores disminuye el nivel de la hormona tiroidea. Lo que ocurre es que muchos médicos ortodoxos sólo tratan el problema cuando el paciente ya lleva tiempo sufriendo innecesariamente. ¿Por qué? Porque se fijan demasiado en los valores de hormona tiroidea dados por el laboratorio y no en los síntomas del paciente. Por eso en mis clases de formación médica siempre pregunto: «¿Vais a tratar al número o al paciente?». Cuando miro a los médicos que siguen mi programa, es como si se encendiera una luz y entendieran. Verás, a los médicos se les enseña a esperar que los valores de laboratorio sean totalmente anormales para recetar la hormona tiroidea. Como muchos médicos que aplican el tratamiento antienvejecimiento, creo que una persona cuyo nivel de hormona tiroidea en la sangre está entre bajo y normal, pero tiene síntomas, merece ser tratada. Y los pacientes lo agradecen. En realidad, es bien sabido que los médicos reciben más ramos de flores de pacientes cuyos niveles bajo-normal de esta hormona se han corregido que de cualesquiera otros.

En cuanto a la dosis, más adelante encontrarás el cuadro con la información.

Melatonina

La melatonina es la hormona producida por la glándula pineal, una de las principales glándulas del cerebro, junto con el hipotálamo y la pituitaria. Aunque al principio se creía que la melatonina sólo era una hormona del sueño, ahora sabemos que también tiene una importante función antioxidante en el cuerpo. Por ese motivo, actualmente se está estudiando como una forma de terapia para el cáncer.

Con la edad disminuye la cantidad de melatonina secretada por la glándula pineal, lo cual produce dificultades para dormir en muchos de mis pacientes. Por lo tanto, la receto con bastante frecuencia. He comprobado que la dosis requerida puede variar considerablemente. Algunas personas sólo necesitan una dosis de 0,5 mg antes de acostarse para tener una buena noche de sueño. Otras podrían necesitar 3 mg o más. La dosis correcta es la que induce rápidamente el sueño, hace dormir toda la noche (idealmente, sin siquiera levantarse para ir al cuarto de baño) y permite despertar renovado por la mañana, sin adormilamiento.

He descubierto que las personas que cuidan de sus cerebros (véase el capítulo 21) sólo necesitan una fracción de la dosis necesaria para aquellas que no siguen un programa de longevidad del cerebro.

En cuanto a la dosis, más adelante ofrezco el cuadro con la información.

Pregnenolona

La pregnenolona es la abuela de todas las demás hormonas. En la bioquímica del cuerpo, es aquella de la cual se forman todas las otras. Esto significa que hay que tener un nivel adecuado de pregnenolona para que el cuerpo produzca DHEA. Una vez que la pregnenolona interviene en la formación de DHEA, los hombres y las mujeres la usan de modo diferente; en las mujeres, la pregnenolona se convierte en estrógeno; en los hombres se convierte en testosterona.

La pregnenolona actúa como una hormona de la memoria. El cerebro tiene receptores para ella. Los primeros estudios de la pregnenolona se realizaron en la década de 1940. En ese tiempo, dos estudios demostraron su efecto en mejorar la memoria. En el primero se pusieron a prueba las habilidades mentales de pilotos y personas legas en aviación en un simulador de vuelo. A algunos de los participantes se les dio pregnenolona y a los otros se les dio un placebo. Al cabo de dos semanas de pruebas, al margen del entrenamiento anterior, aquellos que recibieron la hormona lograron resultados mucho mejores en el simulador de vuelo que los del grupo que tomaron el placebo.

En el segundo estudio se observó a obreros de una fábrica a los que les pagaban por trabajo terminado. Los resultados del estudio demostraron un aumento en la productividad total, menos errores y mejor calidad del producto terminado en aquellos que tomaron pregnenolona, los que también informaron que se sentían con más energía, menos cansancio, mejor humor y más capacidad para soportar el estrés.

La pregnenolona también es útil para aliviar el dolor de la artritis, y para demostrarlo cuenta con un historial de éxitos en tratamientos que se remonta a 60 años. Antes del advenimiento de la cortisona, que tiene muchos efectos secundarios indeseables, los consumidores de pregnenolona decían que después de tomar las tabletas sentían menos dolor y tenían mayor movilidad.

Una de mis experiencias profesionales más gratificantes fue con el uso de pregnenolona. En 1995 me pidieron que atendiera a una anciana de 91 años, doctora en psicología. Por sorprendente que pueda parecer, había seguido trabajando hasta que comenzó a perder la memoria, tal vez un año antes de que la trajera su hija a mi consultorio. Su deterioro avanzaba muy rápido y su familia temía que tendrían que ingresarla en una residencia especial.

La pregnenolona vino al rescate de esta mujer. Comencé por recetarle 100 mg diarios, la mayor dosis que he recetado en mi vida, combinados con 10 mg del remedio deprenyl para la longevidad del cerebro. Su recuperación fue espectacular, tanto que en la emisora de televisión local hicieron un programa acerca de ella. Volvió a su trabajo de psicóloga a media jornada y al de persona emérita de su iglesia.

En cuanto a la dosis, más adelante presento el cuadro con la información.

Progesterona

La progesterona es secretada por los ovarios, y alivia los síntomas del síndrome premenstrual. También disminuye el dolor de cabeza y la hinchazón anejos a la menstruación. La progesterona natural protege del cáncer de mama, la osteoporosis, la enfermedad fibroquística y los quistes de ovario. Suele ser una participante olvidada en la terapia hormonal sustitutiva debido a que muchos médicos consideran relativamente sin importancia su capacidad para mejorar la calidad de vida. Sin embargo, restablecer el nivel de progesterona cuando está bajo puede ser importantísimo para la salud y bienestar total de la mujer.

En cuanto a la dosis, en la siguiente sección encontrarás el cuadro con la información.

Testosterona

Mantener un nivel juvenil de testosterona es muy importante para la salud y vitalidad a largo plazo de hombres y mujeres por igual. La testosterona la secretan los ovarios, las glándulas suprarrenales y los testículos. Restablecer el nivel sano de testosterona en el cuerpo tiene como consecuencia un aumento de masa muscular, mayor fuerza y resistencia; menos grasa corporal, mayor tolerancia al ejercicio, más bienestar general, mejoría en la musculatura magra, huesos más fuertes, disminución del colesterol, mejoría en la tonicidad de la piel, mayor capacidad de curación, aumento de la libido e intensificación de la sexualidad.

La testosterona también prolonga la calidad de vida disminuyendo las enfermedades de la vejez. Protege de la enfermedad cardiovascular, la hipertensión, la obesidad y la artritis. Restablecer el nivel de testosterona cuando está bajo también mejora la memoria. De hecho, hay pruebas médicas que apoyan la idea de que la testosterona rejuvenece todos los sistemas del cuerpo.

Testosterona para mujeres

Los ovarios secretan naturalmente testosterona. Ésta es necesaria en el cuerpo femenino para mantener los huesos fuertes, previniendo así la osteoporosis. Cuando se administra terapia sustitutiva de testosterona a la mujer menopáusica, su libido recupera la normalidad y mejora su fuerza muscular y su resistencia.

En cuanto a la dosis, en el cuadro siguiente encontrarás la información.

Cuadro de hormonas

Antes de hacer terapia sustitutiva de DHEA, estrógeno, hormona del crecimiento, hormona tiroidea, progesterona o testosterona, has de hacerte un análisis de sangre para comprobar sus niveles. El siguiente es un cuadro de resultados de los análisis de sangre que recomiendo; también aparecen los valores de laboratorio y las sugerencias de tratamiento:

Hormona	Valores (pueden variar según el laboratorio)	Tratamiento
DHEA, hombres	146-850	25-100 mg al día
DHEA, mujeres	112-722	25-100 mg al día
Testosterona libre, hombres	7,2-24	10-50 mg en crema aplicada una o dos veces al día (algunos médicos administran una inyección semanal)
Testosterona libre, mujeres	Premenopausia: 1,1-8,5	2-8 mg en crema aplicada una o dos veces al día
	Posmenopausia: 0,6-6,7	2-8 mg en crema aplicada una o dos veces al día
TSH (indicador tiroides)	0,35-500	1/2-3 granos al día
T3 libre (hormona tiroidea)	2,3-4,2	Véase TSH
T4 libre (hormona tiroidea)	0,70-1,53	Véase TSH

Estradiol (estrógeno, sólo mujeres)	25-443	Bi-Est (2,5-5 mg al día) Tri-Est (2,5-5 mg al día)
Progesterona (sólo mujeres)	150-300	100-300 mg dos veces al día
hGH (medida como IgF1, también llamada somatomedin C)	260-350	3-8 unidades semanales en inyección subcutánea
Melatonina	Normalmente no se mide	0,1-3 mg para dormir*
Pregnenolona	Normalmente no se mide	10-100 mg al día

* En terapia para el cáncer las dosis de melatonina son más elevadas (más información en capítulo 19, apartado «Suplementos y nutrientes específicos»).

Zumo

Los zumos frescos conviene consumirlos antes de que pasen dos o tres horas de su preparación y han de mantenerse en el refrigerador.

Cóctel antienvejecimiento del doctor Dharma
1 ración

½ papaya
2 albaricoques frescos
½ mango
1 taza de zumo de piña sin endulzar (puede ser de lata)
½ taza de hielo
agua según se necesite

Opcional: ¼ cucharadita de Longevity Green Drink (véase el «Apéndice D») u otro polvo verde, y/o 1 cucharadita de proteína en polvo de soja o suero de leche.

Lavar y secar la papaya, los albaricoques y el mango. Pelarlos y quitar las semillas de la papaya y los huesos de los albaricoques. Colocar todos los ingredientes en una licuadora o Vita-Mix y mezclar bien.

Estas frutas contienen gran cantidad de minerales, vitaminas y fibra, que son beneficiosas para mantener sana la piel, favorecer la irrigación sanguínea de todos los órganos y mejorar la vista y la digestión.

RECETAS

Mira la receta de frijoles mung con arroz de la página 100 o prueba ésta del plato arco iris.

EL PLATO ARCO IRIS
4 raciones

4 remolachas pequeñas peladas y cortadas en rodajas
2 tazas de inflorescencia de brécol
2 tazas de col rizada
½ taza de soja edamame
⅓ cebolla picada
2 cucharaditas de ajo picado
1 cucharadita de jengibre picado
2 cucharaditas de aceite de oliva virgen extra
4 hamburguesas vegetales

ALIÑO:
½ taza de requesón con poca grasa
1 cucharada de pasta tahini
1 diente de ajo
2 cucharadas de zumo de limón
2 cucharadas de Braggs Liquid Aminos
1 cucharada de perejil
¼ cucharadita de sal marina
1 cucharada de agua

Lavar y secar todos los ingredientes. Poner a cocer al vapor la remolacha, 20 minutos o hasta que esté blanda. Añadir el brécol, la col y la soja edamame. Cocer otros 5-8 minutos.

Mientras tanto sofreír la cebolla, el ajo y el jengibre en el aceite de oliva, 3 minutos o hasta que estén ligeramente dorados. Añadir las hamburguesas vegetales, cocerlas 2-3 minutos, darles la vuelta y cocer otros 2-3 minutos más. Si se pegan a la sartén, añadir un poco de agua.

En el robot mezclar todos los ingredientes del aliño hasta que no quede ningún grumo. Servir en platos individuales con la hamburguesa en el centro y las verduras dispuestas alrededor. Rociar las verduras con dos cucharadas de aliño por plato.

El plato arco iris es un importante ejemplo de cuál es la forma ideal de comer. Todas estas verduras proveen de los fitonutrientes antioxidantes, fibra y oligoelementos necesarios para hacer más lento el proceso de envejecimiento. Experimenta con diferentes verduras que formen un arco iris en tu plato.

El 90 por ciento de las cosas que podemos hacer para prolongar nuestra vida está relacionado con nuestra forma de vivir. Una vez tengas organizada tu dieta, con vitaminas, ejercicio y reducción del estrés, sería sensato que consideraras la posibilidad de una terapia hormonal sustitutiva, si todavía tienes síntomas. Sin embargo, en el caso de las personas con niveles hormonales muy bajos a las que no les gusta hacer ejercicio, creo que les está permitido empezar con la terapia hormonal sustitutiva y después comenzar a hacer ejercicio.

19
Cáncer:
Prevención y tratamiento

PREVENCIÓN

Entre el 60 y el 70 por ciento de todos los cánceres están relacionados con comportamientos de estilo de vida que se pueden controlar: dieta, actividad física, peso, tabaquismo. De estos comportamientos, la dieta es el factor más importante en la prevención del cáncer.

Las antiguas ideas de la terapia nutricional yóguica están confirmadas en la actualidad por más de 4.500 estudios de investigación en todo el mundo. Para la prevención del cáncer, la investigación moderna apoya una dieta principalmente vegetal, rica en una variedad de verduras, frutas, legumbres y cereales, y la eliminación de la carne roja. Un informe del doctor Walter Willet, de la Facultad de Medicina de Harvard, publicado en *New England Journal of Medicine* en 1990, demostraba que comer carne roja cinco o más veces a la semana producía un riesgo 250 por ciento mayor de enfermar de cáncer de colon. Los resultados de este trabajo han sido confirmados una y otra vez. Si optas por proteína de origen animal, no olvides limitar ese consumo a no más de tres veces a la semana. Procura que sea proteína limpia, como hemos dicho en el cuarto principio, y que la ración no sea más grande que un mazo de naipes. Mejor aún, usa la carne sólo como condimento.

En el cáncer se envían señales absolutamente malas a todo el cuerpo; es una enfermedad inflamatoria. Puesto que son muchos los genes que participan en su inicio, el método de solución múltiple es consumir las decenas de miles de fitonutrientes presentes en la dieta de la terapia nutricional yóguica, rica en verduras y frutas. Además, no consumas tabaco de ningún tipo. En algunos cánceres, los efectos del tabaco pueden superar los efectos protectores de la buena dieta.

Prevención del cáncer de órganos concretos

Verdura: Disminuye el riesgo de cáncer de todos los órganos del cuerpo a excepción de la nasofaringe y la vesícula biliar.

Fruta: Disminuye el riesgo de cáncer de todos los órganos a excepción de la nasofaringe, el hígado, la próstata y los riñones.

Vitamina C: En los alimentos, disminuye el riesgo de cáncer de cuello del útero, páncreas, estómago, pulmón, esófago, vejiga y boca.

Carotenoides: En los alimentos, disminuye el riesgo de cáncer de cuello del útero, mama, colon, recto, estómago, pulmón, vejiga y esófago.

Selenio: En los alimentos, disminuye el riesgo de cáncer de pulmón.

Cereales integrales: Disminuyen el riesgo de cáncer de estómago.

Fibra insoluble: Disminuye el riesgo de cáncer de mama, colon, recto y páncreas.

Grasas omega-3: Disminuyen el riesgo de cáncer en general y su velocidad de proliferación.

Alimentos, sustancias y condiciones que aumentan el riesgo de cáncer

Alcohol: Mama, colon, recto, hígado, pulmón, esófago, laringe, boca.

Sal: Estómago y nasofaringe (pescado salado).

Carne: Páncreas, colon, recto, mama, próstata, riñón.

Huevos: Colon, recto.

Grasa de origen animal: Próstata, útero, mama, colon, recto, pulmón.

Colesterol: Páncreas, pulmón.

Leche y productos lácteos: Riñón, próstata.

Azúcar: Colon, recto.

Café: Vejiga.

Obesidad: Riñón, útero, mama, colon, vesícula biliar.

Sacarina: Posiblemente de vejiga cuando se toma en grandes cantidades durante mucho tiempo.

SUPLEMENTOS Y NUTRIENTES ESPECÍFICOS

Todo el mundo debería tomar un suplemento multivitamínico y mineral de alta potencia, como se explica en el quinto principio (véase página 130). Además, para prevenir el cáncer recomiendo tomar los siguientes nutrientes:

Principales
Vitamina C: 3.000-10.000 mg diarios según el riesgo de cáncer y la tolerancia a la vitamina C. Esta vitamina es un potente agente anti-cáncer.
Indol-3-carbinol: 150 mg tres veces al día. Indol-3-carbinol satura todos los tejidos del cuerpo con fitonutrientes anticancerígenos, pre-viniendo así la formación de células cancerosas.
Selenio: 200 mcg diarios. El selenio protege del cáncer buscando los radicales libres y combatiendo sus efectos.
Extracto de té verde: 100-300 mg diarios, con las comidas. El té ver-de mejora la oxigenación celular y también combate el efecto de los radicales libres.

Secundario
Coenzima Q10: 100-300 mg diarios. La coenzima Q10 protege las células mejorando la oxigenación.

SOBREVIVIR AL CÁNCER

La única dieta cuya eficacia para mejorar el cáncer ha sido comproba-da por estudios es la macrobiótica, prima muy cercana de la terapia nu-tricional yóguica. En realidad, la dieta recomendada por estas dos anti-quísimas artes curativas para tratar el cáncer es la misma: una dieta predominantemente vegetariana, de alimentos integrales. Este tipo de dieta ha ganado popularidad debido a notables casos de personas que han atribuido al cambio dietético su curación de cánceres normalmente fatales.

Si tienes cáncer, te recomiendo encarecidamente las siguientes prác-ticas:

- Que la grasa constituya menos del 20 por ciento de tu dieta.
- Elimina de tu dieta la carne y los productos lácteos.
- Elimina todos los alimentos procesados, entre ellos los edulco-rantes artificiales.
- Que el salmón y el atún constituyan alrededor de un 5 por cien-to de tu dieta.
- Que la soja constituya por lo menos el 15 por ciento de tu dieta.
- Cada día come brécol, coles de Bruselas, col, col rizada, ajo, ce-bolla y zanahoria, una ración de cada.

- Que los cereales integrales constituyan entre el 30 y 40 por ciento de tu dieta.

Antes de llevar a cabo lo anterior, comienza tu programa de curación con un corto ayuno de desintoxicación, después come frijoles mung con arroz (receta en la página 100) en tus dos comidas principales durante una semana. Durante este tiempo bebe solamente agua pura y la infusión yogui (Yogi Tea, receta en la página 162).

Cuando sigas esta dieta comprobarás que aumenta tu tolerancia a la quimioterapia y/o radioterapia. También mejorarán tu bienestar emocional y tu salud general.

SUPLEMENTOS Y NUTRIENTES ESPECÍFICOS

Todo el mundo debería tomar un suplemento multivitamínico y mineral de alta potencia, como se explica en el quinto principio (véase la página 130). Además, para sobrevivir al cáncer recomiendo tomar los siguientes nutrientes específicos:

Principal
Vitamina C: 10.000-15.000 mg diarios para estimular el sistema inmunitario.

Secundarios
MGN3 (véase página 141): tres al día, como dosis inicial, repartidos en tres dosis a las horas de la comida, durante tres semanas, y luego dos diarios repartidos en dos dosis, para mantenimiento. Se ha demostrado que este extracto de salvado de arroz intensifica la reacción inmunitaria aumentando de modo importante la actividad de los linfocitos T supresores en los enfermos de cáncer.

ACHH: 1.000-3.000 mg diarios. Este extracto de setas medicinales contribuye a la supervivencia al cáncer estimulando el sistema inmunitario. Si deseas información sobre cómo obtener ACHH, consulta el «Apéndice D: Recursos y proveedores».

Inositol hexafosfato (IP-6): 800 mg dos veces al día. IP-6 es un extracto de arroz integral que mejora la actividad natural de los linfocitos T supresores.

Melatonina: 3-20 mg, bajo la supervisión de un oncólogo holístico. La melatonina, la hormona del sueño, es objeto de intensos estudios científicos y clínicos en varias facultades de medicina y en los Cancer Treatment Centers of America. El motivo es que es un potente antioxidante. Si la melatonina puede ofrecer tanto como parece, el tratamiento del cáncer mejorará porque podrá ser menos tóxico, el paciente tendrá la calidad de vida más buena y prolongará el tiempo de supervivencia. Continúa entrando en mi página web (www.drdharma.com) para mantenerte al día acerca de la melatonina y otros compuestos.

Muérdago (véase también la página 141): En 1992 la revista *Alternative Therapies* publicó un artículo sobre los efectos del muérdago en el cáncer. En el estudio se examinaron más de 10.000 casos de cáncer, y se descubrió que los pacientes tratados con muérdago tenían mejores resultados, incluida la supervivencia. Trabaja con tu médico si deseas tomar muérdago para curar el cáncer.

Hierbas

Principal
Infusión Essiac: Beber 6 cl tres veces al día, por lo menos una hora antes de las comidas durante 12 semanas consecutivas. Essiac tiene un largo historial, aunque anecdótico, de ayudar a los enfermos a tratar el cáncer. Es una combinación de cuatro hierbas: raíz de bardana, acedera, olmo rojo y ruibarbo indio. Todas estas hierbas han demostrado tener actividad anticancerígena. Esta infusión se encuentra en las tiendas de alimentos dietéticos.

Para más información sobre Essiac, véase el «Apéndice D».

Zumo

Los zumos frescos conviene consumirlos antes de que pasen dos o tres horas de su preparación, y han de mantenerse en el refrigerador.

El estimulante inmunitario
1 ración

1 pizca de brotes de brécol
1 diente de ajo
3 zanahorias medianas
1 tomate
2 tallos de apio

Lavar y secar todos los ingredientes. Licuar y beber.

Este zumo va bien para prevenir y sobrevivir al cáncer, pues proporciona un vasto surtido de antioxidantes y sustancias fitoquímicas que han demostrado tener propiedades anticancerígenas.

RECETA

Filete yogui – Pan vegetal
4 raciones

1 taza de harina de maíz amarilla
1 taza de harina de soja
1 cucharada de pimienta cayena
1 cucharada de mostaza amarilla
2 tallos de brécol
6 coles de Bruselas
1 manojo de escalonias
½ taza de hojas de perejil
3 cucharaditas de aceite de oliva virgen extra
6-8 cucharadas de yogur biológico desnatado

Mezclar las harinas de maíz y de soja, la pimienta cayena y la motaza amarilla. Si no se está acostumbrado a la pimienta cayena, reducir la cantidad a media cucharadita. Trocear los tallos de brécol, las coles de Bruselas, las escalonias y el perejil e incorporar todo a la masa. Esparcirla de manera uniforme en una fuente para hornear bien aceitada. Cubrir con una ligera capa de aceite y hornear a 175 ºC durante 15-20 minutos. Aceitar nuevamente por encima y continuar horneando hasta que esté hecho el pan. Cortar en trozos y servir caliente coronado por el yogur biológico.

Esta receta va bien para prevenir y sobrevivir al cáncer, ya que proporciona un vasto surtido de antioxidantes y sustancias fitoquímicas que han demostrado tener propiedades anticancerígenas. Las especias contribuyen a purificar la sangre y limpiar los tejidos celulares. El filete yogui es un excelente limpiador de los intestinos, satisface como una comida sustanciosa y provee de buenas proteínas. El yogur facilita la digestión.

20

Cansancio o fatiga crónicos

Hoy en día el cansancio crónico es un problema terrible en nuestra socie-dad. Aunque hay pruebas científicas que lo atribuyen al virus de Epstein Barr (mononucleosis infecciosa), he tenido muchos socios de curación que no tenían esta infección vírica y de todos modos sufrían de un grave síndrome de cansancio crónico.

Entre otros, está mi paciente Marilyn, ejecutiva de 46 años de una empresa de ropa. Los viajes constantes y el hacer frente a los asuntos financieros de la empresa la tenían agotada. Estos factores estresantes también estaban creando tensión en su relación con su marido y sus dos hijos adolescentes. Afortunadamente eran una familia muy unida.

Le diagnostiqué el síndrome de cansancio crónico. Como muchos de sus colegas, llevaba tiempo luchando por el éxito y estaba pagando un elevado precio con su salud. Estaba claro que el exceso de tiempo en la carretera y la dificultad aneja para encontrar comida buena y nutritiva durante sus viajes le habían dañado la salud.

Para combatir el cansancio crónico le receté un programa completo de terapia nutricional yóguica. Pero lo que más le restableció el entusiasmo y la vitalidad fue una bebida especial antifatiga de la terapia yóguica llamada bebida yóguica Más Energía (la receta aparece al final del capítulo). Es fácil de preparar, sabe fabulosamente y da un resultado rápido.

A los pocos días de tomar esta bebida, Marilyn se sentía fantástica. Le volvió el color a las mejillas y tenía una energía fabulosa. Ahora, cuando se siente fatigada, toma esta bebida unos días y la energía retorna a ella. «Lo mejor de este sencillo brebaje, doctor Dharma, es que es increíblemente potente. Quiero decir, ¡funciona!», me dijo.

Dieta

Marilyn siguió también la monodieta de frijoles mung con arroz (receta en la página 100) durante una semana. Después se embarcó en una dieta de la terapia nutricional yóguica, energizante por su abundancia en verduras, frutas, legumbres, algunos cereales y fuentes de proteína con poca grasa, como la soja. También come salmón dos veces a la semana.

Suplementos y nutrientes específicos

Toda persona que sufra de cansancio crónico debería tomar un suplemento multivitamínico y mineral de alta potencia, como se explica en el quinto principio (véase página 130), y los siguientes nutrientes específicos:

Principales
Vitamina C: 3.000-9.000 mg diarios según se tolere. La vitamina C tiene un efecto antivírico y aumenta la energía.

Coenzima Q10: 100 mg diarios. Esta coenzima estimula el buen funcionamiento del sistema inmunitario.

Ácido alfalipoico: 100 mg diarios. El ácido alfalipoico ayuda a las células a metabolizar la energía y tiene una potente acción antioxidante.

DHEA: 25-100 mg diarios. Se ha comprobado que la DHEA aumenta la energía y mejora el ánimo de las personas afectadas del síndrome de cansancio crónico. Como en el caso de cualquier otra hormona, sólo ha de tomarse DHEA bajo la supervisión de un médico.

Secundarios
N-acetilcisteína (NAC): 250 mg diarios. NAC es un potente desintoxicador y actúa contra los agentes inmunosupresores.

Germanio: Las reacciones a las dosis son muy variadas, pero la dosis normal es de 500 mg por vía sublingual dos veces al día. El germanio es un nutriente antivírico que estimula la producción de interferón, activador natural del sistema inmunitario. Actúa asociado a la coenzima Q10.

Hierbas

Principal
Ginsén: 150 mg dos veces al día. El ginsén combate la debilidad y da energía extra.

Secundaria
Ginkgo biloba: 120 mg por la mañana. Ginkgo estimula la circulación y la función cerebral.

Beber también la infusión yóguica (Yogi Tea, receta en la página 162) todo lo que apetezca; contiene cardamomo, jengibre y clavo. Cada uno de estos productos, el ginsén, el ginkgo biloba y la infusión yóguica pone fin a la fatiga y da energía.

Zumo

Los zumos frescos deben consumirse antes de que pasen dos o tres horas de su preparación y han de mantenerse en el refrigerador.

Más Energía
1 ración

½ manzana
¼ taza de arándanos dulces
1 plátano
1 taza de zumo de piña no endulzado
1 cucharadita de proteína en polvo de soja o de suero (no GMO)
¼ cucharadita de Longevity Green Drink (véase «Apéndice D») u otro polvo verde

Lavar y secar la manzana y los arándanos. Pelar el plátano y ponerlo en la licuadora o robot con todos los demás ingredientes. Mezclar bien antes de beberlo.

Los plátanos aportan potasio, importante para la energía y la función muscular; los arándanos son ricos en antioxidantes y un tónico para el cerebro; el zumo de manzana favorece una buena digestión; la proteína en polvo da energía sostenida, y el polvo verde es una importante fuente de oligoelementos.

RECETA
Bebida yóguica Más Energía
1 ración

½ taza de agua pura
½ o 1 cucharadita de cúrcuma en polvo
24-36 cl de leche o un sucedáneo
3-5 dátiles
1 cucharada de aceite de almendras comestible
1 cucharadita de miel (opcional)

En un cazo hervir el agua con la cúrcuma hasta que se forme una pasta espesa y viscosa; entonces añadir la leche. Mezclar bien y llevar a ebullición. Mientras tanto trocear los dátiles e incorporarlos a la leche. Hervir durante tres minutos y luego dejar enfriar unos minutos más.

Poner la leche con dátiles en una licuadora o robot con el aceite de almendras y la miel, mezclar bien y beberla.

Variación para mujeres: Añadir ocho almendras blanqueadas a los ingredientes. Las almendras contribuyen a mantener el nivel de calcio, que influye en la regulación del ciclo menstrual.

Variación para hombres: Añadir una pizca de azafrán a la cúrcuma antes de ponerla a hervir, y luego seguir la receta. El azafrán contribuye a mantener la potencia.

Beberla una vez al día, a primera hora de la mañana o por la noche antes de acostarse. Esta bebida estimula el sistema inmunitario y es una excelente fuente de proteína y hierro.

21

Cerebro: Deterioro de la memoria asociado a la edad, deterioro cognitivo moderado y enfermedad de Alzheimer

Hay tres tipos fundamentales de pérdida de memoria: el deterioro de la memoria asociado a la edad (DMAE), el deterioro cognitivo moderado (DCM) y la enfermedad de Alzheimer (EA).

El *deterioro de la memoria asociado a la edad* es esa dificultad benigna que experimentan muchas personas para recordar nombres, números y dónde han dejado las cosas.

El *deterioro cognitivo moderado* es un trastorno definido por la propia gravedad de la pérdida de memoria inmediata o reciente. El doctor Yogesh Shah, de la Clínica Mayo e investigador en este tema, me ha hablado de pacientes que olvidaban la manera de volver al aparcamiento desde sus oficinas. No hace mucho se ha descubierto que este trastorno avanza hasta la enfermedad de Alzheimer a una velocidad del 12 por ciento anual. Si logramos frenar este avance, y creo que podemos, el índice de la enfermedad de Alzheimer disminuirá espectacularmente, ahorrando sufrimiento y pena y miles de millones de dólares en atención médica.

La *enfermedad de Alzheimer* es consecuencia de dos formaciones patológicas que se han descubierto: placas y maraña. Baste decir que la placas y marañas forman marcas parecidas a cicatrices en las neuronas (o células del sistema nervioso), causándoles la muerte. En la enfermedad de Alzheimer también se produce una disminución de neurotransmisores de la memoria, de los cuales el más importante es la acetilcolina. Según mi experiencia, para prevenir eficazmente y tratar esta enfermedad hemos de apuntar a las neuronas por todos los flancos. Esto incluye mejorar la irrigación sanguínea, aumentar la cantidad de antioxidantes antirradicales libres y administrar los nutrientes que forman la membrana celular. Haciendo esto, los médicos pueden tratar la enfermedad de Alzheimer en sus primeras fases. Mejoran los síntomas y se frena el avance.

En 1929, el doctor Charles Mayo, el eminente médico cirujano fundador de la Clínica Mayo, dijo: «Lo que se puede prever se puede prevenir». Si los pronósticos son ciertos, y creo que lo son, el número de pacientes del Alzheimer se disparará, de los cuatro millones actuales a más de dieciséis millones. Por lo tanto, he convertido una de las misiones de mi vida en ayudar a la gente a aprender a prevenir esta enfermedad.

El Alzheimer es en gran medida una enfermedad de estilo de vida, no sólo genética, y la nutrición tiene un papel importante en la forma de vivir. Las personas que comen una dieta sana son menos propensas a experimentar signos de demencia cuando envejecen, según un estudio publicado en el número de diciembre de 2001 en *European Journal of Clinical Nutrition*. En cambio, las dietas ricas en grasa están relacionadas con la pérdida de memoria porque la elevada cantidad de grasa produce inflamación y radicales libres. Si bien no está del todo claro cómo una dieta sana de la terapia nutricional yóguica reduce el riesgo de enfermedad de Alzheimer, se cree que el gran consumo de fruta y verdura, como también de grasas omega-3 presentes en el pescado y sucedáneos vegetarianos, protege de la degeneración del cerebro.

DIETA

La dieta básica de pocas calorías, moderados hidratos de carbono y proteína de origen no animal es el mejor programa para reducir el riesgo de enfermedad de Alzheimer. Si un paciente mío tiene esta enfermedad, recomiendo que coma muchísima verdura biológica cruda o cocida ligeramente al vapor, en especial espinacas y otras verduras de hoja verde. También son beneficiosos el nabo amarillo (colinabo, naba), las semillas de sésamo y la mantequilla de sésamo. Recuerda también que los arándanos protegen de la degeneración del cerebro.

Para los enfermos del Alzheimer, el salmón es la única proteína de origen animal que recomiendo, y sólo dos o tres veces a la semana. Otras fuentes de proteínas buenas son los productos derivados de la soja. Para variar, si te gusta la comida india, procura añadir platos con curry a tu dieta; el curry contiene cúrcuma, que tiene potentes propiedades antioxidantes.

SUPLEMENTOS Y NUTRIENTES ESPECÍFICOS

La medicina ortodoxa enfoca el problema de pérdida de memoria y disfunción del cerebro buscando un fármaco mágico siempre esquivo. Con los nutrientes que detallo a continuación he ayudado a muchos pacientes a mejorar su memoria, en el caso de pérdida asociada a la edad, a otros a frenar el avance del deterioro cognitivo, y a pacientes de Alzheimer a mejorar algunos de sus síntomas.

Además de un suplemento multivitamínico y mineral de alta potencia que debe tomar todo el mundo, como se explica en el quinto principio (véase página 130), para un funcionamiento cerebral óptimo recomiendo tomar los siguientes nutrientes específicos:

Principales
Vitamina E: 400-800 UI al día, para prevención; 800 UI al día para la pérdida de memoria asociada a la edad (PMAE); 1.000-2.000 UI para el deterioro cognitivo moderado (DCM), y 2.000 UI al día repartidas en dos dosis para la enfermedad de Alzheimer (EA). La vitamina E es un potente antioxidante que interviene en el transporte de oxígeno a las neuronas del cerebro y las protege de los radicales libres.

Coenzima Q10: 100 mg diarios para prevención y PMAE; 200-300 mg diarios para DCM, y 300 mg diarios para EA. La coenzima Q10 genera energía celular y estimula la oxigenación de las células.

Fosfatidilserina: 100 mg diarios para protección; 200-300 mg diarios para PMAE y DCM, y 300 mg diarios repartidos en tres dosis para EA. La fosfatidilserina es un interesante compuesto estudiado a fines de la década de 1980 y comienzos de la de 1990 por el doctor Thomas Crook en los National Institutes of Health. También se realizaron estudios en prestigiosos centros médicos como el Stanford y el Vanderbilt en Estados Unidos, y en centros de Italia. En estos estudios se obtuvo buenos resultados con la fosfatidilserina para recuperar la memoria perdida, pero dado que procedía de cerebros de vacas, el tratamiento cayó en desgracia después de la epidemia de las vacas locas. Nuevos estudios con fosfatidilserina derivada de la soja han demostrado que mejora la memoria de los nombres, de los números y de las fisonomías. Un investigador afirmó que, según sus cálculos, la fosfatidilserina retrocede en 12 años el envejecimiento del cerebro.

DHA (ácido dihomogammalinolénico): 100-1.000 mg diarios. El DHA es un aceite omega-3 que mantiene la función cerebral óptima. Cualquier persona que esté preocupada por su memoria debe tomar suplementos de omega-3. Recomiendo un mínimo de 100 mg al día como parte de un programa sinérgico; si se toma solamente el suplemento omega-3, tal vez sería necesario aumentar la dosis a 1.000 mg o más al día.

HIERBAS

Principal
Ginkgo biloba: 120 mg al día para prevención y PMAE; 240 mg al día para DCM y EA. Ginkgo es una hierba tan eficaz como Aricept, fármaco usado para tratar el Alzheimer. Suele mejorar el funcionamiento mental de pacientes con esta enfermedad.

Secundarios
Huperzine-A: 50-100 mcg dos veces al día para DCM y EA. Huperzine-A deriva de un musgo chino, y en potencia es más específico para tratar la enfermedad de Alzheimer que cualquier fármaco. Mejora el proceso cognitivo, y podría ir bien para la memoria reciente.

Vinpocetina: 2,5-5 mg una o dos veces al día para DCM y EA. Vinpocetina deriva de la vincapervinca, es un energizante directo del cerebro y mejora la circulación.

La dosis de vinpocetina que recomiendo es menor que la que recetan otros especialistas, porque mi objetivo es la protección y la regeneración, no la estimulación. Con una dosis mayor da la impresión de que el cerebro funciona mejor debido a la sacudida que produce el suplemento; cuando se pasa el efecto de la dosis podría experimentarse un bajón, que es el sello de un estimulante. Con la dosis más baja que recomiendo, no hay bajón.

Algunos médicos y articulistas han expresado preocupación por la posibilidad de que la combinación de vitamina E, ginkgo y aceite de pescado adelgace demasiado la sangre, lo que podría producir hemorragias indeseadas. Si bien es remotamente posible que se adelgace un poco la sangre, el beneficio es mayor que el riesgo, que según mi experiencia es insignificante. Claro que si se está tomando un adelgazante de la sangre como Coumadin, hay que tener cuidado y consultar con el médico.

ZUMO

Los zumos frescos conviene consumirlos antes de que pasen dos o tres horas de su preparación y han de mantenerse en el refrigerador.

**Estimulador
matinal cerebral**
1 ración

1 taza de yogur desnatado
½-1 cucharada de zumo de limón, según el gusto
⅓ taza de agua pura
½ cucharadita de Longevity Green Drink (véase el «Apéndice D») u otro polvo verde

Opcional: ½ manzana o ½ plátano, biológicos

Colocar todos los ingredientes en la licuadora; licuar y beber como primera comida del día.

El yogur aporta proteína y bacterias intestinales amigas o probióticas, y el polvo verde proporciona oligoelementos fáciles de asimilar. En resumen, este zumo es un excelente estimulador del funcionamiento cerebral.

**Bebida favorecedora
de la longevidad del cerebro**

½ taza de arándanos dulces biológicos
1 taza de zumo de piña no endulzado (puede ser de lata)
½ cucharadita de Longevity Green Drink u otro polvo verde
1 cucharadita de proteína en polvo de soja o suero (no transgénico)

Lavar y secar los arándanos y ponerlos en la licuadora o robot con todos los demás ingredientes. Licuar y beber como primera comida del día.

La proteína en polvo da el vigor y la resistencia necesarios para enfrentar el día; el producto Longevity Green Drink aporta oligoelementos y minerales; el zumo de piña es un excelente digestivo, diurético y quemador de grasas, y los arándanos son un tónico específico para el cerebro.

RECETA

**Plato de salmón especial
para el cerebro**
4 raciones

2 patatas medianas
4 filetes de 140-170 g de salmón, sin piel ni espinas
1 taza de zanahorias troceadas
1 taza de inflorescencias de brécol
1 taza de espinacas troceadas

ALIÑO:
¼ taza
4 cucharaditas de aceite de oliva virgen extra
½ cucharadita de ajo
¼ cucharadita de pimienta negra
2 cucharaditas de Braggs Liquid Aminos
1 cucharadita de zumo de limón
½ cucharadita de tomillo
1 cucharada de agua

Lavar y secar las patatas; envolverlas en papel de aluminio y hornearlas a 190 °C entre 45 y 55 minutos o hasta que estén blandas (pincharlas con un tenedor para comprobarlo). Asar los filetes de salmón a la parrilla cinco minutos, darles la vuelta y asar otros cinco minutos, o hasta que estén bien hechos (el tiempo varía según el grosor de los filetes). Dejarlos enfriar cinco minutos y cortarlos en tiras largas. Cocer las zanahorias al vapor cinco minutos, añadir el brécol y cocer otros cinco minutos. Finalmente añadir la espinaca y cocer otros dos minutos.

Para servir, cortar las patatas por la mitad y colocar cada mitad en un plato. Repartir la verdura entre los platos. Disponer las tiras de salmón sobre las verduras. En un cuenco pequeño batir todos los ingredientes del aliño, verterlo sobre los platos y servir.

El salmón contiene ácidos grasos omega-3, que son muy importantes para la función óptima del cerebro. La zanahoria, el brécol y la espinaca también favorecen y sustentan la función cerebral con su elevado contenido de antioxidantes.

22
Crecimiento espiritual

La espiritualidad, tal como yo la entiendo, es el conocimiento profundo que proviene de la seguridad de que conocemos nuestra alma. Tal vez otra manera de definirla es estar en paz con uno mismo. ¿No sería maravilloso que pudiéramos intensificar nuestra espiritualidad simplemente por la forma de comer? Albert Einstein pensaba que esto no sólo era posible sino también muy importante para la evolución tanto personal como planetaria. También pensaba así Gandhi, que dijo: «Creo que el progreso espiritual exige en algún momento que dejemos de matar a nuestros compañeros animales para satisfacer nuestras necesidades corporales».

Una persona espiritual es aquella cuya prioridad es gustar del elixir de Dios en las primeras horas de ambrosía de cada mañana y mantenerse en ese elevado estado de gracia durante todas las horas de trabajo y ajetreo del día. Ésta es una persona pura. Ser puro y capaz de meditar profundamente o concentrarse bien exige una dieta de baja frecuencia. Eso significa nada de carne, pescado, pollo ni huevos. En mi opinión, una persona pura no come nada que corra, nade o vuele. No comer carne nos desarrolla un gusto superior. Comenzamos a usar el alimento para alimentar el espíritu, no sólo el cuerpo y la mente.

¿Qué piensas acerca de la espiritualidad y el alimento? Tómate un tiempo para meditar sobre qué significa para ti la relación entre alimento y espiritualidad.

Dieta para
el crecimiento espiritual

Una vez le pedí una dieta para el crecimiento espiritual a Yogi Bhajan, el maestro de terapia nutricional yóguica, y me envió la siguiente; aunque me la prescribió concretamente a mí, también ha dado buenos resultados a otras personas. Es baja en calorías, perderás peso siguiéndola. Pero, volviendo al tema, en muy poco tiempo, tal vez en sólo 40 días, también llegarás a comprender tu esencia divina.

Si decides seguir esta dieta, te recomiendo que te reserves un tiempo para la contemplación, la relajación y la meditación en el cual comenzar. Podrías quizá tomarte unas vacaciones de dos semanas e ir a un lugar retirado, o tomarte tiempo libre en casa. También puedes comenzar con unas vacaciones de diez días y luego tratar de continuar el programa otros 30 días, lo mejor que puedas, cuando regreses al trabajo. Es mejor seguir la dieta durante un total de 40 días.

He oído a personas decir «es hora de volver a la realidad» cuando acaban un retiro como éste. Para mí, es verdadera realidad la sensación o percepción que produce esta dieta para el crecimiento espiritual, sobre todo si se combina con la práctica de yoga kundalini, meditación y oración. El resto es simplemente trivial.

Desayuno
Tostada de pan de trigo integral con miel o gelatina y canela
1 plátano
1 cucharada de pasas en un batido con ¾ taza de agua pura

La canela es purificadora de la sangre y energizante general, y el plátano es relajante y calmante del sistema nervioso. Las pasas son un potente antioxidante y una fuente de minerales y energía.

Tentempié de media mañana
1 taza de zumo de zanahorias

El zumo de zanahorias es beneficioso para los ojos, los órganos y tejidos, y es un potente antioxidante.

Almuerzo
Frijoles mung con arroz (receta en la página 100)

Tentempié de media tarde
Leche de jalapeños (receta en la página 169)

Cena

Sopa de lechuga

Lechuga francesa
3 tazas de agua pura
1 cucharadita de Braggs Liquid Aminos
1 cucharadita de aceite de oliva virgen extra
5 anacardos
5 nueces
5 pistachos
5 almendras

Opcional:
½ cebolla blanca pequeña

Hervir la lechuga y la cebolla (opcional) en el agua hasta que estén bien cocidas; no escurrir; añadir el Braggs Liquid Aminos y el aceite de oliva. Servir con los frutos secos a un lado o en la sopa. La sopa de lechuga tiene un efecto relajante, a la vez que aporta aceites omega-3 y proteína, y nutre el sistema inmunitario.

Tentempié de la noche
Yogur con cúrcuma (preparar una pasta de cúrcuma cociéndola cinco minutos en un poco de agua, y añadir una cucharadita a una taza de yogur desnatado). La cúrcuma es un potente antiinflamatorio.

SUPLEMENTOS
Y NUTRIENTES ESPECÍFICOS

Principales
Todo el mundo debería tomar un suplemento multivitamínico y mineral de alta potencia, como se explica en el quinto principio (véase página 130).

HIERBAS

Principales
Royal Vitality-Herbal Gems: 2 cápsulas por la noche con la sopa de

lechuga (véase el «Apéndice D»). Royal Vitality es un tónico general para toda la vida.

Digest Rite-Herbal Gems: 2 cápsulas por la noche con la sopa de lechuga. Digest Rite es un antiinflamatorio general y mejora el sistema digestivo.

23

Desintoxicación y limpieza

Limpiar el cuerpo es esencial si se quiere estar sano. Recomiendo hacer una dieta de limpieza y desintoxicación una o dos veces al año. La limpieza elimina las toxinas del aire y el agua contaminados, del estrés y de la mala nutrición. También contribuye a rejuvenecer las células.

DIETA

Los alimentos conocidos por sus propiedades limpiadoras son la naranja o el zumo de naranja con su pulpa, por su elevado contenido en betacaroteno y fibra; el ajo, por sus propiedades antibacterianas; la remolacha, por su acción desintoxicadora del hígado; la manzana, por su elevado contenido en fibra y su efecto calmante sobre el sistema gastrointestinal; las uvas, porque aportan antioxidantes, minerales y fibra; el perejil, por su acción desintoxicadora de los riñones; la sandía, por su elevado contenido en fibra y porque desintoxica los riñones, y las hojas de trigo, por su acción desintoxicadora del hígado.

Hay muchas maneras de empezar un programa de desintoxicación y limpieza. Una que resulta fácil es hacer un corto ayuno a base de zumos seguido por una monodieta. Hazlo a tu ritmo, sé receptivo y paciente, y verás resultados fantásticos. En el capítulo 8 hay más información acerca del ayuno y la desintoxicación.

SUPLEMENTOS Y NUTRIENTES ESPECÍFICOS

Normalmente recomiendo dejar de tomar todas las vitaminas a excepción de la C durante un programa de limpieza. Dadas sus potentes propiedades estimuladoras del sistema inmunitario, la vitamina C se puede tomar en una dosis de 3.000-6.000 mg al día. Continuar tomando los medicamentos recetados.

HIERBAS

Secundaria

Cardo mariano: 320 mg al día con zumos o en las comidas. El cardo mariano desintoxica el hígado y podría tener un suave efecto laxante.

ZUMOS

Los zumos frescos conviene consumirlos antes de que pasen dos o tres horas de su preparación y han de mantenerse en el refrigerador.

Si sólo deseas hacer un programa de limpieza sin ayunar, procura incorporar estos tres zumos frescos a tu dieta:

Zumo desintoxicador 1

⅓ taza de zumo de pomelo, ⅓ taza de zumo de manzana, ⅓ taza de zumo de zanahoria, mezclados, cuatro veces al día.

El pomelo desintoxica el hígado, la manzana facilita la digestión y la zanahoria aporta betacaroteno, importante para los ojos, el páncreas y el bazo.

Zumo desintoxicador 2

1 taza de zumo de naranja. Este zumo aporta cantidades óptimas de vitaminas, en especial betacaroteno.

Zumo desintoxicador 3

1 taza de zumo de apio. El zumo de apio es un relajante natural y va bien para limpiar el estómago y el colon.

RECETA

El ayuno de melón

Para comenzar el ayuno se puede comer sólo melón cantalupo durante tres días. Los tres días siguientes comer solamente sandía, y los otros tres días solamente papaya, seguidos por tres días de limonada tibia con miel. A esto sigue un día de beber sólo agua a temperatura ambiente. Después invertir el orden, comenzando por un día de beber solamente agua tibia, luego tres días de limonada con miel, tres días de papayas, tres días de sandía y finalmente tres días de melón cantalupo.

Para romper el ayuno: Primero comer fruta durante uno o dos días, después añadir yogur y verdura durante dos o tres días, y finalmente reanudar una dieta completa.

Observación: Si se desea hacer un ayuno más corto, se puede seguir el mismo protocolo pero reduciendo a un día el periodo de tres días.

El ayuno de melón es excelente para una limpieza total. El melón cantalupo es reanimador y tiene un suave efecto laxante. La sandía limpia el hígado y los riñones. La papaya mejora los intestinos y la digestión. La limonada con miel libera al cuerpo del exceso de mucosa.

Recomiendo hacer este ayuno en verano, cuando la temperatura es cálida y estas frutas están en plena temporada. Este ayuno es fabuloso para perder peso. Limpia los intestinos grueso y delgado, restablece todos los fluidos corporales y da un descanso desintoxicador a todos los órganos. Durante el periodo de este ayuno conviene darse masajes diarios con aceite de almendras, beber mucha agua y hacer yoga y meditación con regularidad para ayudar al cuerpo a pasar por la limpieza. También se deberá tomar vitamina C y cardo mariano para mejorar los resultados del ayuno.

Como en cualquier otro ayuno, si tienes algún problema de salud consulta a tu médico antes de hacerlo. Si te sientes demasiado débil, rompe el ayuno tal como te he explicado.

24

Depresión

Entre 1987 y 1997, el número de estadounidenses tratados por depresión se elevó de 1.700.000 a 6.300.000. Durante ese mismo periodo, aumentó al doble el número de personas que tomaban antidepresivos, según un artículo aparecido en el número de enero de 2002 de *Journal of the American Medical Association*. A consecuencia del 11 de septiembre de 2001 se elevó aún más el número de personas deprimidas, con una oleada de insomnio, ansiedad, menor energía, abuso de sustancias, trastornos relacionados con la comida y otros comportamientos insanos.

Combinados con psicoterapia, los antidepresivos ciertamente van bien, pero no ofrecen una solución duradera. Para eso hay que tratar los problemas subyacentes a la depresión y aplicar soluciones holísticas, como la de la bioquímica nutricional.

La depresión es consecuencia de un trastorno en el frágil equilibrio de las sustancias químicas del cerebro que regulan el estado de ánimo. Es una enfermedad de todo el cuerpo, capaz de alterar la forma de pensar y de comportarse, y que muchas veces daña la salud física además de la emocional. Es un trastorno fuerte que puede impedir trabajar, mantener relaciones o llevar otras responsabilidades.

El cerebro humano tiene un promedio de 15.000 millones de células llamadas neuronas. Muchas otras células llenan los espacios entre estas neuronas, y kilómetros y kilómetros de vasos sanguíneos nutren todas las células cerebrales. El tejido cerebral forma solamente alrededor de un 3 por ciento del peso corporal, y sin embargo necesita el 25 por ciento de sangre circulante. Además, el cerebro necesita nutrientes específicos que, si los recibe, pueden acabar con el cansancio o fatiga, la irritabilidad, la ansiedad y la depresión.

DIETA

La glucosa es el principal combustible del cerebro. Si disminuye el nivel de glucosa, la persona podría sentirse cansada, deprimida o incapaz de pensar con claridad. Una dieta de la terapia nutricional yóguica, abundante en frutas y verduras crudas, soja y productos de soja, contribuye a mantener equilibrados los neurotransmisores; hay que añadir también cereales integrales, frutos secos, semillas y legumbres; los hidratos de carbono complejos inducen relajación, mientras que las comidas ricas en proteína favorecen un estado de vigilia. Conviene evitar las bebidas gaseosas *light* y otros productos que contengan aspartamo, que puede obstaculizar la formación de serotonina, el neurotransmisor de la sensación de agrado y bienestar. Se han de evitar también los alimentos ricos en grasas saturadas, como la carne roja y las frituras, que causan fatiga mental. Estos alimentos obstaculizan la irrigación sanguínea del cerebro. Tampoco se recomienda tomar azúcar, alcohol, cafeína o alimentos procesados.

SUPLEMENTOS Y NUTRIENTES ESPECÍFICOS

Todo el mundo debería tomar un suplemento multivitamínico y mineral de alta potencia, como se explica en el quinto principio (véase página 130). Para la depresión recomiendo tomar, además, las siguientes vitaminas y nutrientes específicos:

Principales
Vitamina B$_{12}$: 500 mcg por vía sublingual dos veces al día. La vitamina B$_{12}$ actúa como suave estimulante de la mente.

Vitamina C: Comenzar con 1.000 mg dos veces al día e ir aumentando gradualmente la dosis hasta llegar a 3.000 mg dos veces al día. La vitamina C aumenta las energías física y mental.

DHEA: Se ha comprobado que entre 25 y 100 mg diarios mejoran el ánimo y la energía mental. Como en el caso de cualquier otra hormona, sólo se debe tomar DHEA bajo la supervisión de un médico.

Ácidos grasos omega-3: 1.000 mg diarios para optimar el funcionamiento del sistema nervioso.

Secundarios
Vitamina B₃: Comenzar con 25 mg al día e ir aumentando gradualmente la dosis hasta 300-400 mg diarios. La vitamina B₃ aumenta la energía mental.

Vitamina B₅: hasta 250 mg al día para aumentar la energía mental.

Pregnenolona: 10-100 mg diarios. Se ha relacionado a la pregnenolona con una mejor función cerebral y mejoría del estado de ánimo y capacidad para pensar.

HIERBAS

Principal
Hipérico (o corazoncillo, o hierba de San Juan): 300 mg tres veces al día. El hipérico eleva naturalmente el nivel de serotonina. En general, entre el 60 y el 80 por ciento de las personas responden a esta hierba con mejoría en el estado de ánimo.

Secundarias
Ginsén: 150-300 mg al día. El ginsén favorece la salud física general y la salud mental.

Ginkgo biloba: 80 mg tres veces al día. Ginkgo aumenta la irrigación sanguínea del cerebro y tiene un suave efecto estimulante.

ZUMO

Los zumos frescos conviene consumirlos antes de que pasen dos o tres horas de su preparación y han de mantenerse en el refrigerador.

Batido antidepresivo
1 ración

1 plátano
4 o 5 dátiles
1 taza de zumo de naranja (puede ser de lata)
¼-½ cucharadita de Longevity Green Drink (véase el «Apéndice D») u otro polvo verde

Pelar el plátano y batirlo con los demás ingredientes. Beberlo inmediatamente.

El plátano, los dátiles y el zumo de naranja son ricos en vitaminas y minerales que contribuyen a impedir que aumente la depresión. El polvo verde es rico en minerales y oligoelementos que benefician al cerebro.

RECETA

Plato de salmón de Martín
2 raciones

1,100 kg de filetes de salmón
4 litros de agua pura
2 zanahorias peladas y cortadas en juliana
2 cucharadas de perejil picado finamente
½ cebolla cortada en aros
1 pimiento rojo cortado en rodajas delgadas
2 dientes de ajo medianos picados
4 rodajas de limón
½ cucharada de zumo de limón
⅛ cucharadita de sal marina
⅛ cucharadita de pimienta negra

Opcional: 2 cucharaditas de aceite de semillas de lino

Lavar bien el salmón con agua fría; mientras tanto poner agua a hervir. En un colador grande disponer los ingredientes en tres capas. La primera capa se forma con la mitad de las zanahorias, perejil, cebolla, pimiento, ajo y rodajas de limón; la segunda capa, con los filetes de salmón rociados con el zumo de limón, y la tercera capa, con la otra mitad de las verduras.

Colocar el colador sobre el agua hirviendo y cocer al vapor hasta que el salmón esté bien hecho, alrededor de diez minutos.

Para dar más sabor, se puede añadir más zumo de limón, pimiento rojo, ajo y pimienta negra al agua.

Disponer la capa de verduras en un plato y un filete en el centro; preparar del mismo modo el segundo plato, aliñar con el aceite de lino y servir.

El salmón es una importante fuente de saludables nutrientes para el cuerpo y el cerebro. Aporta energía óptima y nutrientes que restablecen el buen equilibrio químico.

25
Diabetes

El objetivo del tratamiento de la diabetes es estabilizar el nivel de azúcar en la sangre y prevenir trastornos vasculares y otras complicaciones graves que causa. Una combinación de hierbas y dieta sana, junto con cambios de estilo de vida, puede ser muy útil.

DIETA

La dieta de la terapia nutricional yóguica, con su cantidad entre moderada y elevada de proteínas, poca grasa y cantidades correctas de hidratos de carbono, es excelente para la diabetes. La proteína de soja, los frijoles mung y el arroz son esenciales en esta dieta. El pescado también forma parte importante de esta dieta porque las grasas omega-3 ayudan al cuerpo a utilizar la insulina. Esta dieta también previene los problemas cardiacos que acompañan a la diabetes.

SUPLEMENTOS Y NUTRIENTES ESPECÍFICOS

Todo el mundo debería tomar un suplemento multivitamínico y mineral de alta potencia, como se explica en el quinto principio (véase página 130). Para la diabetes, recomiendo tomar, además, los siguientes:

Principales
Aceite de pescado: 1.200 mg dos veces al día. El aceite de pescado es una buena fuente de proteínas.

Vitamina C: 2.000-3.000 mg al día. La vitamina C podría retardar o prevenir los problemas que produce la diabetes.

Levadura de cerveza: 3 cucharadas al día. La levadura de cerveza es una buena fuente de vitamina B, que regula la utilización de la glucosa.

Cromo: 200 mcg dos veces al día. El cromo mejora la tolerancia a la glucosa.

Coenzima Q10: 100-200 mg diarios. La coenzima Q10 estabiliza el nivel de azúcar en la sangre.

Secundarios
Aceite de onagra: 2.000 mg dos veces al día. El aceite de onagra previene el endurecimiento de las arterias y la hipertensión.

Extracto de pepitas de uva: 100 mg dos veces al día. Este extracto mantiene el correcto transporte de oxígeno a todos los órganos, tonifica el páncreas y regula la secreción de insulina.

Niacina: 800 mg dos veces al día. La niacina interviene en el metabolismo de los hidratos de carbono, grasas y proteínas.

HIERBAS

Principal
Arándanos dulces: 250 mg al día para protección de la visión.

Secundario
Jengibre: 500-2.000 mg diarios. El jengibre favorece una buena circulación.

ZUMO

Los zumos frescos conviene consumirlos antes de que pasen dos o tres horas de su preparación y han de mantenerse en el refrigerador.

Bebida vegetal para la diabetes
1 ración

2 tallos de apio
hojas verdes de 3 remolachas
½ pimiento verde
1 tomate

Lavar y secar todos los ingredientes, licuarlos y beber enseguida.

Estas verduras aportan buenas cantidades de vitaminas y minerales beneficiosos para pacientes con diabetes.

RECETA

Verdura con chile y tofu de Malcom
4 raciones

2 dientes de ajo picados
230 g de tofu firme desmenuzado
400 g de tomate de lata troceado
420 g de judías rojas arriñonadas de lata escurridas
2 zanahorias grandes cortadas en rodajas finas
1 pimiento verde mediano troceado
½-1 cucharada de chile en polvo
1 cucharadita de comino molido
sal y pimienta al gusto

ENSALADA:
6 tazas de lechuga francesa

ALIÑO DE VINAGRE BALSÁMICO:
½ cucharadita de ajo picado
¼ taza de vinagre balsámico
¼ cucharadita de orégano seco
¼ cucharadita de albahaca seca
⅛ cucharadita de sal marina
⅛ cucharadita de pimienta negra molida
½ cucharadita de miel
1 cucharadita de mostaza Dijon
1 cucharada de aceite de oliva virgen extra

Calentar el aceite y sofreír la cebolla y el ajo entre tres y cuatro minutos. Añadir el tofu, mezclar bien y cocer cinco minutos hasta que el tofu esté ligeramente dorado. Añadir el tomate, las judías, las zanahorias y el pimiento verde. Cocer cinco minutos a fuego medio. Añadir el chile, el comino, la sal y la pimienta. Cocer a fuego suave 30 minutos. Añadir un poco de agua si se seca demasiado.

Lavar y secar la lechuga y cortarla a trocitos. En un cuenco pequeño mezclar el ajo, el vinagre, el orégano, la albahaca, la sal, la pimienta, la miel y la mostaza. Añadir poco a poco el aceite de oliva y batir hasta que se espese ligeramente. Aliñar con la mezcla la ensalada y dejar reposar diez minutos antes de servir.

Esta receta aporta una nutrición óptima y un buen equilibrio de proteínas e hidratos de carbono, respetando la ración recomendada de estos últimos para la persona que es diabética. Según el sistema de equivalencias utilizado por los diabéticos, cada media taza de chile equivale a una porción de hidratos de carbono y una de proteínas.

26

Dolor crónico: Artritis, dolor de espalda o ciática, fibromialgia y dolor de cabeza

El gran médico y humanitario doctor Albert Schweitzer dijo una vez que vivir con dolor crónico podía ser peor que la propia muerte. Probablemente muchas personas que sufren de dolor crónico están de acuerdo con él. Sufrir dolor día tras día deprime y mina la fuerza, el ánimo, la esperanza, la personalidad y la capacidad de amar.

Lo bueno es que la vida no tiene por qué ser una batalla dolorosa. A lo largo de mis 25 años de profesión médica he ayudado a cientos de personas a sanar del dolor crónico. La información sobre nutrición que presento en este capítulo sobre el dolor puede servirte para sentirte mejor.

DIETA

Mi amigo Andrew comenzó como paciente. Su acupuntor me pidió que lo visitara debido a su polimiositis, una afección inflamatoria dolorosísima y debilitante; esta enfermedad le estaba royendo los huesos. Su médico le había recetado varios medicamentos, entre ellos el inmunosupresor prednisona, con el fin de reducir su inflamación; no daba resultados. De hecho, el médico le dijo que le quedaban seis meses de vida, con o sin el medicamento.

Lo primero que hice fue recetarle una dieta no inflamatoria compuesta por zumos frescos de verdura, verduras al vapor, frutas, cereales, soja y un sabroso pan de nueve cereales. También le recomendé comenzar cada día con un periodo de meditación médica. De esto hace seis años. Actualmente no toma ningún medicamento, aparte de un somnífero, y tiene energía suficiente para llevar su próspero negocio.

Puedo decir sin reservas que lo que se come sirve para disminuir el dolor. El principal principio es comer alimentos que alivien la inflamación. Éstos son los alimentos que le recomendé a Andrew: verduras, frutas, cereales y soja. El pescado como el salmón, que es rico en aceites omega-3 antiinflamatorios, es también muy beneficioso. A Andrew no le gustaba mucho el pescado, pero pensaba que necesitaba proteínas, de modo que elegimos pavo limpio selecto. Ha funcionado bien.

Otra manera de eliminar el dolor es comer alimentos que aumenten el nivel de la hormona antidolor, la serotonina, en el cerebro. La serotonina la fabrica el cuerpo a partir de una proteína parcial o aminoácido llamado triptófano. Este aminoácido se encuentra en muchos alimentos, entre ellos la soja, el pavo, el pollo, el halibut, las legumbres y el queso cheddar; hay que limitar el consumo de queso cheddar, eso sí, porque es rico en grasa. Para obtener el mayor beneficio de este cambio de dieta y elevar el nivel de serotonina, conviene comer primero la fécula en las comidas, por ejemplo la pasta de cereales integrales, y después la proteína.

También hay que evitar los aceites de cocina que favorecen la inflamación, como el de maíz, el de cártamo, el de sésamo usado y el de colza. Usar solamente aceite de oliva virgen extra o ghee.

Por último, evitar la hipoglucemia (bajo nivel de azúcar en la sangre). Esto se puede hacer comiendo lo suficiente en las comidas y tomando sanos tentempiés a lo largo del día. Claro que en los tentempiés hay que evitar los alimentos procesados, porque son ricos en azúcares simples, que en realidad frustran la finalidad de evitar la hipoglucemia. ¿Por qué? Porque los tentempiés ricos en azúcar, si bien producen una subida inicial en el nivel de azúcar, después lo bajan y aparece una sensación de gran cansancio. Esto empeora el dolor.

SUPLEMENTOS Y NUTRIENTES ESPECÍFICOS

Todo el mundo debería tomar un suplemento multivitamínico y mineral de alta potencia, como se explica en el quinto principio (véase pág. 130). Además, habrá que añadir los siguientes nutrientes a la dieta diaria:

Principales
Fosfatidilserina: 100-300 mg al día. La fosfatidilserina mejora la función cerebral, que contribuye a controlar el dolor crónico.

Magnesio: Por lo menos 200-300 mg al día. El magnesio suele formar parte de los multivitamínicos, pero si los músculos están tensos, podría necesitarse más. El magnesio se considera necesario para el buen funcionamiento de todos los músculos, y alivia el dolor muscular.

DHEA: 50-100 mg al día para alegrar el ánimo e intensificar la función cerebral. Como en el caso de cualquier otra hormona, sólo se puede tomar DHEA bajo la supervisión de un médico.

Secundario
Triptófano: Comenzar con 250-500 mg al día e ir aumentando la dosis hasta llegar a 3.000 mg diarios. Las dosis más altas sólo se pueden tomar bajo el control de un médico. El triptófano eleva el nivel de serotonina.

HIERBAS

Principales
Ginsén: 750-1.500 mg de ginsén siberiano al día aumentan el nivel de energía.

Cúrcuma: 100-200 mg diarios. La cúrcuma tiene propiedades antiinflamatorias. También se puede tomar como condimento en las comidas.

Jengibre: 1.000 mg al día en dosis repartidas. También se puede añadir a la comida como condimento. El jengibre reduce la inflamación y estimula la circulación.

Secundarias
Ginkgo biloba: 120 mg diarios aumentan la irrigación sanguínea y mejoran la función cerebral.

Boswellian: 300 mg al día. Se trata de un antiguo remedio de la terapia nutricional yóguica, obtenido del árbol *Boswellia serrata*. Reduce la inflamación y restaura los vasos sanguíneos que rodean el tejido conjuntivo irritado.

ARTRITIS

Cerca de 60 millones de estadounidenses tienen artritis. Sin embargo, siguiendo unas sencillas directrices dietéticas podrían evitar en gran medida ese sufrimiento.

Las hortalizas de la familia de las solanáceas, como los tomates, los pimientos y las berenjenas, y algunas frutas cítricas agravan la artritis, por lo que hay que evitarlos. También hay que eliminar de la dieta la harina refinada y el azúcar blanco. Hay que seguir todos los principios de la terapia nutricional yóguica y hacer la transición a una dieta vegetariana. Todos los consejos dietéticos dados para el dolor crónico son válidos para la artritis.

He observado notable alivio del dolor en pacientes de osteoartritis, la de tipo deformante, y en pacientes de artritis reumática que siguen el corto programa de desintoxicación explicado en el primer principio (capítulo 8).

SUPLEMENTOS Y NUTRIENTES ESPECÍFICOS

Todos los pacientes de artritis deberían tomar un suplemento multivitamínico y mineral de alta potencia, como se explica en el quinto principio (véase página 130). Y además de los nutrientes recomendados para el dolor crónico, otros nutrientes muy útiles para la artritis son los siguientes:

Principales
SAM-e (S-adenosilmetionina): 600-1.200 mg al día. SAM-e es muy eficaz para generar cartílago nuevo y disminuir el dolor. También se ha comprobado que mejora el ánimo. Si se produce trastorno gastrointestinal, reducir la dosis hasta que el trastorno remita.

Sulfato de glucosamina (SG): 500 mg tres veces al día. SG es superior a medicamentos ortodoxos como el ibuprofén y los inhibidores cox-2 selectivos como Vioxx. En un estudio publicado en *The Lancet* en 2001 se dividió a 212 pacientes en dos grupos; a los de un grupo se les administró SG y a los del otro un placebo. Los pacientes que recibieron SG tuvieron notables resultados: les disminuyó el dolor y no se comprobó desgaste en la superficie articular, tan característico de la artritis progresiva. Más aún, la SG actuó sin causar efectos secundarios, como dolor de estómago, o la peligrosa hemorragia gastrointestinal que puede sobrevenirles sin aviso a los pacientes que toman fármacos como Vioxx.

Sulfato de condroitina: 800-1.200 mg diarios. El sulfato de condroitina tiene una potente acción antiinflamatoria y previene o retrasa el avance de la osteoartritis.

Otros suplementos especiales para la artritis reumática son los siguientes:

Principal
Jengibre: 500-1.000 mg al día. El jengibre tiene propiedades antiinflamatorias.

Secundarios
Aceite de borraja: 1.400 mg al día. El aceite de borraja aporta una excelente cantidad de nutrientes antiinflamatorios.

Aceite de grosellero negro: 10 g diarios. Las semillas del grosellero negro tienen propiedades antiinflamatorias.

DOLOR DE ESPALDA O CIÁTICA

Seguir el programa de la terapia nutricional yóguica y los siete principios ayuda a acabar con el dolor de espalda. El motivo es que se reduce la inflamación dolorosa y se baja de peso, eliminando esa carga del espinazo y los músculos de la espalda.

SUPLEMENTOS Y NUTRIENTES ESPECÍFICOS

Toda persona que sufra de dolor de espalda debería tomar un suplemento multivitamínico y mineral de alta potencia, como se explica en el quinto principio (véase página 130), además de los nutrientes ya mencionados para el dolor crónico y los siguientes:

Calcio: 1.000-2.500 mg diarios. El calcio es importante para tener huesos fuertes.

Vitamina C: 1.000-2.000 mg diarios, además de los que contiene el multivitamínico. La vitamina C disminuye la inflamación reduciendo los radicales libres.

Vitamina D: 500-800 mg al día, cuando el paciente no puede estar expuesto a la luz del sol ni media hora. La vitamina D facilita la absorción del calcio.

FIBROMIALGIA

Las piezas del rompecabezas llamado fibromialgia comienzan a armarse por fin. Al parecer, la principal clave del misterio es el bajo nivel de la hormona serotonina. La mejor manera de elevar el nivel de serotonina con nutrientes es aumentar la provisión de triptófano, la unidad estructural a partir de la cual se fabrica la serotonina. Y la mejor manera de aumentar la provisión de triptófano, además de comer soja, pavo, pollo, halibut, legumbres y queso cheddar, es tomar 5-hidroxitriptófano (5-HTP) como suplemento cada día. Seguir una dieta antiinflamatoria de la terapia nutricional yóguica es, por supuesto, fundamentalmente importante para reducir los síntomas de la fibromialgia.

SUPLEMENTOS Y NUTRIENTES ESPECÍFICOS

Todo el mundo debería tomar un suplemento multivitamínico y mineral de alta potencia, como se explica en el quinto principio (véase página 130). Además de los nutrientes ya recomendados para el dolor crónico, para la fibromialgia recomiendo los siguientes:

Principales
5-HTP: 100 mg tres veces al día. Este suplemento se encuentra en cualquier tienda de alimentos dietéticos. No hay contraindicaciones ni efectos secundarios. El picnogenol, nutriente que se encuentra en la mayoría de las tiendas, ayuda al cuerpo a metabolizar el 5-HTP en triptófano, y se puede tomar junto con este suplemento.

Magnesio: Tomar 300-500 mg diarios es muy importante para mantener relajados los músculos.

Coenzima Q10: 100-300 mg diarios repartidos en tres dosis. La coenzima Q10 mejora la oxigenación de las células.

DHEA: Se ha comprobado que entre 50 y 100 mg al día disminuyen el dolor y aumentan la energía de pacientes de fibromialgia. Como en el caso de cualquier otra hormona, sólo se puede tomar DHEA bajo la supervisión de un médico.

Secundario
Longevity Green Drink (véase el «Apéndice D») u otro polvo verde: ½-1 cucharita colmada al día. Las bebidas verdes tienen todo un surtido de micronutrientes que aumentan la energía a pacientes con fibromialgia.

DOLOR DE CABEZA

Todos los tipos de dolor de cabeza se pueden remediar siguiendo una dieta de la terapia nutricional yóguica. Un corto programa de desintoxicación, con un ayuno de zumos, es útil para identificar alergias alimentarias, que podrían ser responsables de los dolores de cabeza. Aparte de eso, parece ser que el nivel bajo de la hormona serotonina es en gran medida la causa originaria del dolor de cabeza.

Los peores culpables del dolor de cabeza son la cafeína y algunas frutas cítricas. El edulcorante artificial aspartamo contiene el aminoácido fenilalanina, que constriñe los vasos sanguíneos, produciendo, por lo tanto, dolor de cabeza; es necesario eliminarlo totalmente de la dieta. También hay que dejar de comer alimentos procesados o carnes curadas, como las salchichas y el beicon, porque estos productos contienen nitratos sódicos, que también producen dolor de cabeza.

La carne, los productos lácteos y los huevos causan migraña o jaqueca en muchas personas. Un aditivo que suele activar migrañas es el glutamato monosódico (GMS), que está presente en alimentos chinos y en muchos alimentos procesados envasados. El glutamato monosódico está también entre los productos manipulados genéticamente; en las etiquetas podría aparecer como «proteína vegetal hidrogenada», «conservante natural» o «potenciador del sabor».

SUPLEMENTOS Y NUTRIENTES ESPECÍFICOS

Todo el mundo debería tomar un suplemento multivitamínico y mineral de alta potencia, como se explica en el quinto principio (véase página 130). Para el dolor de cabeza recomiendo tomar los siguientes suplementos, además de los nutrientes ya recomendados para el dolor crónico:

Principal
5-HTP: 100 mg tres veces al día. Este suplemento ha dado resultados positivos en las migrañas; aumenta el nivel de serotonina, la hormona antidolor que proporciona la sensación de agrado y bienestar.

Secundarios
Magnesio: 200 mg diarios. Aun cuando esta dosis ya se encuentre en el suplemento multivitamínico mineral, suele ser muy útil tomar otros 200 mg durante el día, sobre todo si se está estresado. El magnesio relaja los músculos y alivia la tensión muscular.

Niacina: 500 mg al inicio de un dolor de cabeza mejoran la circulación por todos los capilares y pueden aliviar el dolor.

HIERBAS

Principales
Jengibre: Una tableta de 500 mg o una taza de infusión de jengibre al día. El jengibre combate la inflamación y estimula la circulación.

Matricaria: 150-1.000 mg al día, repartidos en dos dosis. Esta hierba se encuentra en comprimidos en la mayoría de las tiendas de alimentos dietéticos. La matricaria podría actuar como adelgazante de la sangre, de modo que si se está tomando algún fármaco para esa finalidad hay que consultar con el médico para ver si conviene tomarla.

Matricaria es muy eficaz en la prevención y remedio de dolores de cabeza, en especial de las jaquecas o migrañas. En estudios realizados desde la década de 1980 se ha comprobado que esta hierba tiene excelentes efectos antiinflamatorios y equilibradores de la serotonina. Podría también influir en el metabolismo de la melatonina. Para que tenga un efecto óptimo hay que tomarla diariamente durante al menos un mes.

Secundaria
Cardo mariano: 500 mg dos veces al día. El cardo mariano desintoxica el hígado y no tiene contraindicación ni efectos secundarios. En la terapia nutricional yóguica se dice que las toxinas del hígado causan los dolores de cabeza.

ZUMO

Los zumos frescos conviene consumirlos antes de que pasen dos o tres horas de su preparación y han de mantenerse en el refrigerador.

Batido para aliviar el dolor
1 ración

1 manzana roja pequeña
1 ciruela
¼ taza de arándanos o cerezas
1 cucharadita de aceite de semillas de lino
zumo de 1 limón
¼ cucharadita de Longevity Green Drink (véase el «Apéndice D») u otro polvo verde
1 taza de hielo o agua pura

Lavar y secar la manzana, la ciruela y las bayas y colocarlas en la licuadora con los demás ingredientes. Licuar y beber.

Esta bebida fortalece la función inmunitaria aportando numerosos antioxidantes, aceites omega-3 y oligoelementos.

RECETA

Los frijoles mung con arroz (receta en la página 100) son un excelente plato para combatir la inflamación y el dolor crónico. También se puede probar la siguiente receta especial.

Sushi vegetariano para curar el dolor
15 rollitos

½ taza de mijo
⅔ taza de quinua
2 tazas de agua pura
1 cucharada de zumo fresco de limón
1 cucharada de jarabe de arroz integral
1 zanahoria
½ pepino
1 tallo de apio
1 cebolleta

½ aguacate
1 rodaja de más de 1 cm de raíz de jengibre fresco, pelada y rallada
4 hojas de nori (tostadas)

SALSA PARA BAÑAR:
En un cuenco pequeño, mezclar:
1 cucharada de Braggs Liquid Aminos
½-1 cucharada de raíz de jengibre rallada
1 cucharada de agua
½ cucharadita de miel o jarabe de arroz integral
1 ½ ramitas de escalonias bien picadas

Lavar el mijo y la quinoa y ponerlos en agua hirviendo. Volver a llevar a ebullición y cocer a fuego suave durante 15 minutos o hasta que se haya absorbido todo el agua. Dejar enfriar. Añadir el zumo de limón y el jarabe de arroz. Cortar a lo largo, en juliana, la zanahoria, el pepino, el apio, la cebolla y el aguacate. Cocer al vapor la zanahoria y el jengibre cinco minutos y dejar enfriar.

Tener a mano un cuenco con agua fría salada para mojarse los dedos, de forma que no se peguen los cereales ni el nori. Sobre una tabla humedecer suavemente con un paño mojado lso dos lados de una hoja de nori, y poner en ella varias cucharadas de la mezcla de cereal extendiéndola uniformemente hasta formar una capa de un grosor de 0,5-1 cm, dejando libre unos 2,5 cm del lado opuesto a uno. Encima de la capa de cereal disponer las verduras en dos o tres filas horizontales; se pueden poner mezcladas, pero en filas rectas para que sea más fácil enrollarlas. Coger el borde más cercano y enrollar; al llegar al final mojar ligeramente el borde libre de la hoja de nori y pegarlo presionando con las manos. Con un cuchillo afilado cortar el rollo en cinco o seis partes. Repetir la operación con las otras hojas de nori. Servir los rollitos dispuestos en una fuente o bandeja con la salsa para bañarlos.

Observación: Si el nori no está tostado, sostenerlo sobre la llama o soasarlo en una sartén hasta que se vuelva verde. Cuando no está tostado es más duro y frágil, y se puede resquebrajar al tratar de comerlo.

Aunque esta receta podría desalentar un poco, en realidad es muy fácil. Sólo requiere un poco de tiempo y trabajo, pero es muy sanadora en caso de dolor crónico. El mijo y la quinua tienen un buen contenido de proteína, se digieren fácilmente y tienen un efecto muy calmante sobre la inflamación. Todas las verduras de esta receta son ricas en potentes antioxidantes y contribuyen a desintoxicar el cuerpo, reduciendo aún más la inflamación; además aportan buenos aceites omega-3 y vitaminas.

27

Estrés y ansiedad

El estrés se define como ese punto en que la capacidad para realizar está superada por los apremios o exigencias que se nos imponen. La exigencia puede ser conocida o desconocida, consciente o inconsciente. La ansiedad es un síntoma del estrés, y también puede ser un trastorno emocional independientemente.

El estrés descontrolado permanente es la causa de más del 70 por ciento de todas las visitas al médico. Si a esto añadimos el dolor crónico, el porcentaje sube a más del 80 por ciento. El hecho de que los tranquilizantes estén entre los fármacos más recetados en Estados Unidos también subraya el carácter de epidemia del estrés en este país.

El estrés mata. O bien es causa de muerte, o bien empeora cualquier enfermedad concebible, desde cardiopatías y accidentes cerebrovasculares a pérdida de memoria, infecciones crónicas y, probablemente, cáncer. La mayoría de las personas que veo en mi consulta, en talleres o en charlas, están de acuerdo en que es casi imposible disminuir las exigencias que les impone el veloz ritmo del mundo actual. ¿Qué pueden hacer estas personas, y, más importante aún, qué puede hacer uno mismo para reducir el estrés?

La meditación, ciertamente, es una forma muy potente para activar la fuerza sanadora natural del cuerpo. También lo es seguir un programa de terapia nutricional yóguica. Las señales de paz, amor y curación enviadas por los alimentos que comemos pueden hacer muchísimo para devolvernos un elevado grado de rendimiento personal.

DIETA

Si estás llegando a tu límite de estrés, comienza una dieta compuesta por un 50-75 por ciento de alimentos crudos. Las frutas y las verduras frescas aportan valiosos compuestos (entre ellos, vitamina C, ácido elágico y quercetina) que destruyen y neutralizan a los peligrosos radicales libres. La fruta y la verdura envían dulces señales a los genes, los cuales entonces mandan a su vez señales sanadoras positivas a todo el cuerpo.

Evita los alimentos procesados muy alarmantes, que causan un estrés indebido en el sistema sanador. Entre éstos están los edulcorantes artificiales, las bebidas gaseosas, las frituras, la comida basura, el cerdo, la carne roja, los productos de harina blanca y los alimentos que contienen conservantes o especias fuertes. Elimina los productos lácteos durante tres semanas y luego ve reintroduciéndolos lentamente. Limita el consumo de cafeína, y evita los fármacos y drogas que alteran el estado anímico.

SUPLEMENTOS Y NUTRIENTES ESPECÍFICOS

Todo el mundo debería tomar un suplemento multivitamínico y mineral de alta potencia, como se explica en el quinto principio (véase página 130). Además, para sanar los efectos negativos del estrés, recomiendo tomar los siguientes nutrientes:

Principales
Vitamina C: 3.000-10.000 mg al día. La vitamina C es muy importante para la función de las glándulas suprarrenales, que producen hormonas antiestrés.

Fosfatidilserina: 100-300 mg al día bloquean los efectos del cortisol, peligrosa sustancia química del estrés.

Coenzima Q10: 100 mg diarios para aumentar la energía.

DHEA: 25-100 mg al día, según edad, sexo y nivel actual de la DHEA. Como en el caso de cualquier otra hormona, sólo se ha de tomar bajo la supervisión de un médico. La DHEA inhibe la producción de cortisol, la hormona del estrés.

HIERBAS

Secundarias
Kava-kava: 100 mg tres veces al día activan el efecto de una sustancia química relajante del cerebro llamada ácido gammaaminobutírico (GABA). En un estudio realizado con 53 personas con sínto-

mas de estrés, más del 80 por ciento de los que tomaban kava-kava consideraba muy buenos o buenos sus efectos. Hay que consultar con el médico antes de tomar kava-kava, debido a posibles efectos secundarios en el hígado. No hay que mezclarlo con ninguna sustancia que altere la mente, como bebidas alcohólicas, drogas o tranquilizantes. Kava-kava ha de tomarse como parte de un programa holístico que examine las causas subyacentes de la ansiedad.

Raíz de valeriana: 450 mg tres veces al día. Parece que la raíz de valeriana tiene una acción similar al kava-kava; actúa sobre los receptores de GABA en el cerebro. Ha de tomarse como un puente natural para recuperar el equilibro después del estrés. Si hay necesidad de tomarla más de tres días, conviene hablarlo con el médico. La raíz de valeriana no se debe mezclar con fármacos recetados porque puede aumentar su efecto. Evita conducir o trabajar con maquinaria pesada mientras la estés tomando.

Lavanda: Si se desea un reductor de la ansiedad o somnífero muy agradable y suave, se puede añadir 5-10 gotas de aceite esencial de lavanda en el agua de baño, o simplemente pulverizar el aceite en el dormitorio o en la casa u oficina. Para hacerlo, seguir las instrucciones que acompañan al botiquín de aromaterapia. Pero tal vez la manera más fácil de conseguir los efectos relajantes de la lavanda es friccionarse los brazos, piernas y cuerpo con aceite de esencia de lavanda.

La lavanda ha sido tema de investigación científica, especialmente en forma de aceite esencial. Se ha descubierto que reduce varios parámetros fisiológicos del estrés, estimulando la producción de serotonina e induciendo una sensación de tranquilidad y felicidad.

ZUMO

Los zumos frescos conviene consumirlos antes de que pasen dos o tres horas de su preparación y han de mantenerse en el refrigerador.

Disolvente del estrés
1 ración

¼ de lechuga, de preferencia francesa, sin las hojas externas
1 zanahoria

1 tomate
1 tallo de apio

Opcional: ½ taza de hielo

Lavar y secar los ingredientes, licuarlos y añadirles hielo si se desea. La lechuga es rica en potasio, fósforo y vitamina A. Tiene un efecto sedante, debido a sus endorfinas naturales, y disuelve rápidamente el estrés. La zanahoria, el tomate y el apio son ricos en antioxidantes que tienen propiedades calmantes para el organismo.

RECETA
Rollos de berenjena de Paola
4-6 raciones

2 berenjenas medianas cortadas en rodajas de 1 cm más o menos
1 pizca de sal marina
10-12 rodajas finas de mozzarella fresca cortadas por la mitad
10-12 rodajas finas de queso tofurella, o provolone, cortadas por la mitad
½ taza de salsa pesto
palillos
2 cucharaditas de aceite de oliva virgen extra

Precalentar el horno a 175 °C. Espolvorear con una pizca de sal cada rodaja de berenjena y ponerlas al horno sobre papel para hornear durante diez minutos; darles la vuelta y dejarlas otros diez minutos. Sacarlas del horno y dejar enfriar.

Cubrir cada rodaja de berenjena con un trozo de mozzarella, uno de tofurella y media cucharadita de pesto. Enrollarla y cerrarla con un palillo. Colocar los rollos en una fuente para hornear, rociarlas con el aceite de oliva y hornear 15 minutos. Servir caliente.

La berenjena es una excelente fuente de fibra, estimula el apetito, es laxante suave y diurética, y un buen alimento para diabéticos; también va bien para reducir el colesterol y la arteriosclerosis, mejora el sistema inmunitario y se usa para recuperar la salud. Todas estas afecciones pueden ser consecuencia de un exceso de estrés.

28

Peso: Obesidad y adelgazamiento

Entre 1991 y 2000 aumentó en un 60 por ciento la obesidad en la población estadounidense. A un 27 por ciento de personas se las considera obesas, y un 61 por ciento se considera con sobrepeso. Esto da dimensiones de epidemia a la obesidad en Estados Unidos. Según informes recientes, la obesidad podría influir más en el creciente gasto en atención médica y fármacos que los abusos de tabaco y de alcohol juntos. De hecho, un artículo publicado en *Healing Affairs* en 2002 informaba de que la obesidad es más dañina para la salud que fumar o beber.

Los investigadores dicen que la obesidad aumenta el coste de atención médica en un 36 por ciento, y el de medicamentos en un enorme 77 por ciento. Además, ser obeso puede llegar a envejecer 20 años, y pone a la persona de 40 años con bastante sobrepeso en la misma categoría de riesgo de contraer cáncer, enfermedad cardiaca o diabetes que una persona de 60 años.

Según la American Diabetes Association, a medida que se ensancha la cintura aumentan también los casos de diabetes de adulto tipo II. Esta asociación advierte que la creciente gordura de la población estadounidense presagia un aumento aún mayor en el número de casos de diabetes tipo II en el futuro próximo. También se relaciona la obesidad con ciertos cánceres. Además de la conexión entre obesidad y cáncer de colon, ahora sabemos que el sobrepeso podría aumentar de modo importante el riesgo de cáncer de páncreas, que es muy difícil de tratar y mata a cerca de 29.000 estadounidenses cada año.

EL MÉTODO DE LA TERAPIA NUTRICIONAL YÓGUICA
PARA PERDER PESO

Un discípulo indio fue una vez a ver a su gurú porque necesitaba consejo para perder peso. El maestro le dio dos berenjenas de distinto tamaño y le dijo que se las comiera solamente cuando la berenjena grande estuviera del tamaño de la pequeña y la pequeña tuviera el tamaño de la grande. Siendo un discípulo obediente, el hombre esperó un mes, bebiendo sólo agua. Al cabo del mes, volvió a ver al gurú y le dijo:

—Señor, no ha ocurrido nada.

—Tíralas —le dijo el maestro—. Si aún no han cambiado, deben estar totalmente estropeadas.

Pero, eso sí, el hombre ya estaba en su peso perfecto y gozaba de excelente salud.

Ahora bien, no quiero decir con esto que haya que hacer un ayuno total a pura agua durante un mes, pero si necesitas perder peso, la fórmula es: beber más, comer menos y hacer ejercicio. En definitiva, ésta es la única manera de estabilizar el peso. Los estadounidenses son gordos porque comen más calorías de las que gastan en sus actividades diarias. Comer menos calorías alarga la vida y favorece la salud. Así se envían mensajes muy positivos a los genes.

Para perder peso hay que observar el tamaño de la ración, como explico con detalle en el séptimo principio (véase el capítulo 14 y el «Apéndice B»). Otros dos consejos para adelgazar son: no comer nunca de pie, y en el caso de sentir hambre entre comidas, tomar solamente tentempiés ligeros y nutritivos, por ejemplo una manzana pequeña.

También hay que evitar los productos procesados y los alimentos basura, y tener cuidado con los tentempiés con poco o nada de grasa pero ricos en hidratos de carbono refinados. Eliminar el uso de edulcorantes artificiales, de los que nunca se ha demostrado que hayan servido a alguien para perder peso, y encima son manipulados genéticamente. Por último, muchas personas dicen que adelgazan reduciendo o eliminando el consumo de pan. Estoy de acuerdo, y recomiendo no comer pan si se quiere adelgazar. Su muy rico contenido de hidratos de carbono puede llevar a subir de peso. Si hay una absoluta necesidad de comer pan, que éste sea de centeno integral, de nueve cereales o pan de arroz, y solamente se podrá comer un trozo al día durante el periodo de régimen para adelgazar.

Siempre que una persona me pide consejo para adelgazar, le recomiendo que comience con un corto ayuno de desintoxicación, como lo explico en el primer principio (capítulo 8). Después, le aconsejo comer brécol, remolachas, hojas de remolacha y zanahorias crudas, todos alimentos poco calóricos pero que llenan mucho. Estas verduras se pueden acompañar con una taza de arroz basmati, que aporta una pequeña cantidad de hidratos de carbono, esenciales para el cerebro, e induce a los riñones a eliminar toxinas. Una monodieta de arroz basmati cocido con limón y cúrcuma, acompañado por verduras al vapor, te servirá para desprenderte de kilos y te dejará sano y resplandeciente.

¿SOBREPESO O BUENA FORMA FÍSICA?

Muchas veces me preguntan la diferencia entre una persona con sobrepeso y una en buena forma física. Una persona con sobrepeso come principalmente alimentos refinados y, muy probablemente, también, carne en gran cantidad, y más del 40 por ciento de sus calorías provienen de grasa; toma por lo menos dos cucharaditas de azúcar al día, que le estimula el apetito. Esta persona, por consiguiente, hace más visitas al médico cada año por alergias, artritis, trastornos del sueño, depresión, cáncer, cardiopatía, diabetes e hipertensión.

La persona en buena forma física, en cambio, come más frutas y verduras frescas, menos carne y menos azúcar, y cereales integrales con moderación. Obtiene, por consiguiente, los beneficios de mayor autoestima, menos accidentes, menos acedia, más energía, mayor vitalidad y más años de vida.

SUPLEMENTOS Y NUTRIENTES ESPECÍFICOS

Toda persona debería tomar un suplemento multivitamínico y mineral de alta potencia, como se explica en el quinto principio (véase página 130).

No hay ningún nutriente específico para perder peso. Sin embargo, el cromo se considera importante en el metabolismo de la glucosa y forma parte de mi fórmula vitamínica mineral básica. Según tu edad y valores de laboratorio, podrías considerar la posibilidad de hacerte terapia hormonal sustitutiva para reducir la grasa corporal, o tomar nutrientes que reduzcan el colesterol para facilitar la disminución de sus niveles y los de los lípidos en la sangre, que son posibles complicaciones del sobrepeso.

HIERBAS

Secundaria

Si bien no existe ninguna hierba específica para perder peso, el preparado herbolario llamado Royal Vitality-Herbal Gems (véase el «Apéndice D») contiene amalki, bibhitaki y haritaki, que mejoran el metabolismo y la eliminación, contribuyendo así a la pérdida de peso. Royal Vitality ha de tomarse como parte de un programa, a la vez que se hace ejercicio y se siguen las recomendaciones dietéticas dadas en este capítulo. Tomar dos cápsulas tres veces al día. No hay efectos secundarios.

ZUMO
Arranque matutino
1 ración

El zumo de medio limón
1 taza de agua caliente

Verter el zumo de limón en el agua y beberlo con una pajita durante media hora a primera hora de la mañana. Tomada según estas directrices, esta sencilla bebida desintoxica el hígado, el colon y la sangre. Quita el apetito y actúa como alimento sanador.

RECETA
Monodieta adelgazante de los yoguis
4 raciones

4 o 5 calabacines con la piel
4 tallos de apio
1 taza de hojas de perejil
1 ramita de menta piperita
pimienta negra poco molida, al gusto
¼ taza de requesón descremado por ración

Lavar, secar y cortar los extremos de los calabacines y el apio. Lavar y secar el perejil y la menta. Cocer al vapor los calabacines y el apio 15 minutos o hasta que estén blandos, y hacerlos puré en un robot con el perejil, la menta y la pimienta negra. Servir con el requesón.

Comer solamente este alimento durante 40 días. Comer la cantidad que se quiera, pero no más de tres veces al día. Además de servir para perder peso, esta monodieta es excelente para limpiar los intestinos y purificar la piel.

También se puede beber la infusión yogui (Yogi Tea, receta en la página 162) con esta monodieta.

29

Piel: Acné y envejecimiento

ACNÉ

El acné es una enfermedad inflamatoria que ocurre principalmente durante la adolescencia. Aunque se sospecha de los cambios hormonales, se desconoce la causa exacta. Pero según mi experiencia, la dieta y el estrés crónico ciertamente afectan a la piel. Una dieta rica en grasa, alimentos procesados, aceite y azúcar impone una pesada carga al cuerpo. Estas toxinas deben salir del organismo de alguna manera. En las personas que sufren de acné, las toxinas se excretan por la piel.

DIETA

En estudios de investigación se ha comprobado una importante mejoría del acné en personas que siguen una dieta de la terapia nutricional yógica. Recomiendo comenzar con un corto ayuno de desintoxicación (instrucciones para el ayuno en el capítulo 8). Para romper el ayuno seguir unos dos o tres días la monodieta de frijoles mung con arroz (receta en la página 100). Después, a medida que se va reincorporando una amplia variedad de alimentos a la dieta yógica terapéutica, tener presente que los aceites antiinflamatorios, como los que se encuentran en pescados de agua fría, los frutos secos y las semillas, son especialmente buenos para curar el acné, como lo son también las verduras color naranja y amarillo y las de hoja verde, todas ellas ricas en caroteno. Comer principalmente frutas y verduras frescas y beber por lo menos ocho vasos de agua al día.

Evitar todo lo posible la proteína de origen animal, y eliminar todos los dulces y productos procesados; eso significa nada de bebidas gaseosas, caramelos, helados, ni ninguna otra cosa hecha con azúcar o harina blanca.

SUPLEMENTOS Y NUTRIENTES ESPECÍFICOS

Todo el mundo debería tomar un suplemento multivitamínico y mineral de alta potencia, como se explica en el quinto principio (véase página 130). Para curar el acné recomiendo tomar, además, los siguientes nutrientes:

Principal

Vitamina A: Hasta 300.000 UI al día, bajo la supervisión de un médico. La vitamina A protege la piel.

Secundarios

Aceite de onagra: 500 mg de una a tres veces al día. El aceite de onagra mejora la piel.

Zinc: 50 mg diarios. El zinc contribuye a la curación de los tejidos.

HIERBAS

Secundarias

Cardo mariano: 100-300 mg al día. El cardo mariano limpia el organismo desintoxicando el hígado.

Cúrcuma: Mezclar media cucharadita de cúrcuma en polvo con unas cuantas gotas de agua y formar una pasta. Aplicar esta pasta a las lesiones acneicas y dejar allí hasta que se seque completamente; después lavarlas con agua caliente. Repetir la operación cuatro veces al día. También se puede añadir más cúrcuma a la receta de frijoles mung con arroz.

ENVEJECIMIENTO DE LA PIEL

Los daños causados por los radicales libres se consideran la principal causa del envejecimiento de la piel. La exposición al sol, en especial a mediodía, el tabaco, una dieta rica en carne roja y el estrés son causa de envejecimiento prematuro de la piel al aumentar el daño causado por los radicales libres. Para prevenir el envejecimiento de la piel, hay que usar siempre una crema solar y limitar la exposición al sol a las primeras horas de la mañana y las últimas de la tarde.

DIETA

La dieta de la terapia nutricional yóguica mantiene joven la piel. Es rica en enzimas que intervienen en la reparación de la piel y la renovación celular. También es rica en alimentos de elevado contenido de ácido ribonucleico, como el salmón, el atún, las lentejas y los frijoles mung. El ácido ribonucleico mejora la energía celular aumentando consiguientemente la renovación de las células de la piel.

Para proteger la piel de los radicales libres, se deben tomar muchos alimentos ricos en fitonutrientes, como la fruta, la verdura y el té verde. En la dieta de la terapia nutricional yóguica encontrarás gran abundancia de estos alimentos.

SUPLEMENTOS Y NUTRIENTES ESPECÍFICOS

Todo el mundo debería tomar un suplemento multivitamínico y mineral de alta potencia, como se explica en el quinto principio (véase página 130); este suplemento contiene vitaminas antioxidantes y los minerales selenio, zinc, cobre y manganeso, sustancias que protegen y revitalizan la piel. Además, para sanar la piel envejecida recomiendo los siguientes nutrientes:

Principal
Aceite de semillas de lino: 6.000-7.000 mg al día. También se puede añadir sencillamente este aceite a las ensaladas y batidos.
O bien
Aceite de pescado: 3.000-4.000 mg al día. Observa, que el aceite de lino es más agradable para el estómago que el de pescado.

Secundario
Ácido alfalipoico: 250-500 mg al día, por su potente efecto antioxidante.

DHEA y melatonina: En un estudio publicado en *Journal of Surgical Research* en octubre de 2001 se demostró que las hormonas DHEA y la melatonina, aplicadas tópicamente, son activas en la salud de la piel y la prevención del cáncer. Puesto que sus papeles exactos en la piel humana todavía están en estudio, esta terapia ha de hacerse solamente con la orientación de un profesional de la salud.

Hierbas

Principal
Cardo mariano: 100-300 mg al día para desintoxicar los tejidos.

Zumo

Los zumos frescos conviene consumirlos antes de que pasen dos o tres horas de su preparación y han de mantenerse en el refrigerador.

Rejuvenecedor de la piel
para el acné y el envejecimiento
1 ración

2 zanahorias medianas
1 tallo de apio
½ pepino
¼-½ deliciosa manzana Golden para endulzar

Lavar y secar la manzana, las zanahorias y el apio. Pelar el pepino y licuarlo junto con los ingredientes.

El zumo de pepino es purificador de la sangre y alivia el acné. El apio y las zanahorias aportan nutrientes que mantienen la piel con aspecto lozano y juvenil.

Receta
Ensalada veraniega de Rudy
4 raciones

1 pepino pelado y troceado
1 tomate mediano troceado
½ pimiento morrón amarillo troceado
3 cebolletas picadas finamente
½ cucharadita de sal marina
¼ cucharadita de pimienta recién molida
½ cucharadita de eneldo seco, o
½ cucharadita de estragón seco, o
1 cucharada de cilantro fresco picado
½ taza de yogur natural descremado

En una fuente para servir mezclar el pepino, el tomate, el pimiento y la cebolla. En un cuenco mezclar la sal, la pimienta, el eneldo y el yogur. Añadir el aliño a la ensalada de pepino; tapar y guardar en el refrigerador. Dejar marinar un mínimo de tres horas para que tome sabor. Servir con pan integral de ajo.

Las ensalada veraniega de Rudy tiene muy poca grasa pero es muy sabrosa. El arco iris de verduras aporta minerales y antioxidantes muy beneficiosos para la piel que retardan su envejecimiento.

30
Pulmones:
Asma y enfermedad pulmonar obstructiva crónica, incluidos el enfisema y la bronquitis

El asma está aumentando en frecuencia y gravedad en Estados Unidos debido a una miríada de motivos, entre ellos la dieta y la contaminación atmosférica. Según un estudio realizado en 1995, desde 1978 a 1987 se duplicó el índice de mortalidad por asma. ¿Qué podemos hacer para bajar este dato estadístico? Muchísimo. Continúa leyendo, por favor. Dado que los cambios patológicos subyacentes son los mismos en el asma, enfisema y bronquitis, las recomendaciones que ofrezco a continuación son eficaces para todas estas enfermedades.

DIETA

Estudios epidemiológicos sugieren que los hábitos alimentarios influyen en el funcionamiento pulmonar en los casos de asma, enfisema y bronquitis crónica. Se cree que el desequilibrio entre los ácidos grasos omega-6 (que se encuentran en la carne) y los omega-3 (que se encuentran en el pescado) tiene un importante papel en la aparición y evolución del asma. Entre los alimentos que hay que reducir en la dieta, por lo tanto, están la carne, los moluscos y los aceites vegetales. Aunque esto es algo polémico, recomiendo no dar leche de vaca a un niño con asma.

También los aditivos pueden activar el asma. Cuidado con el consumo de cacahuetes, glutamato monosódico y, en especial, el aspartamo. Entre los alimentos de los que hay que consumir más están: los pescados grasos, el aceite de semillas de lino, el aceite de pescado, y ajo, cebolla, frutas y verduras, que son ricos en fitonutrientes y antioxidantes.

Hace falta paciencia para tratar el asma con nutrición, puesto que los estudios indican que podría necesitarse un año para remediar los síntomas. Tal vez es posible acelerar la curación haciendo un corto ayuno o programa de limpieza.

SUPLEMENTOS Y NUTRIENTES ESPECÍFICOS

Todo el mundo debería tomar un suplemento multivitamínico y mineral de alta potencia, como se explica en el quinto principio (véase página 130). Los niños necesitan tomar un suplemento vitamínico infantil sin rellenos ni aspartamo. Además, para el asma, el enfisema y la bronquitis, recomiendo tomar los siguientes nutrientes:

Principales
Vitamina C: hasta 3.000 mg al día, para proteger el tejido pulmonar.

Coenzima Q10: 100 mg al día, para combatir la histamina, que produce constricción en las vías respiratorias.

Sulfato de magnesio: 250-1.000 mg al día, recetados por el médico. El magnesio aumenta la capacidad de los pulmones.

Selenio: 100 mcg al día, para combatir los contaminantes atmosféricos.

Secundarios
Molibdeno: 1-3 mg al día; podría mejorar la función pulmonar.

N-acetilcisteína: 250 mg al día, para reparar el tejido pulmonar.

Vitamina B_{12}: 1.000 mcg al día también podrían reducir la inflamación en los pulmones.

HIERBAS

Principal
Té verde: 150 mg al día, ya sea en bebida o en forma de suplemento, para relajar las vías aéreas. El té verde contiene fitonutrientes antiinflamatorios que reducen la inflamación de los pulmones. También tiene un suave efecto broncodilatador.

Zumo

Los zumos frescos conviene consumirlos antes de que pasen dos o tres horas de su preparación y han de mantenerse en el refrigerador.

Refuerzo antioxidante
1 ración

2 zanahorias grandes
1 tallo de apio
2 hojas de remolacha con el tallo
1 pizca de tabasco (salsa picante)

Lavar y secar las zanahorias, el apio y las hojas de remolacha, y licuar. Añadir el tabasco y disfrutar.

Esta bebida aporta gran cantidad de minerales y antioxidantes que favorecen el funcionamiento óptimo de los pulmones.

Receta
Ensalada de quinua
4 raciones

1 taza de quinua seca
2 tazas de agua
1 ½ taza de brécol troceado
½ pepino pelado sin semillas y picado finamente
¼ taza de cebolla roja picada finamente
1 escalonia, con la parte verde, picada finamente
1 zanahoria mediana rallada

Aliño:
¼ taza de aceite de semillas de lino
¼ taza de zumo de limón
1 cucharada de mostaza Dijon
¼ cucharadita de ajo
1 cucharadita de zattar (mezcla de hierbas, en tiendas de productos orientales)
2 cucharaditas de miel

Lavar la quinua en un colador fino y dejar escurrir. Después colocarla con el agua en un cazo mediano, llevar a ebullición (unos cinco minutos) y luego cocer a fuego suave durante 20 minutos. Dejarla enfriar en el refrigerador, removiendo de tanto en tanto. Cocer el brécol ligeramente al vapor y enfriarlo en el refrigerador. Mezclar los demás ingredientes con la quinua y el brécol ya fríos. En un cuenco batir los ingredientes del aliño. Rociar con él la ensalada de quinoa y servir.

Esta ensalada aporta gran cantidad de minerales y antioxidantes que favorecen el funcionamiento óptimo de los pulmones, más la proteína de alta calidad y fácil de digerir que contiene la quinua.

31
Riñones

Casi veinte millones de estadounidenses adultos sufren de alguna enfermedad renal crónica. Normalmente los riñones eliminan los desechos del torrente sanguíneo. En el caso de enfermedad crónica, pierden la capacidad de filtrar y la persona puede morir si no se le hace diálisis o trasplante de riñón. La enfermedad renal está entre las diez primeras causas de muerte en Estados Unidos. Es una complicación de hipertensión y diabetes.

Los cálculos renales son uno de los problemas renales más comunes y uno de los trastornos más dolorosos que una persona puede sufrir (incluido el parto). El 10 por ciento de los estadounidenses tendrá un cálculo renal en algún momento. El consumo insuficiente de calcio se considera la causa de los cálculos renales. Éstos pueden precisar extirpación quirúrgica y podrían poner en peligro la vida.

Los estudios de investigación sobre la prevención nutricional de cálculos renales han revelado lo siguiente:

- El calcio dietético obtenido de los alimentos o de suplementos reduce el riesgo de cálculos renales.
- El suplemento de calcio se ha de tomar con la comida, en dosis de 400 mg. Obtener calcio de un suplemento multivitamínico está bien mientras se tome con alimento.
- Una dieta de la terapia nutricional yóguica principalmente vegetariana, que es rica en calcio, fibra, vitaminas, antioxidantes y proteínas vegetales, es una excelente manera de prevenir los cálculos renales o su recurrencia.

Dieta

Siempre que sea posible, conviene eliminar de la dieta la proteína de origen animal y reemplazarla por alguna proteína vegetal como la soja. Evitar los alimentos que contengan gran cantidad de ácido oxálico, como la espinaca y el ruibarbo, y también la cafeína y los alimentos procesados.

Seguir la dieta de la terapia nutricional yóguica, abundante en verdura cruda y cocida y en fruta cruda. El ajo, las patatas, los espárragos, el rábano picante, el pepino y el apio son verduras excelentes para sustentar los riñones. Entre las frutas particularmente beneficiosas para los riñones están la papaya, el plátano, la sandía y los arándanos agrios; estos últimos favorecen la curación de la vejiga y destruyen las bacterias acumuladas, lo cual facilita el trabajo de los riñones. Conviene también aumentar el consumo de alimentos ricos en vitamina A, por ejemplo: albaricoques, melones cantalupo, zanahorias, calabazas y boniatos. Por último, hay que beber ocho vasos de agua pura al día si el funcionamiento de los riñones es normal.

Suplementos y nutrientes específicos

Todo el mundo debería tomar un suplemento multivitamínico y mineral de alta potencia, como se explica en el quinto principio (véase página 130). Para un funcionamiento renal óptimo, recomiendo tomar, además, los siguientes nutrientes:

Principales
Vitamina A: 75.000 unidades al día. Al cabo de tres meses, reducir la dosis a 10.000 unidades. La vitamina A contribuye a la curación de las vías urinarias. Las dosis elevadas de vitamina A se han de tomar bajo la supervisión del médico.

Zinc: 50-80 mg diarios; no superar los 100 mg al día. El zinc inhibe la cristalización y estimula la curación.

Secundario
Complejo vitamínico B: 50 mg de cada vitamina B importante tres veces al día. No tomarla con leche. La vitamina B disminuye la retención de líquido.

HIERBAS

Secundaria
Filantro (*Phyllanthus niruri*, filanto o quina criolla): 250-500 mg tres veces al día. Esta hierba actúa como desintoxicadora, y no se sabe de ningún efecto secundario.

ZUMOS

Los zumos de sandía, pepino, apio y arándanos agrios dan un baño de limpieza a los riñones. Un estudio publicado en *British Medical Journal* en junio de 2001 revelaba que beber zumo de arándanos agrios previene el problema de las infecciones de la vejiga, que afecta a más de 11 millones de mujeres cada año.

Los zumos frescos conviene consumirlos antes de que pasen dos o tres horas de su preparación y han de mantenerse en el refrigerador.

Alivio para el riñón
1 ración

1 rodaja de jengibre de 2,5 cm más o menos
½ taza de frambuesas congeladas
1 taza de sandía troceada
½ taza de hielo

Lavar y secar el jengibre, pelarlo y licuarlo con las frambuesas y sandía. Verter el zumo sobre el hielo y beberlo frío.

El jengibre es un antiinflamatorio natural, y las frambuesas y la sandía limpian los riñones.

RECETA
Ensalada primaveral de Sat
2 raciones

2 endibias amarillas
1 manzana mediana cortada en rodajas finas
½ taza de nueces troceadas
½ taza de berro
¼ taza de queso azul

ALIÑO:
1 cucharada de requesón descremado
1 cucharada de vinagre de sidra
3 cucharadas de aceite de nueces
1 ajo mediano prensado
sal y pimienta al gusto

Separar las hojas de las endibias sin romperlas; lavarlas y secarlas, como también la manzana y el berro. En cada plato disponer las hojas de endibia en círculo, las rodajas de manzana en el centro y el berro sobre las hojas de endibia. Coronarlo todo con los trocitos de nueces y el queso.

Colocar los ingredientes del aliño en una licuadora o robot y hacerlos puré. Verter sobre la ensalada y servir.

El berro y la endibia son potentes limpiadores de los sistemas intestinal y circulatorio. También mejoran el funcionamiento renal.

32

Salud infantil

Mis dos hijos, ahora adultos, nunca han comido carne. Los dos son altos, fuertes y sanos. Conozco a muchos otros niños vegetarianos muy inteligentes y en excelente forma física. Nunca han sido enfermizos, les ha ido bien en sus estudios y son muy felices.

Ahora comprendemos que los niños que se crían nutriéndose de alimentos vegetales en lugar de carnes tienen una enorme ventaja en salud. Son menos propensos a tener problemas de peso, diabetes o hipertensión. En cambio una dieta infantil rica en calorías, proteínas de origen animal y grasas podría favorecer menarquias prematuras, las que a su vez llevan a un mayor índice de cáncer más adelante en la vida. Este tipo de dieta también favorece la obesidad y la hipertensión. Actualmente el 60 por ciento de los niños de Estados Unidos tiene la tensión arterial alta. Además, la American Heart Association observa que uno de cada cinco adolescentes y uno de cada doce niños tiene la tensión arterial alta. El motivo podría ser que el 37 por ciento de las calorías del almuerzo escolar promedio proviene de grasa saturada, según encuestas del Departamento de Agricultura (www.usda.gov). El director del Departamento de Salud Pública ha declarado que un contenido de grasa mayor al 30 por ciento en la dieta es peligroso para los niños, y otros especialistas en salud, entre ellos yo, pedimos una reducción de la grasa en la dieta de los niños al 20 por ciento o menos.

DIETA

Una dieta vegetariana de la terapia nutricional yóguica aporta todas las proteínas, vitaminas y calcio que necesitan los niños para crecer sanos. Las verduras y legumbres son una fuente sana de calcio, además de sus otras muchas ventajas nutricionales. Este hecho médico probado llevó al prominente pediatra doctor Benjamin Spock a decir que incluso el consumo de leche de vaca era innecesario para los niños.

Si te preocupa el consumo de calcio de tus hijos, ten en cuenta que 24 cl de zumo de naranja enriquecido con calcio aporta más cantidad de esta sustancia (300 mg) que 24 cl de leche. Algunas leches de soja y de arroz llevan calcio además de vitaminas A, D y B_{12}, con lo que aportan la misma cantidad de nutrientes que la leche de vaca sin el elevado contenido en grasa, ni antibióticos y hormonas. A continuación una lista de alimentos vegetales ricos en calcio:

Almendras (½ taza)	166 mg
Bok choy (1 taza)	250 mg
Boniato (1 taza)	70 mg
Brécol (1 taza)	178 mg
Col verde (1 taza)	226 mg
Higos (5 piezas medianas)	258 mg
Judías pintas (1 taza)	82 mg
Kelp (1 cucharada)	156 mg
Tahini de sésamo (1 cucharada)	64 mg
Tofu (½ taza)	188 mg
Judías verdes de vaina amarilla (1 taza)	174 mg

Si de todos modos decides incluir leche en la dieta de tus hijos, procura por lo menos que sea de vacas criadas de modo biológico.

La madre Teresa dijo una vez: «La manera de contribuir a sanar el mundo es comenzar por la propia familia». Un programa dietético de la terapia nutricional yóguica es sano para los hijos y para toda la familia. Aparte de eso, te servirá para dar un pequeño paso hacia la creación de un mundo mejor para las generaciones futuras.

SUPLEMENTOS Y NUTRIENTES ESPECÍFICOS

Principal

El único nutriente que a los niños podría serles difícil de obtener si son vegetarianos o vegetalistas es la vitamina B_{12}. Aunque los cereales estén enriquecidos con vitamina B_{12} y otras vitaminas, recomiendo que los niños y adolescentes vegetarianos tomen un suplemento vitamínico mineral que contenga vitamina B_{12}. Normalmente los niños que comen carne no tienen ninguna dificultad para obtener esta vitamina. De todos modos aconsejo que todos los niños tomen un suplemento multivitamínico mineral por seguridad, para compensar la mala alimentación actual y los múltiples tipos de estrés del crecimiento. En las tiendas de alimentos dietéticos se venden vitaminas para niños.

HIERBAS

En general no administro terapia herbolaria a niños sanos.

RECETAS

Bebida de apio y pasas
1 ración

2 tallos de apio
1 puñado de pasas

Lavar y secar el apio. Colocar las pasas en un cazo, cubrirlas con 3-5 cm de agua purificada; llevar a ebullición y cocerlas durante unos minutos, hasta que el agua esté coloreada por las pasas. Mientras hierven las pasas, licuar el apio. Retirar las pasas del fuego y colar el agua en una taza. Mezclar el agua de las pasas con el zumo de apio, enfriar y servir. Para niños muy pequeños diluir en agua, mitad y mitad. Esta bebida conviene tomarla antes de que hayan pasado dos o tres horas desde su preparación, y debe mantenerse en el refrigerador. Después se pueden comer las pasas como tentempié o con los cereales. La bebida de apio y pasas calma y relaja a los niños equilibrando la química corporal. El apio es un relajante natural, y las pasas aportan vitaminas y minerales.

Leche de dátiles
1 ración

½ taza de agua pura
1 taza de leche biológica
6 dátiles sin hueso partidos por la mitad

Hervir los ingredientes a fuego suave durante 20 minutos o hasta que la leche haya adquirido un color rosa y los dátiles se estén rompiendo; remover de tanto en tanto. Colar y servir. El delicioso y calmante sabor de la leche de dátiles va bien para destetar a los bebés, a la vez que aporta una nutrición que reemplaza a la leche materna. Pero esta bebida no es sólo para bebés, es muy nutritiva y rejuvenecedora para personas de todas las edades. Da energía al cuerpo y contribuye a mantener a raya los resfriados. Es muy buena para beberla cuando uno se está recuperando de una fiebre o gripe.

33

VIH y sida

La infección por el virus de inmunodeficiencia humana (VIH) es una de las grandes tragedias de nuestra era. Cuando la infección del virus se convierte en enfermedad grave, se llama síndrome de inmunodeficiencia adquirida (sida). Lo bueno es que es posible vivir con la infección por el VIH y con el sida si la persona se cuida muy bien. En un excelente trabajo clínico realizado por mi colega y psicoterapeuta, el doctor Shanti Shanti Kaur Khalsa, se ha comprobado que la terapia nutricional yóguica es muy eficaz para optimar la salud de personas afectadas por el virus y por el sida.

DIETA

La dieta es un componente eficaz e importante de un programa para tratar el VIH y el sida. Recomiendo los frijoles mung con arroz (receta en la página 100), con las raíces trinidad (ajo, cebolla y jengibre) salteadas en un poco de ghee más mucha pimienta negra recién molida. Purifica la sangre. Preparar una mezcla de cebolla, ajo y jengibre, guardarla en el refrigerador y añadirla a otras comidas cada día para purificar la sangre.

Beber seis tazas o más de la infusión yogui (receta en la página 162); va bien para mantener la sangre fuerte y limpiar el hígado. Se le puede añadir leche normal o de soja, zumo de manzana o de naranja. Cada mañana, después de lavarse los dientes y antes de comer o beber algo, beber un vaso de infusión yogui fría mezclada con zumo de manzana, mitad y mitad. Beberla lentamente. Esto beneficia al hígado, que debe mantenerse sano cuando se tiene la infección del virus o el sida. Una o dos rodajas de rábano negro daikon, al vapor o crudas, también benefician al hígado.

Para un funcionamiento óptimo del sistema inmunitario, seguir todos los demás principios de la terapia nutricional yóguica.

SUPLEMENTOS Y NUTRIENTES ESPECÍFICOS

Toda persona debe tomar un suplemento multivitamínico y mineral de alta potencia, como se explica en el quinto principio (véase página 130). A los pacientes seropositivos o con sida les recomiendo tomar, además, los siguientes nutrientes:

Principales
Vitamina A: 50.000 UI al día, por sus efectos fortalecedores del sistema inmunitario y antioxidantes.
Vitamina C: hasta 10 g al día, según se tolere, por sus efectos fortalecedores del sistema inmunitario y antioxidantes.
Vitamina E: 1.000 UI al día, por sus efectos fortalecedores del sistema inmunitario y antioxidantes.
Coenzima Q10: 100 mg al día, para la producción de energía celular.
Ácido alfalipoico: 250 mg al día para favorecer la producción de energía celular.
N-acetilcisteina: 250 mg al día para apoyar al sistema inmunitario.

HIERBAS

Principal
Genciana india: 5-20 mg por kilo de peso corporal, o 340-1.000 mg al día. Las primeras pruebas clínicas en hombres seropositivos han sugerido que el extracto de genciana india podría producir una modesta mejoría en la actividad inmunitaria.

Secundarias
Cúrcuma: 100-200 mg una o dos veces al día, por sus propiedades antiinflamatorias.
Raíz de jengibre: 500 mg dos veces al día, por sus propiedades antivíricas.
Ajo: 4-5 mg al día, por sus propiedades antibacterianas.
MGN3: 3 g al día. Como explico en el capítulo 12, sobre el quinto principio, MGN3 es un producto nuevo, hecho de salvado de arroz, que mejora en gran medida el sistema inmunitario aumentando la actividad de los linfocitos. Se usa principalmente para tratar el cáncer y el sida.

ZUMO

Los zumos frescos conviene consumirlos antes de que pasen dos o tres horas de su preparación y han de mantenerse en el refrigerador.

Bebida vegetal daikon kyolic

1 pepino
4 tallos de apio
1 rábano daikon
¾ cucharadita de extracto de ajo kyolic

Lavar y secar el pepino, el apio y los rábanos. Pelar el pepino, quitar las hojas del apio y cortar los extremos. Pelar los rábanos daikon y cortar los extremos. Licuar el pepino, el apio y los rábanos para hacer ⅓ taza de zumo de cada uno.

Mezclar los zumos y colar. Debería resultar una taza de zumo en total. Añadir el extracto de ajo kyolic. Beberlo lo antes posible.

El zumo de pepino calma el estómago y el bazo, es purificador de la sangre y elimina la flema de los pulmones; el apio es un relajante natural; el rábano daikon es un potente desintoxicador del hígado, y el ajo estimula el sistema inmunitario y purifica la sangre. Beber este zumo una vez al día.

RECETAS
Bebida de jalapeños
para el sistema inmunitario

Según la terapia nutricional yóguica, los jalapeños pueden mejorar notablemente el sistema inmunitario gracias a su elevado contenido en vitamina C. Van bien para eliminar parásitos, mejorar la función pulmonar, mantener a raya los resfriados y reducir las dolencias bronquiales. Mezclar jalapeños enteros crudos con 24-36 cl de leche en una licuadora o robot durante un par de minutos. Después beberlo con pajita. Comenzar con medio jalapeño e ir aumentando paulatinamente hasta llegar a cinco jalapeños.

Para limpiar la sangre y conseguir efectos antivíricos

Añadir una cucharada de pimienta recién molida a una taza de yogur natural descremado. Comerlo de una vez o a lo largo del día. Se puede ir aumentando hasta cinco cucharadas de pimienta durante un periodo de varias semanas. Este plato podría causar la sensación de una fiebre leve durante una hora más o menos mientras la persona se adapta a sus efectos.

Para prevenir parásitos

Comer una cebolla cruda al día. Se puede añadir al yogur fresco, a ensaladas, a verduras al vapor o al arroz, como en las comidas mexicanas.

Leche de cabra con raíces trinidad
1 ración

2 tazas de leche de cabra
½ cabeza de ajos enteros
1 trozo de raíz de jengibre de 2,5 x 2,5 cm pelado y troceado
½ cebolla blanca cortada en trozos pequeños
½ cucharadita rasa de cúrcuma (más sería demasiado fuerte)

Echar los ingredientes en una olla a presión a fuego medio. Dejar calentar lentamente y cuando esté caliente, poner la tapa y la válvula de presión. Cuando la válvula comience a sonar y a dejar escapar vapor, cocer durante cinco minutos exactos, retirar la olla del fuego y ponerla bajo el grifo de agua fría durante un minuto. Quitar la válvula; si sale vapor, esperar hasta que deje de salir y sólo entonces retirar la tapa. Una vez enfriada y abierta la olla, colar la leche y desechar la cebolla, el ajo y el jengibre. Beber esta leche mientras todavía está caliente; tomar una ración al día.

La leche acelera la asimilación de los nutrientes en el organismo y los tejidos. Esta receta tiene propiedades antibacterianas, antivíricas y antiinflamatorias, y estimula la actividad del sistema inmunitario.

34
Sistema cardiovascular:
Cardiopatías, hipertensión
e hipercolesterolemia

CARDIOPATÍAS

La enfermedad del corazón es la principal causa de muerte en Estados Unidos. Casi 62 millones de personas sufren de alguna forma de enfermedad cardiovascular. Al menos un millón de personas mueren cada año de esta enfermedad. Según la American Heart Association, alrededor de un tercio de esas muertes se podría evitar con mejores hábitos alimentarios. Pero el tratamiento de la medicina oficial recurre a fármacos y cirugía para tratar la enfermedad cardiaca, con un leve acento en la prevención mediante cambios dietéticos y ejercicio.

John Goodman, el autor de *Cardiovascular Megatrends: The 21st Century*, ha dicho que «la acción más recurrida de la atención sanitaria» es la operación del corazón. Dice que cada año alrededor de 1.400.000 estadounidenses se hacen *bypass* coronario o angioplastia. La American Heart Association informa de que el coste de la atención hospitalaria, las facturas del médico y los fármacos de los pacientes de cardiopatía asciende a 115.000 millones de dólares anuales.

Como indican las pruebas que se van acumulando, la cardiopatía es una enfermedad inflamatoria. En los últimos años hemos llegado a comprender que esta inflamación explica por qué personas sin ningún factor de riesgo conocido, como un nivel elevado de colesterol en la sangre o hipertensión, de todos modos tienen ataques al corazón. La inflamación daña las paredes de las arterias, haciéndolas más propensas a la acumulación de grasas. Además, el aumento de volumen y peso en la zona del abdomen activa una reacción inflamatoria y aumenta considerablemente el riesgo de enfermedad cardiaca, especialmente en mujeres. También hay pruebas de que infecciones corrientes, como el herpes bucal, las infecciones de las vías respiratorias superiores y el herpes genital, están muy conectadas con el desarrollo de la enfermedad cardiaca por proceso inflamatorio.

Además, la cardiopatía está directamente relacionada con otros trastornos diversos, como la arteriosclerosis, problemas circulatorios, hipertensión y un elevado nivel de colesterol en la sangre o hipercolesterolemia. Todos estos problemas se pueden prevenir o mejorar siguiendo las prescripciones indicadas para la enfermedad cardiaca.

DIETA

¿Qué se puede hacer para evitar la enfermedad cardiaca? Seguir la dieta antiinflamatoria de la terapia nutricional yóguica. Cuando se sufre de algún tipo de cardiopatía, seguir este programa dietético podría evitar la operación quirúrgica.

Para consumir fitonutrientes hay que comer frutas y verduras frescas crudas. Entre las muchas fuentes de fibra alimentaria, como los cereales, las verduras y las frutas, la fibra de la avena, que se encuentra en la harina de avena y en cereales para el desayuno, parece ser la más beneficiosa. Incorporar ajo y cebolla a la dieta, ya que contienen compuestos que reducen el nivel de colesterol en la sangre. Comer frutos secos crudos (a excepción de cacahuetes), aceite de oliva virgen extra, salmón rosado, atún y arenques del Atlántico. Estos alimentos contienen ácidos grasos esenciales. Evitar todas las fuentes de sodio y los productos que contienen sal, soda, sodio o llevan el símbolo Na (sodio) en la etiqueta.

Si hay posibilidades de riesgo de ataque al corazón, seguir estos principios de la terapia nutricional yóguica:

- Procurar que la dieta sea rica en fibra.
- Comer alimentos ricos en vitaminas B_6 y B_{12}, que se encuentran en las verduras de hoja verde y las frutas.
- El ácido fólico previene la enfermedad cardiaca; se encuentra en los cereales, espárragos, espinacas, garbanzos y judías. También conviene añadir almendras, levadura de cerveza y semillas de sésamo a la dieta, puesto que todos son ricos en ácido fólico.

- No comer carne roja, sal, azúcar ni harina blanca.
- Comer alimentos proteínicos derivados de la soja, que bajan la tasa del colesterol LDL.
- Eliminar las frituras y reducir el consumo de café, té negro, colas y otros alimentos estimulantes alarmantes.
- No fumar y evitar el humo de otros fumadores.
- Comer aguacates; su aceite es similar al de oliva y va bien para bajar el nivel de colesterol.
- Comer manzanas. La manzana contiene pectina, fibra soluble que disuelve el colesterol LDL.
- Usar los condimentos antiinflamatorios cúrcuma, jengibre, comino y clavo.
- Evitar la margarina, la manteca y los aceites procesados como el de semilla de algodón.

ALIMENTOS ESPECIALES PARA CARDIOPATÍAS

Las castañas de Pará, el trigo cocido y el salvado de avena contienen vitamina E y selenio. La vitamina E es un potente antioxidante, y el selenio un importante nutriente para la función óptima del músculo cardiaco.

La naranja oscura y las verduras de hoja verde oscuro, así como los boniatos, la calabaza, los orejones de albaricoque, la col verde, la col rizada y la espinaca, son ricos en carotenoides. Estas potentes moléculas antiinflamatorias protegen las arterias.

Los espárragos, la sandía, las fresas y los melocotones frescos contienen el potente antioxidante glutatión, que retarda la inflamación e induce a los genes a enviar un mensaje positivo de curación al corazón.

SUPLEMENTOS Y NUTRIENTES ESPECÍFICOS

Todos deberíamos tomar un suplemento multivitamínico y mineral de alta potencia, como se explica en el quinto principio (véase página 130). Para prevenir o tratar la enfermedad cardiaca, recomiendo tomar, además, los siguientes nutrientes:

Principales
Vitamina E: 600-1.200 UI al día, para prevención. La vitamina E es un eficiente antioxidante que aumenta la irrigación sanguínea y contribuye a reducir el riesgo de ataque al corazón.

Coenzima Q10: 100-300 mg diarios. La coenzima Q10 estimula la oxigenación del músculo cardiaco.

Extracto de pepitas de uva: 150-300 mg al día, para fortalecer el sistema cardiovascular.

Ácidos grasos esenciales: 20-40 g al día, en forma de aceite de borraja, aceite de pescado, aceite de onagra o aceite de semillas de lino. Los ácidos grasos esenciales reducen el colesterol y la grasa en la sangre.

Secundario
Ácido alfalipoico: 250-500 mg al día. El ácido alfalipoico baja el nivel de colesterol LDL, el «malo».

DHEA y la enfermedad cardiaca

La deshidroepiandrosterona (DHEA) es una hormona secretada por las glándulas suprarrenales. Es activa en prácticamente todas las células. A medida que nos hacemos mayores tiende a disminuir el nivel de DHEA en la sangre; se ha comprobado que esta disminución es perjudicial para la salud del corazón. Según un importante estudio publicado en *American Journal of Epidemiology* en 2001, el nivel bajo de DHEA va asociado a un mayor índice de cardiopatías en hombres maduros. Se examinó a más de 1.700 hombres de edades comprendidas entre los 40 y los 70 años; los resultados indicaron que aquellos que tenían más bajo el nivel de DHEA presentaban más probabilidades de enfermar del corazón. Este resultado era independiente de otros factores de riesgo como la edad, la obesidad, la diabetes, la hipertensión, el elevado nivel de lípidos en la sangre, el consumo de alcohol o el tabaco y la actividad física.

Recomiendo que todas las personas mayores de 45 años se hagan analizar el nivel de DHEA en la sangre y que lo restablezcan igualándolo al de una persona de 30 años. La dosis típica que receto es de 25-100 mg diarios. Los hombres han de hacerse un análisis PSA (antígeno específico de la próstata) antes de comenzar a tomarla, y junto con ella tomar una fórmula de palma enana *(Serenoa repens)*, debido al problema teórico de que DHEA podría tener relación con la hiperplasia de próstata.

HIERBAS

Secundarias

Bayas de espino blanco o albar: 2-4 tabletas estandarizadas al día. Las bayas del espino blanco son un tónico cardiovascular. No hay contraindicaciones, pero esta hierba no se ha estudiado en pacientes que toman fármacos cardiovasculares. Por lo tanto, hay que tomarla bajo la supervisión de un profesional de la salud o de un herbolario experto.

Ginkgo biloba: 120 mg al día. Ginkgo es un potente antioxidante y estimulante de la circulación. Inhibe la agregación plaquetaria, lo cual disminuye las posibilidades de que se formen trombos en una arteria.

HIPERTENSIÓN

La tensión o presión arterial se puede definir como la presión o fuerza que ejerce la sangre sobre las paredes de las arterias al circular por ellas. Esta presión se mide en relación con la actividad de bombeo del corazón (sístole y diástole) y se expresa en milímetros o centímetros de mercurio. En las personas que tienen hipertensión, esta presión es anormalmente alta. El que la tensión arterial sea alta, baja o normal depende de varios factores: la salida de la sangre del corazón, la resistencia que oponen los vasos sanguíneos, el volumen de sangre y la distribución de la sangre a los diversos órganos. Si la presión es alta, el corazón debe trabajar más para bombear cantidades adecuadas de sangre a todos los tejidos corporales. La tensión arterial alta puede llevar a enfermedad cardiaca coronaria, arteriosclerosis, accidentes vasculares (derrame, embolia, trombosis) e insuficiencia renal. Cada año causa la muerte a 45.000 estadounidenses y se asocia a la muerte de otras 210.000 personas.

Un pasmoso estudio publicado en *Journal of the American Medical Association* en marzo de 2002 pronosticaba que nueve de cada diez estadounidenses tendrían hipertensión en algún momento. La American Heart Association, que insta a toda la población a prevenir esta enfermedad siguiendo lo que en esencia es una dieta de la terapia nutricional yóguica, consideró este estudio una llamada a despertar. Además, Claude Lenfant, director del National Heart, Lung and Blood Institute de Bethesda, Maryland, ha dicho: «Los cambios en el estilo de vida pueden tener un efecto enorme, y nunca es tarde para empezar».

Dado que la hipertensión normalmente no causa síntomas hasta que se producen complicaciones, se la llama la asesina silenciosa. Signos de advertencia de hipertensión son dolores de cabeza, sudoración, pulso rápido, resuello o dificultad para respirar y perturbaciones visuales.

DIETA

Para bajar la tensión arterial, seguir una estricta dieta sin sal; leer atentamente las etiquetas y evitar los productos que contengan sal, soda o sodio (símbolo Na). Otros productos y aditivos que hay que evitar son la levadura (contiene bicarbonato sódico), las verduras enlatadas (a no ser que diga sin sal o sodio), las bebidas gaseosas *light*, los alimentos con inhibidores del moho, conservantes y/o sucedáneos del azúcar, agua ablandada y salsa de soja.

Están prohibidos el beicon, la carne de vaca, los cubitos de caldo, el hígado, la carne enlatada, los productos lácteos, las salsas, el cerdo, las salchichas y las carnes ahumadas o procesadas. Evitar los alimentos alarmantes ricos en grasas saturadas, como los quesos y las carnes curados y las anchoas (debido a su contenido de sal) y el chocolate azucarado. Estos alimentos contribuyen a endurecer las arterias, lo cual las estrecha y hace aumentar la presión. Evitar todas las bebidas alcohólicas, la cafeína y el tabaco.

¿Qué se puede comer para bajar la tensión arterial? Es fácil. Mucha fruta y verdura fresca, por ejemplo las manzanas, espárragos, plátanos, brécol, coles, melones, berenjenas, ajo, pomelo, verduras de hoja verde, guisantes, ciruelas pasas, uvas pasas, calabaza y boniatos. Comer con moderación cereales como quinua, arroz integral, trigo sarraceno, mijo y avena; comer pescado blanco o salmón a la plancha, y pavo o pollo sin piel.

Otra consideración para controlar la tensión arterial es mantener bajo el peso. Si hay sobrepeso, tomar medidas para perder los kilos que sobran. Una de las maneras sanas de hacerlo es ayunar entre tres y cinco días al mes, hacer ejercicio con regularidad y meditar para reducir los efectos del estrés. Procurar dormir lo suficiente.

SUPLEMENTOS Y NUTRIENTES ESPECÍFICOS

Todo el mundo debería tomar un suplemento multivitamínico y mineral de alta potencia, como se explica en el quinto principio (véase página 130); este suplemento básico contiene todos los minerales importantes contra la hipertensión. Para estabilizar la tensión arterial recomiendo tomar, además, los siguientes nutrientes.

Principal
Coenzima Q10: 100-300 mg diarios, para aumentar la oxigenación y estimular la circulación.

Secundario
Vitamina C: 3.000-6.000 mg al día, en dosis repartidas. La vitamina C es esencial para regular la tensión arterial alta.

HIERBAS

Principal
Ajo: Es mejor tomar el ajo añadiéndolo a las comidas. También se puede tomar una forma desodorizada en dosis de 5-10 mg diarios. El ajo previene la formación de depósitos de grasa en las arterias.

NIVEL ELEVADO DE COLESTEROL O HIPERCOLESTEROLEMIA

Un nivel elevado de colesterol va unido a un riesgo mayor que el normal de arteriosclerosis y enfermedad cardiaca coronaria. Saber cuál es nuestro nivel de colesterol en la sangre y controlarlo es un paso muy importante para prevenir estas enfermedades. Hay distintos tipos de colesterol y tienen funciones diferentes.

Las lipoproteínas de baja densidad (LDL) se conocen como el colesterol malo; transportan la mayor parte de colesterol por la sangre y son la principal causa de acumulación dañina y bloqueo de las arterias.

Las lipoproteínas de alta densidad (HDL) se conocen como el colesterol bueno; transportan el colesterol desde el torrente sanguíneo al hígado, donde se elimina del cuerpo. El colesterol HDL también impide que el colesterol LDL se acumule en las paredes de las arterias.

Los triglicéridos son una forma de grasa transportada en el torrente sanguíneo. La grasa más abundante en el cuerpo está en forma de triglicéridos, y se almacena en el tejido adiposo. Una cantidad menor de triglicéridos va por la sangre. Un nivel elevado de triglicéridos en la sangre también favorece la enfermedad cardiaca coronaria.

Un nivel sano de colesterol en la sangre, establecido por el National Cholesterol Education Program, es inferior a 200 mg por decilitro de sangre. Esta cifra expresa el colesterol total, LDL y HDL. Si el nivel de colesterol total de una persona es 180, con el HDL de 80 y el LDL de 120, se la considera en riesgo bajo de enfermedad cardiaca. Si el nivel total de colesterol es superior a 200, con el HDL inferior a 45 y el LDL superior a 150, el riesgo es elevado, y ha de ponerse al cuidado de un médico especializado en nutrición.

EL TRATAMIENTO FARMACOLÓGICO DEL COLESTEROL ELEVADO

A muchas personas que tienen elevado el nivel de colesterol se las trata con fármacos llamados estatinas. Actualmente existen seis estatinas en el mercado de Estados Unidos, y alrededor de 12 millones de personas las toman. Al principio se pensó que estos medicamentos salvarían vidas y no tendrían efectos secundarios, pero no es así. De hecho, el 8 de agosto de 2001 uno de ellos, Baycol, se retiró del mercado después de que murieran 31 pacientes. Las muertes se debieron a un trastorno que provocaba que se rompieran células musculares, abrumando a los riñones con desechos celulares durante los tres meses anteriores a la defunción.

Desgraciadamente, esta retirada se produjo tres meses después de una campaña de las empresas farmacéuticas y del Gobierno federal para ampliar el uso de estatinas a 36 millones de estadounidenses. Los problemas relacionados con las estatinas, entre los cuales, además de la enfermedad muscular citada, están los daños que se producen en el hígado, han planteado muchas preguntas acerca de cómo enfocan los médicos el tratamiento de las cardiopatías en general y del colesterol elevado en particular.

Muchos especialistas que practican métodos alternativos para tratar la cardiopatía creen que los fármacos para el colesterol no tienen ninguna utilidad para eliminar el riesgo de ataque al corazón, aparte de casos excepcionales. Pero yo creo que las estatinas tienen un papel en la medicina moderna. También creo que el método de la terapia nutricional yóguica va bien para reducir el nivel de colesterol y favorecer la salud del corazón, se tomen estatinas o no. Aparte de eso, si se toman estatinas, hay que comprender que éstas despojan de coenzima Q10 al músculo cardiaco. Por lo tanto, quien ingiera estos fármacos o tenga una enfermedad cardiaca importante, debe tomar coenzima Q10 en dosis de 100-300 mg al día.

DIETA

La grasa saturada, que se encuentra principalmente en alimentos de origen animal, aumenta el nivel de colesterol LDL más que cualquier otra cosa. Reducir la cantidad de grasa saturada y de colesterol LDL es un paso muy importante hacia la disminución del nivel de colesterol. El colesterol se encuentra en la carne roja, el pollo, el pescado y el marisco, y en los productos lácteos. Conviene limitar el consumo de estos alimentos.

Recomiendo eliminar todas las grasas y aceites hidrogenados y endurecidos como la margarina, la manteca y la mantequilla. No conviene consumir grasas calentadas, aceites procesados, empanadillas, productos procesados o refinados, tabaco ni pan blanco. Evitar el cerdo y los productos de cerdo.

La manzana, el plátano, el pomelo, la zanahoria, las judías secas, el ajo, el salvado de avena y el aceite de oliva son alimentos reductores de colesterol. Han de formar parte importante de la dieta. Además, las frutas, las verduras, los aceites vegetales, los cereales, los frutos secos y las semillas no contienen colesterol.

SUPLEMENTOS Y NUTRIENTES ESPECÍFICOS

Todo el mundo debería tomar un suplemento multivitamínico y mineral de alta potencia, como se explica en el quinto principio (véase página 130). Para bajar el nivel de colesterol recomiendo tomar, además, los siguientes suplementos:

Principales
Coenzima Q10: 100-3.000 mg al día, para fortalecer el músculo cardiaco.

Vitamina C: 3.000-8.000 mg al día para contribuir a bajar el nivel de colesterol.

Vitamina E: 400-800 UI al día. Esta dosis suele encontrarse en alguna fórmula multivitamínica. La vitamina E mejora la circulación.

Cromo picolinado: 200 mcg al día. Esta dosis debería encontrarse en el suplemento multivitamínico mineral que ya se está tomando. El cromo regula el nivel de insulina, que controla la formación de depósitos de grasa en las arterias.

Secundario
Inositol hexaniacinato (IN): 1.000-1.500 mg al día repartidos en tres

dosis son excelentes para bajar el nivel de colesterol, en especial si se toman junto con gugulípidos, como se explica más adelante. El IN es una forma de la vitamina B niacina, pero no tiene sus molestos efectos secundarios, como la sensación de sofoco y rubor.

H<small>IERBAS</small>

Principal
Gugulípido: 175 mg tres veces al día, como mínimo. Gugulípido es un extracto obtenido del árbol mukul, que tiene un largo e ilustre historial en la terapia nutricional yóguica. Pruebas clínicas indican que baja los niveles del colesterol y los triglicéricos hasta en un 30 por ciento ayudando al hígado a procesar el colesterol. Es mejor tomar gugulípido junto con inositol hexaniacinato, cromo picolinado, goma guar y extracto de alcachofa. *Observación:* Dado que el gugulípido podría afectar a las plaquetas, si se está tomando algún adelgazante de la sangre, hay que hablar con el médico antes de tomarlo.

Secundarias
Extracto de alcachofa: 150 mg al día actúan sinérgicamente con los otros nutrientes para controlar el colesterol influyendo en su metabolismo.

Bayas de espino blanco o albar: 2-4 tabletas estandarizadas al día, para bajar el colesterol.

Goma guar: 225 mg al día para controlar el colesterol y favorecer su eliminación.

Z<small>UMO</small>

Para combatir cualquier forma de cardiopatía, la hipertensión y el exceso de colesterol, hay que beber zumos frescos, en especial de zanahoria, apio y remolacha. El zumo de zanahoria elimina la grasa de la bilis, contribuyendo así a bajar el nivel de colesterol.

Los zumos frescos conviene consumirlos antes de que pasen dos o tres horas de su preparación y han de mantenerse en el refrigerador.

Zumo anticolesterol
1 ración

1 puñado de perejil
1 puñado de espinacas
2 zanahorias sin las hojas
1 diente de ajo

Lavar y secar el perejil, las espinacas y las zanahorias. Pelar el ajo y licuar todos los ingredientes juntos. Beber enseguida.

RECETA
Tofu al horno con ensalada de Nirvair
4 raciones

Este plato va bien para disminuir el riesgo de enfermedad cardiaca, hipertensión y colesterol elevado.

1 barra de tofu firme de unos 450 g
½ cucharadita de aceite de oliva virgen extra
zumo de 1 limón
¼ taza de Braggs Liquid Aminos

ENSALADA:
4 tazas de hojas verdes muy nuevas
2 escalonias picadas
½ pimiento morrón rojo cortado en rodajas medio finas
1 tomate troceado en dados
½ pepino pelado en rodajas
1 zanahoria rallada

ALIÑO DE MIEL Y MOSTAZA:
¼ cucharadita de ajo picado
2 cucharadas de vinagre de sidra
¼ taza de zumo de manzana sin endulzar
1½ cucharada de miel
2 cucharaditas de mostaza Dijon
1 cucharada de aceite de oliva virgen extra

Precalentar el horno a 200 °C. Desempaquetar el tofu y escurrir el exceso de agua. Envolverlo en papel absorbente y dejarlo así 5-10 minutos para eliminar todo el exceso de agua. Cortarlo a lo largo en tres partes y luego cortar cada parte por la mitad, para obtener seis trozos. Colocar los trozos en una fuente para hornear ligeramente aceitada y rociarlos con la mitad del zumo de limón y la mitad de Braggs Liquid Aminos. Hornear unos 20 minutos. Darles la vuelta a los trozos, rociarlos con el resto del zumo de limón y de Braggs Liquid Aminos, y hornear otros 20 minutos hasta que estén ligeramente crujientes. Se puede variar el tiempo, menos para que el tofu esté más blando, y más para que quede más crujiente.

Mientras tanto preparar el aliño para la ensalada mezclando el ajo con el vinagre, el zumo, la miel y la mostaza. Incorporar lentamente el aceite de oliva y batir para que se espese un poco. Aliñar la ensalada y dejar reposar 15 minutos. Esto la hará más fácil de digerir, ya que el aliño empezará a descomponer las sustancias químicas de la verdura.

Repartir la ensalada en cuatro platos. Cortar los trozos de tofu por la mitad para tener un total de doce. Disponer tres en cada plato de ensalada.

El tofu, excelente fuente de proteína e isoflavonas sin el elevado contenido de grasa y hormonas artificiales de la carne, es beneficioso para todo tipo de cardiopatías.

35
Sistema digestivo: Vesícula biliar, estómago (acidez y úlceras), hígado y colon (inflamación, estreñimiento y hemorroides)

La dieta de la terapia nutricional yóguica es ideal para mantener una buena salud digestiva. Los frijoles mung con arroz (receta en la página 100) ofrecen una excelente nutrición natural porque sus muchos nutrientes se digieren y asimilan fácilmente.

Como tal vez sabes, el aparato gastrointestinal se compone de los siguientes órganos: estómago, hígado, vesícula biliar, páncreas, instestino delgado e intestino grueso. En realidad, la buena digestión comienza en la boca, debido a las enzimas que se secretan cuando uno contempla la comida, la huele o incluso piensa en ella.

VESÍCULA BILIAR

La vesícula biliar es un órgano pequeño de color verde situado debajo del hígado; acumula la bilis procedente del hígado y la vierte en el intestino delgado; allí los ácidos se mezclan con los jugos pancreáticos y empiezan el proceso de asimilación del alimento.

DIETA

La mala digestión y las comidas pesadas y grasas son los causantes de los problemas en la vesícula biliar. Para mejorar este trastorno conviene comer una amplia variedad de verduras frescas y reducir el consumo total de grasas.

Los alimentos de la terapia nutricional yóguica especialmente beneficiosos para los cálculos biliares son las peras, que contribuyen a disolver los cálculos, y los rábanos picantes, que limpian la vesícula y el hígado.

SUPLEMENTOS Y NUTRIENTES ESPECÍFICOS

Todo el mundo debe tomar un suplemento multivitamínico y mineral de alta potencia, como se explica en el quinto principio (véase página 130). Para la vesícula biliar recomiendo, además, los siguientes nutrientes:

Principales
Complejo de ácidos grasos esenciales: 1.000 mg al día. Los ácidos grasos esenciales contribuyen a la prevención y reparación de los cálculos biliares.

Enzimas digestivas: 1-2 cápsulas o tabletas con cada comida, según qué suplemento se tome. Estas enzimas facilitan la digestión si la vesícula secreta muy poca bilis.

Secundario
Vitamina C: 1.000-3.000 mg al día. Algunos estudios relacionan la insuficiencia de vitamina C con los cálculos biliares.

HIERBAS

Principal
Cúrcuma: 100 mg tres veces al día. La cúrcuma es un antiinflamatorio natural.

Secundaria
Alfalfa. 1.000-2.000 mg al día. La alfalfa limpia el hígado y la vesícula.

ESTÓMAGO (ACIDEZ Y ÚLCERAS)

Además de causas nutricionales o metabólicas, las úlceras gástricas y duodenales pueden ser consecuencia de estrés mental y nervioso. También pueden estar causadas por la acción combinada de la bacteria *Helicobacter pylori* y los ácidos gástricos.

Todas las recomendaciones de la terapia nutricional yóguica producen un equilibrio energético y bioquímico en el estómago, aportando vitaminas calmantes y tónicas y sustancias fitoquímicas.

DIETA

Ha de erradicarse de la dieta cualquier alimento que irrite la mucosa y el revestimiento interior del estómago y el duodeno (la parte superior del intestino delgado). En los casos de úlceras graves, también han de evitarse los cereales integrales, los frutos secos, y los panes de harina integral y los cereales para el desayuno durante la primera fase del tratamiento. También debe limitarse el consumo de todas las frutas agrias, las cítricas y las frituras. Si las úlceras son causa de preocupación han de evitarse los alimentos alarmantes como el café, las bebidas alcohólicas, el té, la sal y las especias fuertes, y eliminar el consumo de tabaco. Tomar todas las comidas a temperatura ambiente o corporal; no consumir bebidas o comidas ni demasiado frías ni demasiado calientes.

Para las úlceras duodenales recomiendo beber zumo fresco de col cruda varias veces al día; para mejorar el sabor, mezclarlo mitad y mitad con zumo de zanahoria o de apio. El zumo de patata cruda es excepcionalmente bueno para tratar las úlceras duodenales.

Para las úlceras gástricas es recomendable beber zumo fresco de patata cruda con un poquito de zumo de col tres veces al día, con el estómago vacío.

Tanto el zumo de col como el zumo de patata deben consumirse inmediatamente después de haberlos preparado, antes de que pierdan su valor medicinal. Hay que comer también muchas verduras de hoja verde oscuro, y si los síntomas son graves, se deben tomar alimentos suaves, como calabazas, plátanos, aguacates, patatas y ñames.

SUPLEMENTOS Y NUTRIENTES ESPECÍFICOS

Todo el mundo debería tomar un suplemento multivitamínico y mineral de alta potencia, como se explica en el quinto principio (véase página 130). Para el tratamiento del exceso de acidez y úlceras, recomiendo tomar, además, los siguientes nutrientes:

Principales
Vitamina E: 800 UI al día. La insuficiencia de vitamina E se ha relacionado con el cáncer de colon.

Vitamina A: 25.000-40.000 unidades al día. La vitamina A protege las membranas mucosas y contribuye a la curación.

Secundario
Levadura de cerveza: 2-3 cucharadas al día. La levadura de cerveza es rica en vitaminas B, que equilibran los jugos gástricos.

Hierbas

Principales
Zumo de áloe vera: De 3-6 cl al día para aliviar el dolor y acelerar la curación.

Cúrcuma: 1 cápsula de 250 mg tres veces al día (puede tomarse añadida a las comidas). La cúrcuma tiene un efecto antiinflamatorio que protege las células del revestimiento del tubo gastrointestinal.

Hígado

El hígado es uno de los órganos más importantes del cuerpo. A muchas personas se les agranda, y la causa principal es la excesiva toxicidad del organismo a lo largo de la vida. La función del hígado es filtrar las toxinas de la sangre; y si está sobrecargado de toxinas, quedan afectadas sus funciones.

Entre los muchos factores que afectan al hígado están la toma excesiva de medicamentos; el consumo de alcohol, de carne, de alimentos pesados, grasos y procesados, y huevos; la exposición a sustancias químicas, y la contaminación.

Dieta

Comer una dieta correcta es la única manera de limpiar el hígado. Los mejores alimentos para desintoxicarlo son los rábanos picantes, los rábanos rojos, los rábanos daikon, las alcachofas, las remolachas, las hojas de remolacha, las cebollas, las zanahorias, las verduras de hoja verde, las naranjas, las sandías y los mangos.

Una receta muy sencilla para tratar problemas hepáticos es cocer remolachas al vapor, pelarlas, hacerlas puré y añadir un poco de Braggs Liquid Aminos y las semillas de una o dos vainas de cardamomo por persona. Este puré es un verdadero tratamiento de rejuvenecimiento del hígado. Si se lleva un estilo de vida sano y se come este puré tres días al mes, puede prevenirse cualquier problema hepático futuro.

SUPLEMENTOS Y NUTRIENTES ESPECÍFICOS

Todo el mundo debería tomar un suplemento multivitamínico y mineral de alta potencia, como se explica en el quinto principio (véase página 130), junto con los siguientes nutrientes para conseguir un funcionamiento hepático óptimo:

Principal
Longevity Green Drink (véanse proveedores en el «Apéndice D») u otro polvo verde: tomar ½-1 cucharadita una o dos veces al día es muy beneficioso si hay un problema hepático. Esta bebida aporta oligoelementos y oxígeno a la sangre, y esto contribuye a desintoxicar el hígado.

Secundarios
Ácido alfalipoico: 100 mg dos veces al día. El ácido alfalipoico es un potente antioxidante y protege el hígado del daño producido por el alcohol.

Aceite de onagra: 1.000 mg tres veces al día aportan los ácidos grasos esenciales necesarios para reparar el funcionamiento del hígado.

Picnogenol: 30 mg tres veces al día. El picnogenol es un potente antioxidante que protege las células hepáticas.

HIERBAS

Principal
Cardo mariano: 300-800 mg al día, repartidos en tres dosis. El cardo mariano desintoxica el hígado.

Secundaria
Boswellia: 150 mg tres veces al día. Es un potente agente antiinflamatorio, y en la terapia nutricional yóguica es eficaz para el hígado en esta dosis.

COLON (INFLAMACIÓN, ESTREÑIMIENTO Y HEMORROIDES)

La última parte del aparato gastrointestinal es el colon o intestino grueso. Una vez que los nutrientes son parcialmente digeridos en el estómago y

asimilados en el intestino delgado, pasan al intestino grueso. Allí se añade agua, y los productos de desecho del metabolismo son finalmente eliminados.

<h2 style="text-align:center">DIETA</h2>

Un adecuado consumo de agua es esencial para la salud del colon. ¿Sabes
cuánta agua bebes cada día? Si no lo sabes, es hora de que prestes atención a tu consumo total de agua. Recomiendo beber de ocho a diez vasos
de 24 cl de agua al día. El agua debe estar a temperatura ambiente o tibia.
Evitar el agua muy fría.

Para la colitis ulcerosa, comer más yogur y cebollas. Sencillamente
añadirlos a la dieta.

Para la inflamación o irritación del colon, comer tres plátanos y luego el contenido de una vaina de cardamomo, una vez al día, además
de las comidas normales. Esto se puede repetir hasta que remitan los
síntomas, normalmente al cabo de tres a cinco días.

Para el trastorno de prolapso del colon transverso, tomar o beber
acidófilus.

Para prevenir y remediar el estreñimiento, comer manzanas, plátanos,
uvas, melones, papaya, pimienta negra con verduras de hoja verde al
vapor, dátiles, cebollas hervidas, centeno, psyllium y caldo de verduras con patatas. Incorporar estos alimentos a la dieta.

Para prevenir la diverticulitis, comer chiles verdes.

Para las hemorroides, comer remolachas y hojas de remolacha. Las
hemorroides se producen cuando el hígado no está funcionando bien.
Las remolachas limpian el hígado y, por consiguiente, remedian las
hemorroides. Un buen remedio tópico es poner unas cuantas gotas de
aceite de eucalipto en un poco de agua caliente y aplicarla en la zona
para aliviar el dolor o molestia.

<h2 style="text-align:center">SUPLEMENTOS Y NUTRIENTES ESPECÍFICOS</h2>

Todo el mundo debería tomar un suplemento multivitamínico y mineral de
alta potencia, como se explica en el quinto principio (véase página 130).
Para la salud del colon tomar, además, los siguientes nutrientes:

Principales
Longevity Green Drink (véanse proveedores en «Apéndice D») u otro

polvo verde: ½-1 cucharadita de medida por la mañana en forma de zumo, para eliminar toxinas.

Aceite de semillas de lino: 1 cucharadita al día para restablecer el equilibrio de los ácidos grasos y mejorar los movimientos del vientre.

Acidófilus: 1 o 2 cápsulas al día para normalizar el funcionamiento de los intestinos.

Enzimas digestivas: 1-3 cápsulas al día para mejorar la digestión y favorecer así la salud intestinal.

Secundario
Bifidus: 1-2 cápsulas al día para restablecer la flora intestinal y mejorar la asimilación de los nutrientes.

HIERBAS

Principal
Zumo de áloe vera: ½ taza por la mañana y ½ taza por la noche. Áloe vera limpia y sana el tubo intestinal.

Secundarias
Corteza de áloe vera: 450 mg en cápsulas. Tomar una si es necesario para el estreñimiento.

Cardo mariano: 300-800 mg al día para desintoxicar el hígado y facilitar los movimientos peristálticos.

Jengibre: 500 mg dos veces al día. Beberlo en infusión o tomarlo en forma de cápsula. Estimula la digestión y la salud intestinal.

ZUMO

Los zumos frescos conviene consumirlos antes de que pasen dos o tres horas de su preparación, y han de mantenerse en el refrigerador.

Calmante digestivo
1 ración

2 zanahorias medianas
3 tallos de apio
½ pepino

Licuar todos los ingredientes y beber inmediatamente. Es un calmante beneficioso para la salud de todo el aparato digestivo. Va bien para tratar cualquier problema de digestión.

RECETA
Peras al horno
4 raciones

3 dátiles grandes picados
½ taza de muesli de cereales tostados
1 cucharada de semillas de lino molidas
¼ cucharadita de canela
¼ cucharadita de jengibre fresco rallado
1 cucharada de zumo de manzana
4 peras medianas peladas y vaciadas
1 taza de zumo de manzana

En un cuenco mezclar los dátiles, el muesli, las semillas de lino, la canela, el jengibre y la cucharada de zumo de manzana. Con todo cuidado vaciar el centro de las peras y rellenarlas con la mezcla. Colocarlas en una fuente para hornear y añadir la taza de zumo de manzana para evitar que se peguen. Hornear a 175 °C durante 35 minutos. Echarles una mirada cada 15 minutos y mojar las peras con el zumo para que no se oscurezcan ni se sequen por fuera. Las peras son fáciles de digerir y muy calmantes para todo el sistema digestivo.

36

Sistema inmunitario

El sistema inmunitario es el responsable de localizar y destruir las bacterias y virus que invaden el organismo y causan las enfermedades. Esto se llama vigilancia inmunitaria. El estrés crónico, combinado con la mala nutrición, deteriora el funcionamiento del sistema inmunitario. El estrés agota la provisión de vitaminas C y del complejo B, y de minerales como el magnesio, que mantienen fuerte el sistema inmunitario.

Dieta

La dieta de la terapia nutricional yóguica es un estimulante natural del sistema inmunitario. Los principales alimentos de esta dieta beneficiosos para este sistema son el ajo, la cebolla y el jengibre. Para fortalecerlo, añadir estos tres alimentos a los frijoles con arroz (receta en la página 100) y a muchas otras comidas, si es posible. Todas las verduras y frutas frescas son también excelentes para el sistema inmunitario. Y no olvidar comer setas shiitake, enokidake, maitake, etc., que lo fortalecen.

Suplementos y nutrientes específicos

Todo el mundo debería tomar un suplemento multivitamínico y mineral de alta potencia, como se explica en el quinto principio (véase página 130). Para fortalecer y estimular el sistema inmunitario recomiendo tomar, además, los siguientes nutrientes:

Principal
Vitamina C: 3.000-10.000 mg al día. La vitamina C protege de las infecciones.

Secundario
MGN3: 3 g diarios. MGN3 es un producto nuevo, hecho de salvado

de arroz, que estimula el sistema inmunitario aumentando la actividad de los linfocitos. Aunque se usa principalmente para tratar el cáncer y el sida, muchas personas lo toman para fortalecer el sistema inmunitario.

Hierbas

Principal
Equinácea: 500-1.000 mg tres veces al día. En extracto líquido o en forma de cápsula, la equinácea es un antibiótico natural; es particularmente eficaz tomada en combinación con la vitamina C.

Secundarias
Ginsén: 250-500 mg al día para favorecer la energía y la inmunidad. El ginsén es particularmente eficaz durante la convalescencia de una enfermedad.

Picnogenol: 100 mg al día, para estimular el sistema inmunitario.

Zumo
Los zumos frescos conviene consumirlos antes de que pasen dos o tres horas de su preparación y han de mantenerse en el refrigerador.

Antioxidante Plus
1 ración

½ taza de arándanos dulces
1 racimo de uvas
½ manzana

Lavar y secar todos los ingredientes; licuarlos y beber el zumo. Los arándanos, las uvas y la manzana contienen cantidades muy elevadas de nutrientes y antioxidantes que sustentan el funcionamiento inmunitario.

RECETA
Desayuno estimulante del sistema inmunitario
1 ración

5 almendras, o
5 pistachos, o
5 anacardos
1-2 cucharaditas de jengibre fresco pelado y rallado o picado muy fino
½ cucharadita de aceite de oliva virgen extra
1 taza de yogur natural descremado

Sofreír los frutos secos y el jengibre en el aceite de oliva durante tres minutos y añadir el yogur. Cocer bien otros 3-5 minutos hasta que la mezcla esté dorada. Comerlo como primera comida por la mañana.

Las almendras, los pistachos y los anacardos son fuentes de proteína y de aceites omega-3. Van bien para la médula ósea, los nervios y los tejidos de los órganos reproductores, y mejoran la memoria y la creatividad. El jengibre es un antiinflamatorio natural, y el yogur aporta proteína y acelera la absorción tisular de estos nutrientes. Esta antigua receta de la terapia nutricional yóguica se recomienda para auxiliar al sistema inmunitario, en especial para prevenir resfriados, tos y gripe.

37
Tiroides

Las hormonas tiroideas son las responsables del metabolismo óptimo. Cuando las secreciones de la glándula tiroides son excesivas, el trastorno se llama hipertiroidismo. Los síntomas de este trastorno son una aceleración del metabolismo, pulso rápido, ansiedad, pérdida de peso e insomnio. Hasta un 12 por ciento de estadounidenses sufre de hipertiroidismo moderado, según el *Harrison's Textbook of Internal Medicine*.

Cuando las secreciones del tiroides son insuficientes, el trastorno se llama hipotiroidismo. La persona notará la piel seca y escamosa, pobre crecimiento del pelo y las uñas, lentitud de reflejos y de actividad mental y aumento de peso. La insuficiencia tiroidea puede deberse a poca producción de hormonas tiroideas, o a la reducción de la hormona secretada por la glándula pituitaria que estimula el tiroides.

DIETA

La dieta de la terapia nutricional yóguica, más algas ricas en yodo, como dulse y kelp, tonificará la glándula tiroides. También hay que incluir en abundancia judías, espinacas y semillas en la dieta.

SUPLEMENTOS Y NUTRIENTES ESPECÍFICOS

Todo el mundo debe tomar un suplemento multivitamínico y mineral de alta potencia, como se explica en el quinto principio (véase página 130).

En el caso de *hipertiroidismo*, la persona debe ponerse al cuidado de un endocrinólogo. Las terapias incluyen cirugía y medicación.

En el caso de *hipotiroidismo*, para estimular al tiroides a liberar más hormonas, hay que tomar los siguientes suplementos:

Principales
Zinc: 15-30 mg al día para regular la función tiroidea.

Vitamina C: 1.000-3.000 mg al día para apoyar el sistema inmunitario.

Secundarios
Ácido alfalipoico: 250-500 mg al día para la producción de energía celular.

Tirosina: 300-1.000 mg al día. La tirosina es un aminoácido usado en la producción de hormona tiroidea.

En el caso de hipotiroidismo clínico es necesario tomar la hormona tiroidea. Para obtener más información sobre la terapia hormonal sustitutiva, véase el capítulo 18, «Antienvejecimiento».

HIERBAS

Secundaria
Si bien no existe ninguna hierba específica que estimule directamente la glándula tiroides, podrían ser útiles la Longevity Green Drink (véanse proveedores en el «Apéndice D») u otro polvo verde que contenga dulse, kelp y algas japonesas. Añadir media cucharadita a los batidos, o al zumo cuya receta incluyo a continuación.

ZUMO

Los zumos frescos conviene consumirlos antes de que pasen dos o tres horas de su preparación y han de mantenerse en el refrigerador.

Sorpresa tiroidea
1 ración

2 zanahorias grandes
1 taza de espinacas
1 cucharadita de kelp en polvo
1 cucharadita de levadura de cerveza

Lavar y secar las zanahorias y las espinacas y licuarlas. Añadir el kelp y la levadura de cerveza.
Las verduras de esta receta son excelentes fuentes de antioxi-

dantes, y el kelp es la mejor fuente de yodo, el mineral que regula la función tiroidea.

RECETA

Ensalada estimulante del tiroides
6 a 8 raciones

5 tazas de agua pura
1 taza de wakame seco
170 g de fideos Soba (japoneses, hechos de harina de trigo sarraceno y de trigo)
4 cucharadas de vinagre de sidra
3 cucharadas de salsa de soja
2 cucharaditas de miel
¼ cucharada de aceite de sésamo
1 cebolleta picada
1 pepino pelado, sin semillas y cortado en rodajas
½ taza de zanahorias en rodajas muy finas
½ pimiento morrón rojo cortado en tiras

Llevar el agua a ebullición, poner el wakame con los fideos y hervir durante 10-12 minutos. Escurrir los fideos y dejarlos enfriar. Cortar el wakame en tiras de 5-7 cm de largo y 0,5 cm de ancho.

Para hacer el aliño mezclar el vinagre, la salsa de soja y la miel.

En una fuente grande para ensalada, mezclar los fideos con las tiras de wakame, la cebolla picada y el aliño. Dejar marinar 30 minutos en el refrigerador. Después añadir el pepino, la zanahoria y el pimiento rojo. Mezclar y servir.

El wakame, como las demás algas, aporta al cuerpo más de 50 minerales y oligoelementos. Es excelente para la digestión, para sanar las membranas mucosas y las articulaciones, y para optimar el funcionamiento del tiroides.

38
Trastornos de falta de atención

El trastorno de falta de atención afecta por lo menos al 5 por ciento de los niños en edad escolar, diez veces más a niños que a niñas, según los diagnósticos. Entre los síntomas están la incapacidad para mantener enfocada la atención durante cierto tiempo, la dificultad para concentrarse y la impulsividad. Cuando además hay hiperactividad, el diagnóstico es falta de atención con hiperactividad.

Los niños no son los únicos que sufren estos trastornos. De hecho, tengo varios pacientes que han tenido esos síntomas toda la vida pero nunca se los diagnosticaron.

Factores agravantes de ambos trastornos son el estrés, el cansancio, el consumo de bebidas alcohólicas, cafeína y azúcar. Las populares bebidas gaseosas están cargadas de cafeína y azúcar y son, por lo tanto, especialmente dañinas. Un paciente me trajo una vez a su hijo pequeño debido al trastorno de falta de atención con hiperactividad. Le receté un cambio de dieta como primer paso. Un par de días después vi al niño cuando iba de camino a la escuela, y estaba bebiendo una cola. Evidentemente, el contenido de azúcar y cafeína de la bebida tenía un papel importante en su hiperactividad.

DIETA

Una dieta compuesta por hidratos de carbono complejos, con aproximadamente un 30 por ciento de proteínas de alta calidad y no más del 20 por ciento de grasa, es la ideal para niños y adultos con este trastorno. Incorporar también pescado a la dieta. El pescado es muy beneficioso para todo el mundo, pero particularmente para quienes tienen uno u otro trastorno de falta de atención. Además de ácidos grasos omega-3, el pescado contiene coenzima Q10, que es importante para el funcionamiento ideal del cerebro.

SUPLEMENTOS Y NUTRIENTES ESPECÍFICOS

Principal

Los adultos deberán tomar un suplemento multivitamínico mineral de alta potencia, como se explica en el quinto principio (véase página 130). En las tiendas de alimentos dietéticos se venden multivitamínicos especiales para niños y adolescentes.

Además, recomiendo tomar algún producto verde diariamente, ya sea en forma de comprimido o en polvo. Los productos verdes contienen extractos vegetales que favorecen el enfoque de la atención y la concentración. Los pacientes dicen que después de tomarlos experimentan la sensación de que les despierta el cerebro o se les disipa la niebla mental. Esta sensación la producen los oligoelementos que contiene el producto verde, que entran de inmediato en el torrente sanguíneo y van directamente al cerebro. De los muchos productos verdes que existen en el mercado recomiendo Longevity Green Drink (véanse proveedores en el «Apéndice D»).

El ácido decohexanoico (DHA), el aceite de pescado y el aceite de semillas de lino son también muy beneficiosos para la concentración y buen funcionamiento del cerebro, en especial en niños y adolescentes. Una vez traté a una madre y a sus dos hijas adolescentes que tenían el trastorno de falta de atención. Además de la modificación dietética, el suplemento de DHA devolvió a las dos niñas su excelente rendimiento anterior en el colegio. En el cuadro siguiente están las dosis apropiadas.

	Menores de 12 años	*Adultos*
DHA (ácido decohexanoico)	10-50 mg/día	500-1.000 mg/día
o		
Aceite de pescado	100 mg/día	500-1.000 mg/día
o		
Aceite de semillas de lino	100 mg/día	500-1.000 mg/día

Se abusa mucho de fármacos estimulantes como Ritalin en el tratamiento de los trastornos de falta de atención. Los padres deben enseñar a sus hijos buenos hábitos alimentarios y controlar sus dietas todo lo posible. Los adultos que tienen este trastorno deben vigilar su dieta. Con una buena dieta y un buen suplemento, el uso de Ritalin disminuirá notablemente. Puesto que no sabemos los efectos a la larga de Ritalin y otros fármacos estimulantes, cuanto menos se tomen, mejor.

Hierbas

Principal
Ginkgo biloba: Hasta 120 mg al día para adultos, para facilitar el enfoque de la atención. La administración de ginkgo no se recomienda en el caso de niños y adolescentes.

Zumo

Los zumos frescos conviene consumirlos antes de que pasen dos o tres horas de su preparación y han de mantenerse en el refrigerador.

Cóctel de macedonia
1 ración

1 racimo de uvas mediano
½ manzana
¼ limón pelado

Lavar y secar los ingredientes y licuarlos juntos.

Este cóctel de macedonia aporta una buena cantidad de antioxidantes, vitaminas y minerales que favorecen la concentración y el funcionamiento óptimo del cerebro.

Receta
Bebida vivificadora
1 ración

1 taza de zumo de manzanas sin endulzar (de lata va bien)
1 cucharita de proteína en polvo de soja o de suero
½ pera pelada
½ taza de arándanos dulces
½-1 cucharadita de Longevity Green Drink (véanse proveedores en el «Apéndice D») u otro polvo verde

Opcional:
½ taza de hielo

Lavar y secar las frutas. Colocar todos los ingredientes en una licuadora o robot y procesar hasta que no quede ningún grumo. Esta bebida se puede tomar como desayuno o como tentempié de media tarde.

Los arándanos y el polvo verde son un auténtico tónico para el cerebro; la proteína en polvo da energía de alta calidad, y el zumo de manzana favorece la digestión y la asimilación rápidas de todos los ingredientes.

39
Trastornos femeninos:
Enfermedad fibroquística
de la mama, menopausia, osteoporosis,
síndrome premenstrual y fibromas uterinos

Desde la aurora de los tiempos se ha reconocido en las mujeres cualidades especiales para sanar, producir nueva vida, educar a los hijos y mantener la tradición. Todas estas cualidades son esenciales para cualquier cultura. Lo que normalmente no se nos enseña en Occidente es que para que la mujer pueda manifestar esa influencia positiva ha de estar en equilibrio físico, mental, emocional y espiritual.

La enfermedad fibroquística de la mama, los malestares menopáusicos, la osteoporosis, el síndrome premenstrual y los fibromas uterinos están todos relacionados con las señales alarmantes enviadas por nuestro estilo de vida occidental, abundante en alimentos grasos, estrés, tabaco, cafeína y alcohol. El alimento es el mejor remedio para que la mujer sane y recupere el equilibrio de estas afecciones.

Algunos de los alimentos de la terapia nutricional yóguica beneficiosos para las mujeres son la sandía, los plátanos, las pasas, las frutas cítricas, las ciruelas, los melocotones, las papayas y los dátiles. Verduras específicas esenciales para la salud femenina son la remolacha, las hojas de remolacha, la berenjena y todas las verduras de hoja verde. Los frutos secos y el aceite de almendras comestible prensado en frío, y crudo, también se consideran valiosísimos para la salud óptima de la mujer. Dados su contenido de fitonutrientes específicos y su efecto alcalinizante, todas estas frutas y verduras equilibran el metabolismo y la energía de la mujer.

Según los antiguos maestros de la terapia nutricional yóguica, todas las mujeres deberían comer un plato de verduras al vapor cada día. La soja es también muy beneficiosa por su elevado contenido de fitoestrógenos e isoflavonas, que protegen de la enfermedad cardiaca y alivian los síntomas de la menopausia. Estudios actuales están arrojando nueva luz sobre los efectos de la soja en la salud femenina, de modo que hay que consultar con un médico especialista en nutrición antes de tomarla para tratar cualquier síntoma.

Una planta muy especial para la salud femenina es la cimifuga, que recomendamos para los problemas de salud femeninos en las páginas siguientes. Nueve estudios clínicos confirman los beneficios de su consumo. Es la planta más usada para aliviar las dolencias menopáusicas. Aunque se ha estudiado, todavía se desconoce cómo actúa.

ENFERMEDAD FIBROQUÍSTICA DE LA MAMA

Esta enfermedad es un problema común entre las mujeres, especialmente preocupante porque al principio puede confundirse con cáncer. Los quistes pueden ser hereditarios, y probablemente los agrava el desequilibrio hormonal.

DIETA

Mientras se hace la transición a una dieta vegetariana conviene reducir el consumo de grasa al 20 por ciento o menos, eliminar la cafeína y elegir carne y productos lácteos que no contengan hormonas. Las peras son un alimento tradicional usado por la terapia nutricional yóguica para tratar y prevenir quistes en las mamas y en cualquier otra parte del cuerpo, de modo que va bien comer peras con regularidad y beber zumos de pera para prevenir esta enfermedad.

SUPLEMENTOS Y NUTRIENTES ESPECÍFICOS

Todo el mundo debería tomar un suplemento multivitamínico y mineral de alta potencia, como se explica en el quinto principio (véase página 130). A la mujer que tenga la enfermedad fibroquística de la mama le recomiendo, además, los siguientes nutrientes:

Principales
Ácidos grasos esenciales: 1.000 mg al día. Los ácidos grasos esenciales contribuyen a equilibrar las hormonas consideradas responsables de esta enfermedad.

Vitamina C: 1.000 mg tres veces al día, para estimular el sistema inmunitario.

Aceite de onagra: 1.500 mg al día para, posiblemente, reducir el tamaño de los bultos o quistes.

Secundario
Coenzima Q10: 100 mg al día para producir la energía intracelular necesaria para eliminar toxinas del cuerpo y estimular el sistema inmunitario.

HIERBAS

Principales
Cúrcuma: 100-200 mg diarios por su efecto antiinflamatorio natural. También se puede añadir a las comidas.

Jengibre: 500 mg dos veces al día, por sus propiedades curativas y antiinflamatorias naturales. También se puede añadir a las comidas.

MOLESTIAS MENOPÁUSICAS

El cese de la secreción de estrógeno por los ovarios suele ir acompañado por varios efectos secundarios, muchos bastante desagradables. Entre ellos están la depresión, la sequedad de la piel y la vagina, disminución de la libido, sofocos, perturbaciones cognitivas, osteoporosis y cardiopatía. El tratamiento de las molestias menopáusicas ha experimentado un cambio rápido y positivo. Sin embargo, el único tratamiento que ha resistido la prueba del tiempo es la terapia nutricional yóguica, que ha demostrado que lo que come la mujer puede empeorar sus síntomas o hacerlos más soportables.

DIETA

Para disminuir los síntomas de la menopausia es necesario reducir el consumo de grasas, cafeína y bebidas alcohólicas, y aumentar el de bioflavonoides comiendo mucha fruta y verdura, y también el de vitamina E, que se encuentra en muchos frutos secos y en el germen de trigo. Los fitoestrógenos que contienen los productos de soja son también muy terapéuticos para los síntomas menopáusicos, porque tienen un efecto equilibrador hormonal.

SUPLEMENTOS Y NUTRIENTES ESPECÍFICOS

Todo el mundo debería tomar un suplemento multivitamínico y mineral de alta potencia, como se explica en el quinto principio (véase página 130). Para aliviar los síntomas de la menopausia recomiendo tomar, además, los siguientes nutrientes:

Principales

Vitamina C: 1.000-3.000 mg al día, para reducir los sofocos y estimular el sistema inmunitario.

Aceite de onagra: 3.000 mg al día. El aceite de onagra alivia síntomas de menopausia como los sofocos.

Secundario

Coenzima Q10: 100 mg al día para desintoxicar, aumentar la energía, potenciar la función de las glándulas suprarrenales y estimular el sistema inmunitario.

HIERBAS

Principales

Cimifuga (Cimifuga racemosa): 40 mg dos veces al día son muy beneficiosos para el tratamiento de problemas hormonales femeninos. *Observación:* No hay que tomar esta planta durante el embarazo.

Quercetina. 2 mg al día para aliviar los sofocos o bochornos.

Secundarias

Regaliz: 10 gotas de un extracto o masticar la raíz. El regaliz tiene efectos levemente parecidos a los del estrógeno. En el caso de tener la tensión arterial alta no se debe tomar.

Dong quai: 3-5 mg al día. El dong quai es el remedio herbolario recetado con más frecuencia en la medicina oriental porque equilibra los niveles hormonales. Se encuentra en las tiendas de alimentos dietéticos, y muchas veces viene en preparados que también contienen otros extractos de plantas.

Observación especial sobre la terapia hormonal sustitutiva
y la menopausia

El 40 por ciento de las mujeres posmenopáusicas sigue una terapia hormonal sustitutiva. Hasta hace poco, los médicos y las pacientes la consideraban un manantial de juventud, salvadora, pero eso ha cambiado al saberse que el Premarin, la forma más común de terapia sustitutiva de estrógeno, se obtiene de la orina de yegua preñada. Estudios recientes sobre los efectos de esta terapia también dan motivos para tener cautela.

Si bien todavía no están todas las respuestas, en especial respecto a la prevención de la osteoporosis, lo que está claro es que la terapia hormonal sustitutiva es una opción individualizada, y no un tratamiento que puede aplicarse a todas las mujeres como se creía antes. En estudios realizados en la Facultad de Medicina de la Universidad Stanford entre 1993 y 1998, y publicados en el número del 6 de febrero de 2002 en *Journal of the American Medical Association*, se comprobó que mujeres sin síntomas de menopausia, como los sofocos, tienen una respuesta negativa a la terapia sustitutiva de estrógeno con Premarin; algunos de los efectos secundarios son la sensibilidad de las mamas y hemorragias anormales. Pero las mujeres que tenían sofocos experimentaban mejoría en su bienestar emocional, energía, actividad física, salud mental y grado de depresión. También se observó que la terapia no protegía de la enfermedad cardiaca como se creía antes.

En el caso de tener síntomas de menopausia, recomiendo considerar la posibilidad de una terapia sustitutiva de estrógeno natural, como Bi-est o Tri-est.

Algunos médicos creen que Tri-est, mezcla de tres estrógenos naturales, es más natural, mientras que otros prefieren Bi-est, mezcla de dos estrógenos que se producen naturalmente, estrol y estradiol. En cualquier caso, la terapia sustitutiva de estrógeno entraña el arte y la ciencia de la práctica de la medicina, y es necesario hablarlo con el médico. Para más información sobre la terapia hormonal sustitutiva, véase el capítulo 18.

OSTEOPOROSIS

La osteoporosis (rarefacción del hueso y pérdida de masa ósea) es uno de los efectos secundarios más dolorosos de la menopausia. También puede ser peligrosa, porque al perder densidad los huesos tienden a romperse fácilmente. Para prevenir y tratar la osteoporosis, es esencial, además de una apropiada nutrición y suplementación, hacer periódicamente ejercicios cardiovasculares y con pesas.

DIETA

Los alimentos recomendados por la terapia nutricional yóguica para prevenir la osteoporosis son aquellos ricos en vitamina K, protectora de los huesos, como las verduras de hoja verde y el brécol. También recomiendo reducir el consumo total de proteína alimentaria. La mejor manera de hacerlo es reemplazar la proteína de origen animal por proteína vegetal. Esto también disminuye el consumo de grasa saturada.

SUPLEMENTOS Y NUTRIENTES ESPECÍFICOS

Todos deberíamos tomar un suplemento multivitamínico y mineral de alta potencia, como se explica en el quinto principio (véase página 130). Para prevenir la osteoporosis recomiendo tomar, además, los siguiente suplementos:

Principales
Calcio: 2.000 mg al día para prevenir la pérdida de masa ósea.
Magnesio: 1.000 mg al día para prevenir la pérdida de masa ósea.
Boro: 3 mg al día para facilitar la absorción del calcio.

HIERBAS

Principal
Cimífuga: 40 mg dos veces al día para reducir la inflamación y formar huesos fuertes.

Secundaria
Longevity Green Drink (véanse proveedores en el «Apéndice D») u otro polvo verde: ½ cucharadita al día. Contiene oligoelementos, que son esenciales para la sana formación del hueso.

SÍNDROME PREMENSTRUAL

El síndrome premenstrual afecta a muchas mujeres una o dos semanas antes de la menstruación. Algunos de los síntomas posibles son hinchazón del abdomen, dolor de cabeza, irritabilidad y ansiedad.

DIETA

El aceite de sésamo es importante para estimular la producción de energía durante el síndrome premenstrual y menstruación. Tomar una cucharada de aceite de sésamo prensado en frío, crudo, en ensaladas y sopas.

El jengibre es particularmente bueno para los dolores menstruales y el cansancio general que acompaña al síndrome. Prepáralo en infusión (receta en el capítulo 15), cómprala ya hecha (véase «Apéndice D»), o mezcla el jengibre con las verduras al vapor o salteadas.

Otros alimentos que alivian los síntomas del síndrome premenstrual son los mangos, así como la cebolla, el jengibre, el ajo y la cúrcuma, con lo que se puede preparar un sofrito o una sopa.

SUPLEMENTOS Y NUTRIENTES ESPECÍFICOS

Todo el mundo ha de tomar un suplemento multivitamínico y mineral de alta potencia, como se explica en el quinto principio (véase página 130). Para el síndrome premenstrual recomiendo tomar, además, lo siguiente:

Principal
Aceite de casis o grosellero negro: 1.000 mg diarios.
O bien:
Aceite de semillas de lino: 1.000 mg al día, para reducir la inflamación.

HIERBAS

Principal
Cimifuga: 40 mg dos veces al día son muy beneficiosos en el tratamiento de problemas hormonales femeninos. *Observación:* no tomarla durante el embarazo.

Secundarias
Dong quai: 3-15 mg al día. El dong quai es el remedio herbolario recetado con más frecuencia en la medicina oriental porque equilibra los niveles hormonales. Se encuentra en las tiendas de alimentos dietéticos, y muchas veces viene en preparados que contienen también otros extractos de hierbas.

Áloe vera: 3-6 cl una o dos veces al día. Se puede tomar como zumo en el tratamiento del síndrome premenstrual. Alivia la irritabilidad y el dolor.

FIBROMAS UTERINOS

Los fibromas uterinos (también llamados miomas, miofibromas o fibro-miomas) son tumores benignos que se forman en el útero. Se estima que afectan al 20-30 por ciento de la población femenina de entre los 35 y los 45 años.

DIETA

Aunque esto no se ha confirmado aún mediante pruebas científicas, sospecho que una de las causas más probables de la formación de fibromas uterinos es el elevado contenido de hormonas de las carnes y los productos lácteos. Por lo tanto, mientras se hace la transición a una dieta vegetariana, rica en frutas y verduras de cultivo biológico y en productos de soja, recomiendo comer solamente productos de animales que se hayan criado sin hormonas. También ha de limitarse el consumo total de grasa a no más del 20 por ciento.

Las peras son un alimento tradicional de la terapia nutricional yóguica para tratar y prevenir tumores benignos, de modo que conviene comerlas con regularidad.

SUPLEMENTOS Y NUTRIENTES ESPECÍFICOS

Toda persona ha de tomar un suplemento multivitamínico y mineral de alta potencia, como se explica en el quinto principio (véase página 130). No sé de ningún nutriente específico para fibromas uterinos, sin embargo, los siguientes son importantes para la salud en general:

Principal
Vitamina C: 3.000 mg al día. La vitamina C estimula el sistema inmunitario y es un potente antioxidante.

Secundarios
Ácido alfalipoico: 100 mg diarios. El ácido alfalipoico tiene un efecto equilibrador en el revestimiento celular del útero.

Coenzima Q10: 100 mg al día para estimular el sistema inmunitario.

HIERBAS

Principal
Cimifuga: 40 mg dos veces al día han demostrado ser útiles para equilibrar el sistema reproductor femenino. *Observación:* No se debe tomar durante el embarazo.

ZUMO

Batido rico en magnesio para fortalecer los huesos
1 ración

½ kg de moras
1 plátano maduro
1 cucharada de levadura de cerveza
1 taza de leche de soja

Lavar y secar las moras; pelar el plátano y mezclarlo en la licuadora o robot con los demás ingredientes hasta que no haya ningún grumo. Beberlo antes de que pasen dos o tres horas de su preparación. Si no se bebe inmediatamente, mantenerlo en el refrigerador.

RECETA

Ayuno con nabos blancos para el síndrome premenstrual y el estrés menopáusico

Hacer un ayuno de cinco a siete días de nabos blancos con sus hojas bebiendo un mínimo de ocho vasos de agua diarios. Cocer al vapor los nabos con sus hojas; pelar los nabos y hacerlos puré junto con las hojas. Añadir una mezcla precocida de cúrcuma, pimienta negra y media cucharada de aceite de almendras comestible crudo. Mezclar bien; ha de tener la consistencia de un pudin. Se puede repetir este ayuno una vez al mes si se desea.

Los nabos, también llamados manzanas subterráneas, reequilibran el sistema endocrino de la mujer. Además, contienen gran cantidad de calcio y potasio, que reducen los efectos negativos del síndrome premenstrual y la menopausia.

40
Trastornos masculinos:
Impotencia y problemas de próstata

IMPOTENCIA

Se calcula que alrededor de 30 millones de estadounidenses son impotentes. Algunas de las causas son la hiperplasia y el cáncer de próstata, problemas psíquicos, envejecimiento y enfermedades físicas subyacentes. Seguir un programa de terapia nutricional yóguica no sólo trata la impotencia sino que también la previene.

DIETA

El excesivo consumo de bebidas alcohólicas, el tabaco, el nivel elevado de colesterol, la hipertensión y la diabetes son factores que favorecen la impotencia. Los alimentos de la terapia nutricional yóguica recomendados normalmente para curar la impotencia son la cebolla, el jengibre, el ajo, los pistachos, las almendras, los higos y el azafrán.

SUPLEMENTOS Y NUTRIENTES ESPECÍFICOS

Todo el mundo ha de tomar un suplemento multivitamínico y mineral de alta potencia, como se explica en el quinto principio (véase página 130). Para tratar la impotencia recomiendo tomar, además, los siguientes nutrientes:

Principales
Ácidos grasos esenciales: 1.000 mg al día, para apoyar la función máxima.

Vitamina C: 1.000-5.000 mg al día, para estimular el sistema inmunitario.

Zinc: 80 mg al día son esenciales para la salud de la próstata.

Quercetina: 1.000-2.000 mg al día, como antiinflamatorio natural para la próstata.

TESTOSTERONA

Existen en el mercado unos compuestos que se dice liberan testosterona, y que normalmente se encuentran en tiendas especializadas y no en las de alimentos dietéticos normales. Estas fórmulas también se pueden obtener sin receta en farmacias donde se preparan compuestos. Dichas fórmulas, llamadas fortalecedoras, contienen una combinación de ingredientes que se dice liberan la propia testosterona del hombre, restableciendo así el vigor sexual, aumentando la masa muscular, la fuerza y la energía, y mejorando el ánimo y la memoria.

Los precursores de hormonas, como *Tribulus Terrestris* por ejemplo, se cree que actúan produciendo más hormona luteinizante, que indica al cuerpo que fabrique más testosterona. Algunas de estas fórmulas también contienen otro compuesto, crisina, que inhibe la conversión de la testosterona en estrógeno, con lo que maximiza los efectos de la testosterona a la vez que regula los efectos del estrógeno en el hombre. Algunas fórmulas también contienen DHEA, que yo prefiero administrarla separadamente.

También es posible encontrar una fórmula con androstenodiona y 5-androstenodiol, dos potentes hormonas masculinas que según sugieren estudios recientes tienen sus propios efectos directos, además de aumentar el nivel de testosterona.

No me cabe duda de que estos compuestos dan resultado, pero creo que es demasiado exagerado tomarlos con regularidad. Si un hombre está bajo de testosterona y necesita un empujón energético para un evento deportivo o para la actividad sexual, creo que es aceptable tomar una de estas fórmulas bajo la supervisión de un médico especializado en antienvejecimiento. Pero para uso habitual, como para la terapia hormonal sustitutiva, mi opinión es que se debe administrar testosterona por vía tópica, una crema que se frota en la piel. Repito, hacer esto solamente bajo supervisión de un médico especializado.

Para más información sobre la testosterona, véase el capítulo 18.

HIERBAS

Principales

Palma enana (Serenoa repens): 100-300 mg al día reducen la hiperplasia de la próstata mediante el equilibrio de las hormonas masculinas.

Pygeum africano: 100-200 mg al día alivian los problemas urinarios que acompañan a la hiperplasia de la próstata.

Licopeno: 4 mg al día bastan si se toman en una fórmula combinada como ProstaCol de Vitamin Research Products (véase el «Apéndice D»). Si se toma por separado, la dosis puede ser hasta de 100 mg diarios. El licopeno es también beneficioso para prevenir la hiperplasia y el cáncer de próstata.

Ortiga mayor: 300 mg al día contribuyen a la salud general de la próstata.

Secundaria

Ginsén: 150-300 mg al día. El ginsén es una hierba beneficiosa para la energía masculina.

PROBLEMAS DE PRÓSTATA

La hiperplasia de la próstata es un problema común al envejecer.

DIETA

Se pueden hacer modificaciones en la dieta para prevenir la hiperplasia o reducir la inflamación. En primer lugar, hay que disminuir el consumo de grasa, en especial la de origen animal, y el de grasa saturada. En segundo lugar, para conservar una salud óptima de la próstata hay que eliminar de la dieta la cafeína, las bebidas alcohólicas y la pimienta negra. Estas sustancias exacerban los síntomas de la hiperplasia.

Los productos de soja son muy beneficiosos para la salud de la próstata, como también las frutas y verduras frescas. Los tomates son especialmente útiles, en especial cocidos. Así pues, es muy bueno comer salsa de tomate con la pasta. Los cereales integrales aportan ácidos grasos esenciales, y las pipas de girasol y de calabaza, zinc, esencial para una próstata sana.

SUPLEMENTOS Y NUTRIENTES ESPECÍFICOS

Todo el mundo debería tomar un suplemento multivitamínico y mineral de alta potencia, como se explica en el quinto principio (véase página 130). Para la salud óptima de la próstata recomiendo tomar, además, los siguientes nutrientes:

Principales
Ácidos grasos esenciales: 1.000 mg al día para la función prostática.

Zinc: 80 mg diarios para la salud de la próstata.

HIERBAS

Principales
Palma enana (Serenoa repens): 100-300 mg al día reducen la hiperplasia de la próstata equilibrando las hormonas masculinas.

Pygeum africano: 100-200 mg al día alivian los problemas urinarios que acompañan a la hiperplasia de la próstata.

Licopeno: 4 mg al día bastan si se toman en una fórmula combinada como ProstaCol de Vitamin Research Products (véase el «Apéndice D»). Si se toma separado, la dosis puede ser de hasta 100 mg diarios. El licopeno es también beneficioso para prevenir la hiperplasia y el cáncer de próstata.

Ortiga mayor: 300 mg al día contribuyen a la salud general de la próstata.

Secundaria
Ginsén: 150-300 mg al día. El ginsén es una raíz beneficiosa para la energía masculina.

Zumo

Los zumos frescos conviene consumirlos antes de que pasen dos o tres horas de su preparación y han de mantenerse en el refrigerador.

Estímulo de zinc
1 ración

1 rodaja de jengibre de 1 cm más o menos
3 zanahorias
½ manzana

Lavar y secar las zanahorias y la manzana. Pelar el jengibre y licuarlo con los demás ingredientes. Beberlo como tentempié de media mañana o media tarde.

El zinc va bien para la impotencia y para la hiperplasia de próstata porque estimula el sistema inmunitario.

Recetas
Higos dorados

Esta receta de la terapia nutricional yóguica es fabulosa para favorecer la vitalidad, la potencia y la fuerza masculina y para un sano funcionamiento de la próstata. Poner en remojo cuatro o cinco estigmas de azafrán en un poco de leche toda la noche. Por la mañana extraer la leche dorada con una jeringa esterilizada e inyectarla en unos cuantos higos maduros frescos. Comer tres de ellos al día, y rápidamente se notará una gran diferencia en la energía. Los higos se pueden preparar así y mantener unos cuantos días en el refrigerador.

Macedonia con frutos secos
3 raciones

2 cucharadas de pistachos
2 cucharadas de pipas de girasol
2 cucharadas de nueces pecanas
2 cucharadas de pipas de calabaza
1 ciruela deshuesada y troceada
1 melocotón deshuesado, pelado y troceado

¼ taza de piña troceada
½ papaya sin las semillas y troceada
2 higos frescos cortados en cuatro trozos
zumo de 1 lima

Tostar los frutos secos antes de mezclarlos con las frutas para que se intensifique su sabor; ponerlos en el horno a 150 °C sobre papel para hornear durante cinco minutos. Echarles una mirada cada dos minutos porque es fácil que se quemen. En una fuente para servir disponer los frutos secos y la fruta troceada. Añadir el zumo de lima, mezclar bien y servir.

Los frutos secos aportan aceites omega-3, zinc y proteína de alta calidad. Las frutas son una importante fuente de minerales y antioxidantes, que estimulan y fortalecen el sistema inmunitario.

Apéndice A
Efectos de los fitonutrientes de alimentos comunes

Alimento	Fitonutriente	Efecto
Ajo	Sulfuros de alilo	Eliminan el cáncer, bajan el colesterol
Zanahorias, verduras de color naranja	Carotenoides	Neutralizan los radicales libres
Frutas	Ácido elágico	Destruye el cáncer
Fruta más té	Flavonoides	Antioxidantes
Soja y derivados	Isoflavonas	Disminuyen el riesgo de cáncer
Verduras crucíferas	Isotiocinatos (sulforafano)	Protegen el ADN
Frutas cítricas	Limoneno	Elimina células cancerosas

Apéndice B
Tamaño de raciones de alimentos, por categorías
Cortesía de Luz-Elena Shearer

Los siguientes tamaños de raciones (o porciones) han sido estandarizados por la American Dietetic Association. Ten presente que las raciones individuales pueden variar según las necesidades calóricas. Cada tamaño de ración corresponde a la que se sirve, a excepción de las de carne. Para obtener más información acerca de la carne en concreto que comes, te recomiendo que consultes con un dietista licenciado.

Las raciones se han medido cuando el alimento está listo para comer o cocido.

CARNES/SUCEDÁNEOS PROTEÍNICOS

Las carnes y sucedáneos proteínicos se clasifican en cuatro categorías: muy magras, magras, semigrasas y muy grasas, según la cantidad de grasa que contienen. Un consejo para el plan de comidas es preparar la carne al horno, guisada, a la parrilla, cocida al vapor o hervida, en lugar de freírla. Además, es conveniente colocar la carne en una parrilla para que la grasa se escurra durante la cocción.

MUY MAGRAS

Cada cantidad indicada en la siguiente lista contiene 0 g de hidratos de carbono, 7 g de proteína, 0-1 g de grasa, que totalizan unas 35 calorías. Fíjate que tu ración podría ser de 90-120 g, en cuyo caso para calcular los gramos de proteína y grasa que tiene deberás multiplicar por la cantidad de veces que ésta contiene la medida indicada (por ejemplo, 90 g de pescado contienen 21 g de proteína y 0-3 g de grasa).

Ave:

Pollo, pavo (carne blanca, sin piel), pollo tipo broiler, sin piel	30 g

Carnes procesadas para bocadillo con 1 g o menos de grasa
por cada 30 g, como los filetes cortados muy finos o picados

Ternera,* jamón de pavo	30 g
Claras de huevo	2
Sucedáneos de huevos solos	¼ taza
Salchichas de Francfort con 1 g o menos de grasa por cada 30 g	30 g
Riñones (ricos en colesterol)	30 g
Salchichas con 1 g o menos de grasa por cada 30 g	30 g

Caza:

Pato o faisán (sin piel), venado, búfalo, avestruz	30 g

Pescado:

Bacalao fresco o congelado, platija, haddock, halibut, trucha, atún fresco o enlatado al natural	30 g

Queso con 1 g o menos de grasa por cada 30 g:

Requesón desnatado o semidesnatado	¼ taza
Queso desnatado	30 g

Contar como una carne muy magra y una ración de fécula

Judías, guisantes, lentejas (cocidas)	½ taza

* 100 mg o más de sodio por ración.

MAGRAS

Cada cantidad indicada en la siguiente lista contiene 0 g de hidratos de carbono, 7 g de proteína y 3 g de grasa, que totalizan unas 55 calorías. Fíjate que tu ración podría ser de 90-120 g, en cuyo caso para calcular los gramos de proteína y grasa que lleva deberás multiplicar por la cantidad de veces que ésta contiene la medida indicada (por ejemplo, 90 g de pescado contienen 21 g de proteína y 9 g de grasa).

Ave:

Pollo, pavo (carne oscura, sin piel), pollo (carne blanca, con piel), pato u oca doméstica (quitada la grasa, sin piel)	30 g

Caza:

Ganso, oca (sin piel), conejo	30 g

Cerdo:
Carne magra como el jamón fresco; jamón enlatado, curado
o hervido; beicon canadiense; solomillo, chuletas de la
parte central   30 g
Cordero:
Chuletas y pierna asadas   30 g
Ternera:
Lomo (entrecot) magro asado   30 g
Vaca, buey:
El USDA considera magros los cortes (despojados de grasa)
como el redondo, la contratapa y el muslo; el solomillo;
el filete del cuello; costillas; falda y cuarto trasero
asados; bistec (en filete, troceado), redondo picado   30 g
Pescado:
Arenque (sin crema ni ahumado)   30 g
Ostras   6 de tamaño mediano
Salmón (fresco enlatado), bagre   30 g
Sardinas (enlatadas)   30 g
Queso:
Requesón con 4,5 por ciento de grasa   ¼ taza
Parmesano rallado   2 cucharadas
Queso con 3 g de grasa por cada 30 g   30 g

SEMIGRASOS

Cada cantidad indicada en la siguiente lista contiene 0 g de hidratos de
carbono, 7 g de proteína y 5 g de grasa, que totalizan unas 75 calorías. Fíjate que tu ración podría ser de 90-120 g, en cuyo caso para calcular los
gramos de proteína y grasa que lleva deberás multiplicar por la cantidad
de veces que ésta contiene la medida indicada (por ejemplo, 90 g de pescado contienen 21 g de proteína y 15 g de grasa).

Ave:
Pollo (carne oscura con piel), pollo o pavo picado,
pollo frito (con piel)   30 g
Cerdo:
Lomo, chuletas, paletilla   30 g

Cordero:
Costillas, carne picada   30 g
Ternera:
Lomo, chuleta (picados o troceados, sin empanar)   30 g
Vaca, buey:
La mayoría de los productos de carne vacuna entran
en esta categoría (carne picada, preparada para
albóndigas o hamburguesas, enlatada, costillas cortas,
carne de primera despojada de la grasa)   30 g
Pescado:
Cualquier pescado frito   30 g
Queso:
Con 5 g o menos de grasa por cada 30 g   1 loncha
Feta   30 g
Mozzarella   30 g
Ricotta   ¼ taza (60 g)
De soja   30 g
Otros:
Huevo (rico en colesterol, limitar a 3 por semana)   1
Leche de soja   30 g
Salchichas con 5 g o menos de grasa por cada 30 g   30 g
Tempeh   ¼ taza
Tofu   115 g o ½ taza

MUY GRASAS

Cada cantidad indicada en la siguiente lista contiene 0 g de hidratos de carbono, 7 g de proteína y 8 g de grasa, que totalizan unas 100 calorías. Fíjate que tu ración podría ser de 90-120 g, en cuyo caso para calcular los gramos de proteína y grasa que lleva deberás multiplicar por la cantidad de veces que ésta contiene la medida indicada (por ejemplo, 90 g de pescado contienen 21 g de proteína y 24 g de grasa).

Hay que tener presente que estos productos son muy ricos en grasa saturada, colesterol y calorías, y pueden elevar el nivel de colesterol si se comen periódicamente.

Queso: Todos los quesos normales, como el American,*
cheddar, Monterey Jack, suizo   30 g

Contar como una carne muy grasa más dos alternativas grasas:

Mantequilla de cacahuete (grasa insaturada)	2 cucharadas
Mantequilla de almendras (grasa insaturada)	2 cucharadas
Mantequilla de anacardo (grasa insaturada)	2 cucharadas

* 400 mg o más de sodio por ración.

CEREALES
(GRUPO FÉCULAS, EN EL QUE ENTRAN CEREALES, LEGUMBRES Y VERDURAS FECULENTAS)

Cada ración contiene aproximadamente 15 g de hidratos de carbono, 3 g de proteína y 0-1 g de grasa, que totalizan unas 80 calorías.

Arroz integral o basmati	⅓ taza
Avena	½ taza
Bulgur	½ taza
Cereales con salvado	½ taza
Cereales a medio moler	½ taza
Cereales hinchados (palomitas)	1 taza
Cereales naturales	½ taza
Cereales sin endulzar, listos para comer	½ taza
Cuscús	⅓ taza
Germen de trigo	3 cucharadas
Grape-Nuts®	¼ taza
Harina de maíz (seca)	3 cucharadas
Harina integral seca	3 cucharadas
Kasha (gachas, especialmente de trigo sarraceno)	½ taza
Mijo	¼ taza
Leche de arroz	½ taza
Muesli	¼ taza
Muesli tostado (Granola), poca grasa	¼ taza
Pasta	½ taza
Shredded Wheat®	½ taza

Galletas cracker/productos para picar
(grupo Féculas, en el que entran cereales, legumbres
y verduras feculentas)

Cada ración contiene aproximadamente 15 g de hidratos de carbono, 3 g de proteínas y 0-1 g de grasa, que totalizan unas 80 calorías.

Galletas cracker de harina integral sin grasa añadida	2-5 (22 g)
Matzoh (pan ácimo judío que antes se tomaba para Pascua)	22 g
Palomitas de maíz (sin grasa añadida)	3 tazas
Pretzel	22 g

Panes
(grupo Féculas, en el que entran cereales,
legumbres y verduras feculentas)

Cada ración contiene aproximadamente 15 g de hidratos de carbono, 3 g de proteína y 0-1 g de grasa, que totalizan unas 80 calorías.

Bastoncitos crujientes (de 10 × 1,25 cm)	2 (20 g)
Bollo inglés	1
Gofre (3 × 3 de cereal integral, poca grasa)	1
Pan ácimo	30 g
Pan de pocas calorías	2 rebanadas (30 g)
Pan integral de trigo, centeno	1 rebanada (30 g)
Pan de pita (15 cm diámetro)	1
Pan de pasas descongelado	1 rebanada (30 g)
Panecillo de trigo integral	1 (30 g)
Torta de maíz (15 cm diámetro)	1
Torta de harina	1

Frutas
(grupo Frutas, en el que entran frutas frescas,
pasas o frutas secadas y congeladas)

Cada ración contiene aproximadamente 15 g de hidratos de carbono, que totalizan unas 60 calorías.

Albaricoques frescos	4 (140 g)
Albaricoques secos (orejones)	8 mitades
Arándanos dulces	¾ taza

Cantalupo (melón) pequeño	⅓ (310 g) o 1 taza, troceado
Cerezas dulces frescas	12 (85 g)
Ciruelas pequeñas	2 (140 g)
Ciruelas pasas	3
Dátiles	3
Frambuesas	1 taza
Fresas enteras	1 taza
Higos frescos	1 grande o 2 medianos (85 g)
Higos secos	1
Kiwi	1 (100 g)
Macedonia	½ taza
Mandarinas pequeñas	2 (225 g)
Mango pequeño	1 mitad (140 g)
Manzana pequeña con piel	1 (115 g)
Manzanas secas	4 aros
Melocotón fresco mediano	1 (170 g)
Melón dulce	1 rodaja (280 g)o 1 taza, troceado
Moras	3/4 taza
Naranja pequeña	1 (170 g)
Nectarina pequeña	1 (140 g)
Papaya	1 mitad (225 g) o 1 taza, troceada
Pera grande fresca	1 mitad (115 g)
Piña fresca	¾ taza
Plátano pequeño	1 (115 g)
Pomelo grande	1 mitad (310 g)
Compota de manzana sin endulzar	½ taza
Sandía	1 rodaja (370 g) o 1 taza, troceada
Uvas pequeñas	17 (85 g)
Uvas pasas	2 cucharadas

ZUMOS DE FRUTA
(GRUPO FRUTAS;
EL SISTEMA DIGESTIVO LOS ABSORBE CASI INMEDIATAMENTE DESPUÉS DE
BEBERLOS: ENERGÍA MUY RÁPIDA Y CONCENTRADA)

Cada ración contiene aproximadamente 15 g de hidratos de carbono, que totalizan unas 60 calorías.

De arándanos agrios	⅓ taza
De arándanos agrios, calorías reducidas	1 taza
De ciruela	⅓ taza
De manzana/sidra	½ taza
De naranja	½ taza
De piña	½ taza
De pomelo	½ taza
De uva	⅓ taza
Mezcla de zumos, zumo 100%	⅓ taza

GRASAS
(GRUPO GRASAS)

Cada ración contiene aproximadamente 5 g de grasa, que totalizan unas 45 calorías.

Las grasas se clasifican en tres grupos, basándose en el principal tipo de grasa que contienen: monoinsaturadas, poliinsaturadas y saturadas. Pequeñas cantidades de grasas monoinsaturadas y poliinsaturadas en los alimentos que comemos están asociadas con beneficios para la salud. Las grasas saturadas están asociadas con enfermedad cardiaca y cáncer.

Monoinsaturadas
1 ración

Aceite (de colza, de oliva, de cacahuete)	1 cucharadita
Aceitunas maduras negras	8 grandes
Aceitunas verdes rellenas*	10 grandes
Aguacate mediano	⅛ (30 g)
Frutos secos:	
Almendras, anacardos	6
Cacahuetes	10

Mezclados (50% cacahuetes)	6
Nueces pecanas	4 mitades
Mantequilla de cacahuete, pasta lisa o crujiente	2 cucharaditas
Sésamo, semillas	1 cucharada
Tahini (pasta de sésamo)	2 cucharaditas

Poliinsaturadas

Aliño ensalada, normal*	1 cucharada
con poca grasa	2 cucharadas
Nueces	4 mitades
Pipas de girasol, de calabaza	1 cucharada

Saturadas*

Coco triturado	2 cucharadas
Mantequilla en barra,	1 cucharadita
batida,	2 cucharaditas
con poca grasa	1 cucharada
Menudillos de cerdo cocidos	2 cucharadas (15 g)
Queso cremoso con poca grasa	2 cucharadas (30 g)

* Las grasas saturadas pueden elevar el nivel de colesterol.

HIDRATOS DE CARBONO NO DERIVADOS DE FRUTAS, LECHE NI GRUPOS FÉCULAS

(Véanse también Frutas, Leche y grupos de Féculas, que contienen hidratos de carbono.)
Cada ración contiene aproximadamente 15 g de hidratos de carbono.
Abreviaturas: hc = hidratos de carbono; c/s = cucharada sopera; tz = taza.

Miel	1 c/s	1 g hc
Hummus (puré de garbanzos con		
tahini, ajo, limón y sal)	⅓ tz	1 g hc, 1 g grasa
Yogur congelado desnatado	⅓ tz	1 g hc, 0-1 g grasa
Yogur congelado desnatado sin azúcar	½ tz	1 g hc
Yogur desnatado con fruta	⅓ tz	1 g hc, 0-1 g grasa

Leche
(GRUPO LECHE/YOGUR)

Desnatada/con muy poca grasa

Cada ración de la siguiente lista contiene 12 g de hidratos de carbono, 8 g de proteína y 0-3 g de grasa, que totalizan unas 90 calorías. *Observación:* 1 taza equivale a 24 cl.

Leche desnatada totalmente	1 taza
Leche con 0,5% de grasa	1 taza
Leche con 1% de grasa	1 taza
Suero de leche sin o con poca grasa	1 taza
Leche desnatada evaporada	½ taza
Leche desnatada natural	⅓ taza, seca
Leche desnatada seca	⅓ taza, seca
Yogur desnatado o semidesnatado con fruta, endulzado con edulcorante no nutritivo	1 taza

Semidesnatada o con poca grasa

Cada ración de la siguiente lista contiene 12 g de hidratos de carbono, 8 g de proteína y 0-3 g de grasa, que totalizan unas 90 calorías. *Observación:* 1 taza equivale a 24 cl.

Leche con 2% de grasa	1 taza
Leche dulce con acidófilus	1 taza
Leche de soja (difiere de la de vaca en proteínas, hidratos de carbono y grasa)	1 taza
Yogur natural semidesnatado	¾ taza

LEGUMBRES, GUISANTES
(GRUPO FÉCULAS, EN EL QUE ENTRAN CEREALES, LEGUMBRES Y VERDURAS FECULENTAS)

Cada ración contiene aproximadamente 15 g de hidratos de carbono, 3 g de proteína y 0-1 g de grasa, que totalizan unas 80 calorías.
(Las legumbres y guisantes cuentan como una ración de fécula, más 5-7 g de proteína como corresponde a 28,35 g de carne muy magra.)

Frijoles	⅔ taza
Garbanzos, judías pintas, arriñonadas y blancas, guisantes, frijosles mung	½ taza
Lentejas	½ taza
Miso*	3 cucharadas

* Contiene 400 mg o más de sodio por ración.

VERDURAS FECULENTAS

Cada ración contiene aproximadamente 15 g de hidratos de carbono, 3 g de proteína y 0-1 g de grasa, que totalizan unas 80 calorías.

(Las legumbres y guisantes cuentan como una ración de fécula, más 5-7 g de proteína, cantidad similar a la que se encuentra en 30 g de carne muy magra.)

Banano (plátano grande que no se come crudo)	½ taza
Boniato, ñame	½ taza
Calabaza	1 taza
Guisantes	½ taza
Judías al horno	⅓ taza
Maíz	½ taza
Maíz en mazorca mediana	1 (140 g)
Patatas, hervidas o al horno	1 pequeña (85 g)
Verduras mezcladas, con maíz, guisantes o pasta	1 taza

VERDURAS NO FECULENTAS
(CON POCOS HIDRATOS DE CARBONO)

En la siguiente lista están las verduras que contienen poca cantidad de hidratos de carbono. Una ración de verduras contiene aproximadamente 5 g de hidratos de carbono, 2 g de proteína y 0 g de grasa, que totalizan, como mucho, 25 calorías. Las verduras contienen importantes nutrientes.

En general, una ración de verduras es:

- ½ taza de verduras cocidas o zumo de verduras
- 1 taza de verduras crudas

Alcachofas
Apio
Berenjenas
Berro
Brécol
Brotes de legumbres
Calabacines
Castañas de agua
Cebollas
Cebollas verdes o escalonias
Chucrut*
Col
Coles de Bruselas
Coliflor
Colirrábano
Espárragos
Espinacas
Guisantes y tirabeques
Hojas verdes (col verde, col rizada, hojas de mostaza, de nabo)
Judías tiernas (verdes, amarillas, italianas)
Nabos
Pepino
Pimientos (todas las variedades)
Puerros
Quingombó
Rábanos
Remolacha
Setas
Tomates (frescos y en lata)
Salsa* y zumo* de tomate
Verduras de hoja verde para ensalada (endibia, escarola, lechugas, espinaca)
   Verduras mezcladas (sin maíz, guisantes ni pasta)
Zanahorias

* 400 mg o más de sodio por ración.

Apéndice C
Equipo y utensilios

Para hacer la transición a un estilo de vida en que el alimento sea una medicina se necesitan algunos sencillos aparatos. Aparte de las ollas, cazos y sartenes, vas a necesitar una licuadora, un procesador de alimentos y una olla para el arroz.

A lo largo del libro he mencionado a veces un robot Vita-Mix (www.vitamix.com), que sirve a la vez de licuadora y procesador de alimentos. El robot Vita-Mix tiene un motor casi tan potente como el de una cortadora de césped, de modo que con él se puede hacer cualquier cosa en la cocina, incluso mantequilla de almendras. También sirve para hacer sopas, zumos y helado de crema natural. Si visitas cualquiera de los muchos establecimientos de zumos naturales repartidos por el país, observarás que usan un Vita-Mix. De todos modos necesitarás una licuadora y un procesador de alimentos, y este aparato cumple ambas funciones.

La olla para el arroz la puedes encontrar en dos tamaños, grande y pequeño, según sea de numerosa la familia. Cuando estaba soltero tenía una de capacidad para un litro, con la que podía preparar seis raciones de arroz u otro cereal. Cuando nos casamos Kirti y yo, compramos una más grande; ésta tiene capacidad para casi dos litros de agua y puedes hacer diez raciones. Te conviene comprar una olla para arroz con un colador-contenedor de verduras que quede suspendido sobre el líquido; de esta manera podrás preparar arroz y verduras al vapor al mismo tiempo, o hacer una u otra cosa por separado.

Apéndice D
Recursos y proveedores

DHARMA SINGH KHALSA, M.D.

Para obtener más información sobre el trabajo del doctor Dharma Singh
Khalsa y programa de charlas, contactar con:

Dharma Singh Khalsa, M.D.
2420 N. Pantano Road
Tucson, AZ 85715
E-mail: info@drdharma.com
www.drdharma.com
o
The Alzheimer's Prevention Foundation
2420 N. Pantano Road, Tucson, AZ 85715
E-mail: info@alzheimersprevention.org
www.alzheimersprevention.org

Notas y bibliografía

PRIMERA PARTE: LA VANGUARDIA DE LA MEDICINA

CAPÍTULO 1:
NUTRICIÓN ESPIRITUAL

Gran parte de la inspiración para escribir este capítulo y este libro salió del congreso *Food as Medicine* patrocinado por el Center for Mind/Body Medicine de Washington. El doctor James Gordon es el presidente.

La información sobre la transición a la Era de Acuario procede de las enseñanzas de Yogi Bhajan. También puedes leer más acerca de ella en mi libro *Meditation as Medicine*, publicado por Fireside Books. (Versión castellana: *La meditación como medicina*, Editorial Diagonal [Grup 62], Barcelona, 2001.)

El trabajo del doctor David Eisenberg, publicado en *New England Journal of Medicine* en 1991, cubre el deseo de los pacientes de visitar a practicantes de medicinas alternativas. Artículos recientes sobre su trabajo son:

Eisenberg, D., T. Kaptchuck, C. Laine y F. Davidoff, «Complementary and alternative medicine: an Annals series», *Ann. Intern. Med.*, 2001, n° 135, p. 208

Neal, R., «Report by David M. Eisenberg, M.D. On educational issues pertaining to complementary and alternative medicine in the United States», *J. Altern. Complement. Med.*, 2001, n° 7 (supl. 1), pp. S41-S43.

Neal, R., «Report by David M. Eisenberg, M.D. On complementary and alternative medicine in the United States: overview and pattern of use», *J. Altern. Complement. Med.*, 2001, n° 7 (supl. 1), pp. S19-S21.

Los siete principios básicos de dieta y salud del doctor Andrew Weil los expone en su libro *Eating Well for Optimum Health*, Alfred Knopf, Nueva York, 2000. (Versión castellana: *¿Sabemos comer?*, Ediciones Urano, Barcelona, 2001.)

CAPÍTULO 2:
¿QUÉ SEÑALES ENVIAMOS AL CUERPO?

Gran parte de mi investigación sobre los efectos de la nutrición en la genética, comunicación celular e inflamación la hice en la excelente documentación de «The Life Extension Foundation». También me fueron muy útiles los trabajos y las charlas de Jeffrey Bland, Ph.D., y David Heber, M.D., Ph.D. Los siguientes artículos y libros son buenos puntos de partida para un estudiante interesado.

Artículo de revisión

Life Extension Foundation, «Chronic inflammation: the epidemic disease of aging», *Life Extension*, enero 2002, www.lef.org/magazine

Monografía

Bland, Jeffrey, *Improving Intercellular Communication in Managing Chronic Illness*, Gig Harbor, Washington, 1999. Functional Medicine Seminar Series Health Comm International, Inc., 1999.

Artículos médicos seleccionados

Bland, J., «New functional medicine paradigm: health problems associated with dysfunctional intercellular communications», *Int. J. Integ. Med.*, 1999, n° 1, pp. 11-16.

Hubinette, A., S. Cnattingius, A. Ekbom, U. de Faire, M. Kramer, P. Lichtenstein, «Birth weight, early environment, and genetics: a study of twins discordant for acute myocardial infarction», *Lancet*, 2001, n° 357 (9273), pp. 1.997 2.001.

Ioannides, C., «Effect of diet and nutrition on the expression of cytochromes P450», *Xenobiotica*, 1999, n° 29, pp. 109-154.

Jacob, R., «Folate, DNA methylation, and gene expression: factors of nature and nurture», *Am. J. Clin. Nutr.*, 2000, n° 72, pp. 903-904.

Lee, C. K., R. Klopp, R. Weindruch, «Gene expression profile of aging and its retardation by calorie restriction», *Science*, 1999, n° 285, pp. 1.390-1.393.

Lichtenstein, P., «Environmental and heritable factors in the causation of cancer», *N. Engl. J. Med.*, 2000, n° 343, pp. 78-85.

Sadee, W., «The human genome project pharmacogenomics», *Br. Med. J.*, 1999, n° 319, p. 1.286.

Svedberg, P., P. Lichtenstein, N. Pedersen, «Age and sex differences in genetic and environmental factors for self-rated health: a twin study», *J. Gerontol. B. Psychol. Sci. Soc. Sci.*, 2001, n° 56, pp. S171-S178.

Terry, P., J. Baron, E. Weiderpass, J. Yuen, P. Lichtenstein, O. Nyren,

«Lifestyle and endometrial cancer risk: a cohort study from the Swedish Twin Registry», *Int. J. Cancer*, 1999, nº 82, pp. 38-42.

Van Ommen, G., E. Bakker, J. Den Dunnen, «The human genome project and the future of diagnostics, treatment, and prevention», *Lancet*, 1999, nº 354, pp. 5-10.

Weindruch, R., «Caloric restriction and aging», *Sci. Am.*, 1996, nº 274, pp. 46-52.

Libros

Bland, Jeffrey, *Genetic Nutritioneering*, Keats Publishing, Los Ángeles, 1999.

Heber, David, *What Color Is Your Diet?*, Regan Books, HarperCollins, Nueva York, 2001.

Steingraber, S., *Living Downstream: An Ecologist Looks at Cancer and the Environment*, Addison-Wesley, Reading, Massachusetts, 1997.

Walford, Roy, y Lisa Walford, *The Anti-Aging Plan: Strategies and Recipes for Extending Your Healthy Years*, Four Walls Eight Windows, Nueva York, 1994.

Para más información sobre la limitación calórica, véase: www.infinitefaculty.org.sci.cr

CAPÍTULO 3: FITONUTRIENTES:
CÓMO ACTÚAN DE MEDICINA LA VERDURA Y LA FRUTA

La información básica presentada en este capítulo la recogí asistiendo al curso educacional anual del American Institute of Cancer Research (AICR) y leyendo la extensa bibliografía de este instituto, en gran parte de orientación médica. El AICR es la tercera organización benéfica del cáncer de la nación, y se centra exclusivamente en la relación entre dieta y cáncer. Ofrece una amplia gama de cursos de educación al consumidor que han ayudado a millones de estadounidenses a aprender a hacer cambios para reducir sus riesgos de cáncer. También respalda estudios innovadores en prevención y tratamiento del cáncer en universidades, hospitales y centros de investigación a lo largo y ancho de Estados Unidos. El instituto ha facilitado más de 57 millones de dólares en fondos para estudios de investigación sobre dieta, nutrición y cáncer.

Para más información sobre The American Institute of Cancer Research:

AICR
1759 R Street, NW

Washington, DC 20009
www.aicr.org
E-mail: pr@aicr.org

Artículos médicos
The Journal of Nutrition, vol. 131, n° 115, de noviembre de 2001, está dedicada exclusivamente al tema de la investigación sobre fitonutrientes. Se puede encontrar en la página web: www.nutrition.org

CAPÍTULO 4: LAS VERDURAS COMO MEDICINA

Fuentes generales
The Life Extension Foundation publica una excelente revista mensual que informa sobre los últimos avances médicos, incluyendo temas como las verduras y las frutas como medicina. Teléfono 1 (800) 544 44 40, o la página web www.lef.org

General
«New diet-cancer research shows variety to be key to cancer prevention», noticioso de AICR, 17 de julio de 2001.

«New evidence reveals how common foods can specifically target, strengthen the body's first line of defense against cancer», noticioso de AICR, 17 de julio de 2001.

Artículos médicos
Block, G., «Fruit, vegetables, and cancer prevention: a review of the epidemiological evidence», *Nutr., Cancer*, 1992, n° 18, pp. 1-29.

Brenner, D. E. «Multiagent chemopreventive combinations», *J. Cell. Biochem.*, 2000 (supl.) n° 34, pp. 121-124.

Gerber, M., «The comprehensive approach to diet: a critical review», *J. Nutr.*, 2001, n° 131, pp. 3.051S-3.055S.

Heber, D., S. Bowerman, «Applying science to changing dietary patterns», *J. Nutr.*, 2001, n° 131, pp. 3.078S-3.081S.

Talalay, P., J. W. Fahey, «Phytochemicals from cruciferous plants protect against cancer by modulating carcinogen metabolism», *J. Nutr.*, 2001, n° 131, pp. 3.027S-3.033S.

Vay Liang, G., D. Wong, R. Butrum, «Diet, nutrition and cancer prevention», *J. Nutr.*, 2001, n° 131, pp. 3.121S-3.126S.

Libros generales

Carper, Jean, *Food, Your Miracle Medicine*, HarperCollins, Nueva York, 1993. (Hay traducción al castellano: *Remedios milagrosos: el poder curativo de las hierbas, las vitaminas y otros remedios naturales*, Ediciones Urano, 1999.)

Yeager, Selene, y los redactores de la revista *Prevention*, *The New Foods For Healing*, Bantam Books, Nueva York, 1999.

CAPÍTULO 5:
LAS FRUTAS COMO MEDICINA

Como he dicho, se puede encontrar más información sobre la fruta como medicina en las publicaciones de *The Life Extension Foundation*. La información sobre los alimentos en la terapia nutricional yóguica procede de las enseñanzas de Yogi Bhajan:

Bhajan, Yogi, *The Ancient Art of Self-Healing*, West Anandpur Publishers, Eugene, Oregón, 1982.

Libros generales

Heber, David, *What Color Is Your Diet?*, Regan Books, HarperCollins, Nueva York, 2001.

Yeager, Selene, y los redactores de la revista *Prevention*, *The New Foods For Healing*, Bantam Books, Nueva York, 1999.

Artículos médicos

Barch, D., L. Rundhaugen, G. Stoner, N. Pillay, W. Rosche, «Structure-function relationships of the dietary anticarcinogen ellagic acid», *Carcinogenesis*, 1996, n° 17, pp. 265-269.

Bickford, P., T. Gould, L. Briederick, K. Chadman, A. Pollock, D. Young, B. Shukitt-Hale, J. Joseph, «Antioxidant-rich diets improve cerebellar physiology and motor learning in aged rats», *Brain Res.*, 2000, n° 866, pp. 211-217.

Bickford, P., B. Shukitt-Hale, J. Joseph, «Effects of aging on cerebellar noradrenergic function and motor learning: nutritional interventions», *Mech. Ageing Dev.*, 1999, n° 111, pp. 141-154.

Hertog, M., E. Feskens, P. Hollman, M. Katan, D. Kromhout, «Dietary antioxidant flavonoids and risk of coronary heart disease: the Zutphen Elderly Study», *Lancet*, 1993, n° 342, pp. 1.007-1.011.

Knekt, P., R. Jarvinen, A. Reunanen, J. Maatela, «Flavonoid intake and coronary mortality in Finland: a cohort study», *Br. Med. J.*, 1996, n° 312, pp. 478-481.

Kontiokari, T., K. Sundqvist, M. Nuutinen, T. Pokka, M. Koskela, M. Uhari, «Randomised trial of cranberry-lingoberry juice and lactobacillus GG drink for the prevention of urinary tract infections in women», *Br. Med. J.*, 2001, n° 322, p. 1.571.

Narayanan, B., O. Geoffroy, M. Willingham, G. Re, D. Nixon, «p53 /p21(WAFI/CIPI) expression and its possible role in GI arrest and apoptosis in ellagic acid treated cancer cells», *Cancer Lett.*, 1999, n° 136, pp. 215-221.

CAPÍTULO 6: MÁS ALLÁ DEL ARCO IRIS DE LAS VERDURAS Y LAS FRUTAS

El material de investigación para este capítulo proviene de diversas fuentes. Mis años de estudio con gigantes del campo de la curación nutricional como Paavo Airola, Ph.D., Bernard Jenson, Ph.D., y Yogi Bhajan, Ph.D., me han permitido conseguir información de primera mano sobre este tema. Aparte de eso, me han sido muy útiles los siguientes libros y monografías:

Airola, Paavo, *How to Get Well*, Health Plus Publishers, Phoenix, 1974.

Balch, James, y Phyllis Balch, *Prescriptions for Natural Healing*, 1990. (De este autor puede verse en castellano *Diez remedios naturales que pueden salvar su vida*, Plaza & Janés, Barcelona, 2000.)

Carper, Jean, *Food, Your Miracle Medicine*, HarperCollins, Nueva York, 1995. (Véase bibl., cap. 4.)

Cousins, Gabriel, *Conscious Eating*, Vision Books International, Santa Rosa, California, 1994.

Hunter, Beatrice Trum, *Grain Power*, Keats Publishing, New Canaan, Connecticut, 1994.

Kushi, Michio, *One Peaceful World: Michio Kushi's Approach to Creating a Healthy and Harmonious Mind, Home, and World Community*, St. Martin's Press, Nueva York, 1987.

Sears, Barry, *The Soy Zone*, Regan Books/HarperCollins, Nueva York, 2000.

Superfoods: Sea vegetables, Micro algaes, Bee foods and more, publicado por Wild Oats Markets, Boulder, Colorado, 1996.

Wigmore, Ann, *The Wheat Grass Book*, 1985. (Véase su obra en castellano *Salud y vitalidad con la hierba del trigo*, Océano, Barcelona, 2000.)

Wigmore, Ann, *The Sprouting Book*, 1986.

Artículos médicos

Jacobs, D. R., L. Maquart, L. Kushi, «Whole grain intake and cancer: an expanded meta-analysis», *Nutr. Cancer*, 1998, 30, pp. 85-96.

Jacobs, D. R., K. Meyer, L. Kushi, «Is whole grain intake associated with reduced total and cause specific death rates in older women? The Iowa Women's Health Study», *Am. J. Public Health*, 1999, 89, pp. 322-329.

Kushi, L., J. Cunningham, «The macrobiotic diet in cancer», *J. Nutr.*, nº 131, pp. 3.056S-3.064S. (Para el estudiante serio, este artículo de revisión tiene 98 referencias.)

McKay, D., J. Blumberg, «The role of tea in human health: an update», *J. Am. Col. Nutr.*, 2002, nº 21, pp. 1-13.

McKenna, D., «Green Tea», *Choices Health Med.*, 2002, nº 2, pp. 16-17.

Nishino, H., «Cancer prevention by carotenoids», *Mutat. Res.*, 1998, nº 402, pp. 159-163.

Slavin, J. «Mechanisms on whole grain foods on cancer risks», *J. Am. Coll. Nutr.*, 2000, nº 19, pp. 300S-307S.

Teas, J., M. Harbison, R. S. Gelman, «Dietary seaweed and mammary carcinogenesis in rats», *Cancer Res.*, 1984, nº 44, pp. 2.758-2.761.

Wassel, F. «Pharmacological ramifications of wheat», *Int. J. Integ. Med.*, 2001, nº 3, pp. 6-11.

CAPÍTULO 7:
DE LAS PIRÁMIDES A LOS PRINCIPIOS

La idea de prescindir de las pirámides para adoptar los principios de la terapia nutricional yóguica es original mía, basándome en mis años de estudio con mi profesor Yogi Bhajan. Sin embargo, hay varios libros y artículos médicos que subrayan los beneficios, o la carencia de beneficios, de cada una de las tres pirámides.

Monografía

Moving Towards a Plant Based Diet, American Institute for Cancer Research, Washington, DC, 2000. www.aicr.org

Libros generales

Heber, David, *What Color Is Your Diet?*, Regan Books/HarperCollins, Nueva York, 2001.

Roizen, Michael, y John La Palma, *The Real Age Diet*, HarperCollins, Nueva York, 2001.

Willett, Walter, *Eat, Drink, and Be Healthy*, Simon and Schuster, Nueva York, 2001.

Artículos médicos
Jang, M., I. Cai, «Cancer chemopreventive activity of resveratrol, a natural product derived from grapes», *Science*, 1997, 275, pp. 218-220.

Joseph, J. A., «Reversals of age-related declines in neuronal signal transduction, cognitive, and motor behavioral deficits with blueberries, spinach, or strawberry dietary supplementation», *J. Neurosci.*, 1999, n° 19, pp. 8.114-8.121.

Mazur, W., «Isoflavonoids and lignanes in legumes: nutritional and health aspects in humans», *J. Nutr. Biochem.*, 1998, n° 9, pp. 193-200.

Simopoulos, A., «Omega-3 fatty acids in health and disease and in growth and development», *Am. J. Clin. Nutr.*, 1991, n° 54, pp. 438-463.

Simopoulos, A., «The Mediterranean diets: what is so special about the diet of Greece? The scientific evidence», *J. Nutr.*, 2001, n° 131, pp. 3.065S-3.073S.

Weisburger, J., «Mechanisms of action in antioxidants as exemplified in vegetables, tomatoes and tea», *Food Chem. Toxicol.*, 1999, n° 37, pp. 943-948.

CAPÍTULO 8: EL PRIMER PRINCIPIO:
DESINTOXICAR EL CUERPO CON TERAPIA COLÓNICA Y AYUNO

La mayor parte de la información para este capítulo procede de mi experiencia. He probado este programa muchas veces y también he entrevistado a muchas personas que han hecho lo mismo. Aun así, los siguientes libros podrían resultar interesantes.

Internal Cleansing, monografía producida y publicada por Wild Oats Markets, con sede en Boulder, Colorado; www.wildoats.com

Airola, Paavo, *How to Keep Slim and Young with Juice Fasting*, Health Plus Publishers, Phoenix, 1978.

Airola, Paavo, *Juice Fasting*, Health Plus Publishers, Phoenix, 1971.

Jensen, Bernard, *Tissue Cleansing Through Bowel Management*, Jensen Publishers, Escondido, California, 1981.

Kordish, Jay, *The Juiceman's Power of Juicing*, Warner Books, Nueva York, 1991.

Lombardi, Susana, *Healthy Living, A Holistic Guide*, We Care Health Ranch Publishers, 1997.

CAPÍTULO 9:
EL SEGUNDO PRINCIPIO: OPTAR POR LO BIOLÓGICO

En mi mente no cabe absolutamente la menor duda de que la salud a largo plazo depende de evitar las sustancias químicas agrícolas peligrosas presentes en los alimentos, tales como pesticidas, fungicidas y herbicidas; son toxinas. Una manera importante de evitarlas es optar por alimentos de cultivo biológico. Me he informado acerca de esta cuestión en muchos libros y monografías. Grupos de servicio al público (Greenpeace, Mother and Others, National Organic Directory y otros) son excelentes recursos para aprender más acerca de este tema. Además, *The Life Extension Foundation* (www.lef.org) suele publicar artículos en su revista que demuestran cómo los métodos agricolas agotan la tierra de su legado nutriente.

Monografía y artículos de periódicos

Organic Power: Positive Choices for the Earth and You, Wild Oats Markets, Boulder, Colorado, tel. (800) 494-WILD.

Burros, Marian, «U.S. imposes standards for organic food labeling», *New York Times*, 21 de diciembre de 2000.

«Food safety and quality as affected by organic farming», informe de la FAO (Food and Agriculture Organization), julio de 2000. www.fao.org/organicag/frame2-e.htm

Libros

Robbins, John, *The Food Revolution: How Your Diet Can Help Save Your Life and the World*, Conari Press, Berkeley, California, 2001.

Schlosser, Eric, *Fast Food Nation: The Dark Side of the All American Meal*, Houghton Mifflin, Boston, 2001. (Hay versión castellana: *Fast food: el lado oscuro de la comida rápida*, Grijalbo, Barcelona, 2002.)

Weil, Andrew, y Rosie Daily, *The Healthy Kitchen: Recipes for a Better Body, Life, and Spirit*, Alfred Knopf, Nueva York, 2002.

Artículo científico

«Organic foods supermarket foods: element levels», *J. Appl. Nutr.*, 1993, n° 45, pp. 35-39.

CAPÍTULO 10:
EL TERCER PRINCIPIO: LIMITAR O ELIMINAR
EL CONSUMO DE ALIMENTOS MANIPULADOS GENÉTICAMENTE

Sobre este tema hay muchos excelentes artículos, libros y páginas web.

Artículos generales

«The commercial cultivation of genetically engineered crops», *Environment*, 1999, 41, pp. 11-21. Excelente artículo con más de 50 referencias.

Barboza, D., «As biotech crops multiply, consumers get little choice», *New York Times*, 10 de junio de 2001. Se puede leer en Internet; explica que en el año 2000 se sembraron más de 40 millones de hectáreas de las tierras más fértiles del mundo con plantas manipuladas genéticamente, unas 25 veces más que cuatro años antes.

Losey, J., L. Rayor, M. Carter, «Transgenic pollen harms monarch larvae», *Nature*, 1999, n° 399, p. 254.

Libros

Anderson, Luke, *Genetic Engineering, Food, and our Environment*, Chelsea Green, White River Junction, Vermont, 1999. (Hay traducción al castellano: *Transgénicos, ingeniería genética, alimentos y medio ambiente*, Gaia Proyecto 2050, 2000.)

Cummins, Ronnie, y Ben Lilliston, *Genetically Engineered Food*, Marlowe & Company, Nueva York, 2000.

McHughen, Alan, *Pandora's Picnic Basket*, Oxford University Press, Oxford, Gran Bretaña, 2000.

Nottingham, Stephen, *Eat Your Genes*, University of Cape Town Press, Ciudad del Cabo, Sudáfrica, 1998.

Rissler, Jane, y Margaret Mellon, *The Ecological Risks of Engineered Crops*, MIT Press, Cambridge, Massachusetts, 1996.

Robbins, John, *The Food Revolution*, Conari Press, Berkeley, 2001.

Roizen, Michael, y John La Puma, *The RealAge Diet*, HarperCollins, Nueva York, 2001.

Ticciati, Laura, y Robin Ticciati, *Genetically Engineered Foods*, Keat Publishing, Los Ángeles, 1998.

CAPÍTULO 11:
EL CUARTO PRINCIPIO: COMER PROTEÍNAS LIMPIAS

Muchas de las referencias bibliográficas de los dos capítulos anteriores valen para éste también. Añadir las siguientes:

Monografías
Clean Protein: A Natural Approach to Meats, Poultry, and Seafood, publicada por Wild Oats Markets, Boulder, Colorado, 1998.
Soy Foods, Wild Oats Markets, 1998.

Libros
Balch, Phyllis, y James Balch, Prescription for Dietary Wellness, Avery, Nueva York, 1998.
Balch, Phyllis, y James Balch, Prescription for Nutritional Healing, Avery, Nueva York, 2000.
Chopra, Deepak, y David Simon, Grow Younger, Live Longer: 10 Steps to Reverse Aging, Harmony Books, Nueva York, 2001. (Hay traducción al castellano: Rejuvenecer y vivir más: diez pasos para revertir el envejecimiento, Ediciones B, Barcelona, 2002.)

Artículos médicos
Anderson, J., B. Johnstone, «Meta-analysis of the effects of soy protein intake in serum lipids», N. Engl. J. Med., 1995, n° 333, pp. 276-282.
Goodman, M., L. Wilkens, «Association of soy and fiber consumption with the risk of endometrial cancer», Am. J. Epidemiol., 1997, n° 146, pp. 294-306.
Kagawa, Y., «Eicospolyenoic acids of serum lipids of Japanese islanders with low incidence of cardiovascular diseases», J. Nutr. Sci. Vitaminol, 1982, n° 28, pp. 441-453.
Shu, X., F. Jin, «Soyfood intake during adolescence and subsequent risk of breast cancer among Chinese women», Cancer Epidemiol. Biomark Prev., 2001, n° 10, pp. 483-488.
Stroll, B., «Essential fatty acids, insulin resistance, and breast cancer risk», Nutr. Cancer, 1998, n° 31, pp. 72-77.
Wu, A., R. Ziegler, «Tofu and risk of breast cancer in Asian-Americans», Cancer Epidemiol. Biomark Prev., 1996, n° 5, pp. 901-906.
Wu, A., R. Ziegler, «Soy intake and risk of breast cancer in Asian and Asian-Americans», Am. J. Clin. Nutr., 1998, n° 68, pp. 1.437S-1.443S.

Véase «Apéndice D» para páginas web importantes.

CAPÍTULO 12:
EL QUINTO PRINCIPIO: DESCUBRIR LOS ZUMOS Y LOS SUPLEMENTOS

La mayoría de las ideas sobre zumos especiales vienen de años de estudio y experiencia. Las siguientes personas han influido en mi forma de pensar: Yogi Bhajan, doctor Guru Dev Singh Khalsa de Brasil, el difunto doctor Paavo Airola y el doctor Bernard Jensen. Muchos de los zumos son idea mía, pero, como digo en el texto, algunos provienen del balneario Miraval Life in Balance, donde Cari Neff es la chef ejecutiva. El personal de Wild Oats Markets, de Sunrise (en Tucson) tuvieron también la amabilidad de facilitarme información sobre la combinación de zumos.

Los libros de recetas mencionados en capítulos anteriores también valen para éste.

Revistas y boletines informativos
Life Extension. La revista mensual de *The Life Extension Foundation* es muy científica y está muy al día.

The Health and Healing Newsletter, del doctor Julian Whitaker, me ha sido muy útil, con su información científica fidedigna sobre vitaminas, minerales y suplementos de nutrientes específicos: www.drwhitaker.com

Nutritional Therapy in Medical Practice. Reference Manual and Study Guide (2001), del doctor Alan Gaby, contiene toda una riqueza de información acerca del uso de las vitaminas.

CAPÍTULO 13: EL SEXTO PRINCIPIO:
CONCIENCIA AL COCINAR Y PRESENCIA MENTAL AL COMER

Bhajan, Yogi, *The Ancient Art of Self-Healing*, West Anandpur Publishers, Eugene, Oregón, 1982.

Khalsa, Siri Ved Kaur, *Conscious Cookery*, KRI, Los Ángeles, 1981.

Ornish, Dean, *Eat More, Weigh Less*, HarperCollins, Nueva York, 1993.

Weil, Andrew, *Eating Well for Optimum Health*, Alfred Knopf, Nueva York, 2001. (Hay traducción al castellano: *¿Sabemos comer?*, Ediciones Urano, Barcelona, 2001.)

CAPÍTULO 14:
EL SÉPTIMO PRINCIPIO: HACER LA TRANSICIÓN

Todos los libros y monografías ya mencionados son guías útiles para comprender la idea de fondo de este capítulo. Aparte de eso, la información procede de mi propia experiencia clínica. Los siguientes libros y monografías son también muy útiles.

Vegetarian Transition, monografía producida por Wild Oats Markets, Boulder, Colorado, www.wildoats.com

Bhajan, Yogi, *The Ancient Art of Self-Healing*, West Anandpur Publishers, Eugene, Oregón, 1982.

Khalsa, Deva, *Recipes to Purify your Body, Mind and Spirit*, The New Cleanse, Española, N. México, 2002, www.thenewcleanse.com

Khalsa, Shakta Kaur, *Kundalini Yoga*, Dorling Kindersley Publishing, Nueva York, 2001, pp. 200-215. (Hay traducción al castellano: *Kundalini yoga*, Pearson Educación, Barcelona, 2002.)

CAPÍTULO 15: RECETAS BÁSICAS
DE LA TERAPIA NUTRICIONAL YÓGUICA

Las mismas referencias bibliográficas de los capítulos 13 y 14.

SEGUNDA PARTE:
PARA ESO COMER ESTO

Libros
Balch, Phyllis A., y James F. Balch, *Prescription for Dietary Wellness*, Avery, Nueva York, 1992.

Balch, Phyllis A., y James F. Balch, *Prescription for Nutritional Healing*, Avery, Nueva York, 2000.

Bhajan, Yogi, *The Golden Temple Vegetarian Cookbook*, Ajanta Books International, Delhi, India, 1978.

Calbom, Cherie, y Maureen Keane, *Juicing for Life*, Avery, Nueva York, 1992. (Hay traducción al castellano: *Zumos para tu salud* y *Zumoterapia: zumos para tu salud*, Martínez Roca, 1993 y 1999 resp.)

Chopra, Deepak, y David Simon, *The Chopra Center Herbal Handbook*, Three Rivers Press, Nueva York, 2000. (Hay traducción al castellano: *Manual de plantas medicinales. Centro Chopra: 40 recetas naturales...*, Paidós Ibérica, Barcelona, 2001.)

Khalsa, Dharma Singh, y Cameron Stauth, *The Pain Cure*, Warner

Books, Nueva York, 1999. (Hay traducción al castellano: *Curar el dolor*, Ediciones Urano, Barcelona, 2001.)

Khalsa, Shakta Kaur, *Kundalini Yoga*, Dorling Kindersley Publishing, Nueva York, 2001. (Véase bibl. cap. 14.)

Neff, Cari, *Conscious Cuisine*, Sourcebooks, Inc., Naperville, Illinois, 2002.

The Life Extension Foundation, *Disease Prevention and Treatment*, Life Extension Media, 2000.

CAPÍTULO 16: ADICCIONES

Free, V., P. Sanders, «The use of ascorbic acid and mineral supplements in the detoxification of narcotic addicts», *J. Orthomolecular Psychiatry*, 1978, n° 7, p. 264.

Hoyumpa, A., «Mechanisms of vitamin deficiencies in alcoholism», *Alcoholism: Clin. Esp. Res.*, 1986, n° 10, pp. 573-581.

CAPÍTULO 17: ALERGIAS

Johnston, C. S., y cols., «Antihistamine effects and complications of supplemental vitamin C», *J. Am. Diet. Assoc.*, 1992, n° 92, pp. 988-989.

Ruskin, S. L., «Sodium ascorbate in the treatment of allergic disturbances», *Am. J. Dig. Dis.*, 1947, n° 14, pp. 302-306.

Soutar, A., y cols., «Bronchial reactivity and dietary antioxidants», *Thorax*, 1997, n° 52, pp. 166-170.

CAPÍTULO 18: ANTIENVEJECIMIENTO

Libros

Klatz, Ronald M., *Advances in Anti-Aging Medicine*, vol. 1, Mary Ann Liebert, Inc., Larchmont, Nueva York, 1996.

Klatz, Ronald M., y Robert Goldman, *Anti-Aging Medical Therapeutics*, vol. II, Health Quest Publications, Del Rey, 1998.

Klatz, Ronald M., y Robert Goldman, *The Science of Anti-Aging Medicine*, American Academy of Anti-Aging Medicine, Colorado Springs, 1996.

Klatz, Ronald M., y Robert Goldman, *Stopping the Clock*, Keats Publishing, Canaan, Connecticut, 1996.

Klatz, Ronald M., y Carol Kahn, *Grow Young with HGH*, HarperCollins, Nueva York, 1997.

Schachter-Shalomi, Zalmon, y Ronald S. Miller, *From Age-ing to*

Sage-ing: A Profound New Vision of Growing Older, Warner Books, Nueva York, 1995.

Artículos médicos

Informe de conferencia: la limitación de calorías, el ejercicio, la terapia hormonal sustitutiva y los fitonutrientes combaten el envejecimiento. *Life Extension*, junio 2002, pp. 38-46.

Alberg, A., y cols., «Serum DHEA and DHEA-S and the subsequent risk of developing colon cancer», *Cancer Epidemiol. Biomarkers Prevention*, 2000, n° 9, pp. 517-521.

Barret-Connor, E., y cols., «Endogenous levels of DHEA-S, but not other sex hormones, are associated with depressed mood in older women: the Rancho Bernardo Study», *J. Am. Geriatr. Soc.*, 1999, n° 47, pp. 685-691.

Ferrari, E., y cols., «Age-related changes of the hypothalamic-pituitary-adrenal axis: pathophysical correlates», *Eur. J. Endocrinol.*, 2001, n° 144, pp. 319-329.

Reiter, W. J., y cols., «DHEA in the treatment of erectile dysfunction: a prospective double-blinded, randomized, placebo-controlled study», *Urology*, 1999, n° 53, pp. 590-594.

Stoll, B., «Dietary supplements of DHEA in relation to breast cancer risk», *Eur. J. Clin. Nutr.*, 1999, n° 53, pp. 771-775.

CAPÍTULO 19: CÁNCER:

PREVENCIÓN Y TRATAMIENTO

Artículos médicos

Black, H. S., y cols., «Evidence that a low-fat diet reduces the occurrence of non-melanoma skin cancer», *Int. J. Cancer*, 1995, n° 62, pp. 165-169.

Clark, L. C., y cols., «Effects of selenium supplementation for cancer prevention in patients with carcinoma of the skin», *JAMA*, 1996, n° 276, pp. 1.957-1.963.

Clark, L. C., y cols., «Decreased incidence of prostate cancer with selenium supplementation: results of a double-blind cancer prevention trial», *Br. J. Urol.*, 1998, n° 81, pp. 730-734.

Fairfield, K., R. Fletcher, «Vitamins for chronic diseases prevention in adults: scientific review and clinical applications», *JAMA*, 2002, n° 287, pp. 3.116-3.129.

Giovannucci, E., y cols., «Intake of carotenoids and retinal in relation to risk of prostate cancer», *J. Natl. Cancer Inst.*, 1995, n° 87, pp. 1.767-1.776.

Gogos, C., y cols., «Dietary omega-3 polyunsaturated fatty acids plus vitamin E restore immunodeficiency and prolong survival for severely ill patients with generalized malignancy: a randomized control trial», *Cancer*, 1998, n° 82, pp. 395-402.

Gonzales, N., y cols., «Evaluation of pancreatic proteolytic enzyme treatment of adenocarcinoma of the pancreas, with nutrition and detoxification support», *Nutr. Cancer*, 1999, n° 33, pp. 117-124.

Heimburger, D., C. Alexander, R. Birch y cols., «Improvement in bronchial squamous metaplasia in smokers treated with folate and vitamin B12», *JAMA*, 1988, n° 259, pp. 1.525-1.530.

Lamm, D., y cols., «Megadose vitamins in bladder cancer: a double-blind clinical trial», *J. Urol.*, 1994, n° 151, pp. 21-26.

Levy J., y cols., «Lycopene is a more potent inhibitor of human cancer cell proliferation than either alpha-carotene or beta-carotene», *Nutr. Cancer*, 1995, n° 24, pp. 257-266.

Lichtenstein, P., «Environmental and heritable factors in the causation of cancer», *N. Engl. J. Med.*, 2000, n° 343, pp. 78-85.

Lissoni, P., y cols., «Modulation of cancer endocrine therapy by melatonin: a phase II study of tamoxifen plus melatonin in metastatic breast cancer patients progressing under tamoxifen alone», *Br. J. Cancer*, 1995, n° 71, pp. 854-856.

Lockwood, K., y cols., «Apparent partial remission of breast cancer in «high risk» patients supplemented with nutritional antioxidants, essential fatty acids and coenzyme Q10», *Molec. Aspects Med.*, 1994, n° 15 (supl.), pp. S231-S240.

Lockwood, K., y cols., «Progress on therapy of breast cancer with coenzyme Q10 and the regression of metastases», *Biochem. Biophys. Res. Commun.*, 1995, n° 212, pp. 172-177.

The Alpha-Tocopherol, Beta Carotene Cancer Prevention Study Group, «The effect of vitamin E and beta carotene on the incidence of lung cancer and other cancers in male smokers», *N. Engl. J. Med.*, 1994, 330, pp. 1.029-1.035.

Monografías
Counseling women with respect to lifestyles, life events, and breast

cancer risks, monografía publicada por la American Cancer Society, Atlanta, 1990.

Moving towards a plant-based diet, monografía publicada por el American Institute for Cancer Research, Washington, DC, 2000.

Libros

Harkness, Richard, *Everything You Need to Know About Reducing Cancer Risk*, Prima Publishing, Roseville, California, 2001.

The Life Extension Foundation, *Disease Prevention and Treatment*, Life Extension Media, Hollywood, Florida, 2001.

CAPÍTULO 20:
CANSANCIO O FATIGA CRÓNICOS

Artículos médicos

Cunha, B., «Beta-carotene stimulation of natural killer cell activity in adult patients with chronic fatigue syndrome», *CFIDS Chronicle Physicians' Forum*, 1993 (otoño), p. 18.

Howard, J. M., y cols., «Magnesium and chronic fatigue syndrome», *Lancet*, 1992, nº 340, p. 426.

Komaroff, A., y cols., «Chronic fatigue syndrome: an update», *Annu. Rev. Med.*, 1998, nº 49, pp. 1-13.

CAPÍTULO 21: CEREBRO:
DETERIORO DE LA MEMORIA ASOCIADO A LA EDAD,
DETERIORO COGNITIVO MODERADO Y ENFERMEDAD DE ALZHEIMER

Artículos médicos

Crook, T., y cols., «Effects of phosphatidylserine in Alzheimer's disease», *Psychopharmacol. Bull.*, 1992, nº 28, pp. 61-66.

Crook, T. H., y cols., «Effects of phosphatidylserine in age-associated memory impairment», *Neurology*, 1991, nº 41, pp. 644-649.

Fahn, S. A., «A pilot trial of high-dose alpha-tocopherol and ascorbate in early Parkinson's disease», *Ann. Neurol.*, 1992, nº 32, pp. S128-132.

Khalsa, D. S., «Integrated medicine and the prevention and reversal of memory loss», *Altern. Ther. Health Med.*, 1998, nº 4, pp. 38-43.

Nourhashemi, F., S. Gillette-Guyonnet, S. Andrieu, y cols., «Alzheimer disease: protective factors», *Am. J. Clin. Nutr.*, 2002, nº 71, pp. 643S-649S.

Sano, M., y cols., «A controlled trial of selegiline, alpha-tocopherol, or both as treatment for Alzheimer's disease», *N. Engl. J. Med.*, 1997, n° 336, pp. 1.216-1.222.

CAPÍTULO 22: CRECIMIENTO ESPIRITUAL

Bhajan, Yogi, *The Master's Touch*, Kundalini Research Institute, Los Ángeles, 1997.

Bhajan, Yogi, *The Ancient Art of Self-Healing*, West Anandpur Publishers, Eugene, Oregón, 1982.

CAPÍTULO 23:
DESINTOXICACIÓN Y LIMPIEZA

Bhajan, Yogi, *The Ancient Art of Self-Healing*, West Anandpur Publishers, Eugene, Oregón, 1982.

CAPÍTULO 24: DEPRESIÓN

Artículos médicos

Coppen, A., J. Bailey, «Enhancement of the antidepressant action of fluoxetine by folic acid: a randomized, placebo controlled trial», *J. Affect. Disord.*, 2000, n° 60, pp. 121-130.

Fairfield, K., R. Fletcher, «Vitamins for chronic diseases prevention in adults: scientific review and clinical applications», *JAMA*, 2002, n° 287, pp. 3.116-3.129.

Stoll, A., y cols., «Omega-3 farry acids in bipolar disorder: a prelimi nary double-blind, placebo-controlled trial», *Arch. Gen. Psychiatry*, 1999, n° 56, pp. 407-412.

Monografía

Walsh, W., *Nutrients Help Alleviate Mental Symptoms*, monografía publicada por Well Being, Inc., North Bend, Washington, 2002.

CAPÍTULO 25: DIABETES

Artículos médicos

Friedberg, C. E., y cols., «Fish oil and glycemic control in diabetes: a meta-analysis», *Diabetes Care*, 1998, 21, pp. 494-500.

Tutuncu, N., y cols., «Reversal of defective nerve conduction with vitamin E supplementation in type 2 diabetes: a preliminary study», *Diabetes Care*, 1998, n° 21, pp. 1.915-1.918.

CAPÍTULO 26: DOLOR CRÓNICO: ARTRITIS,
DOLOR DE ESPALDA O CIÁTICA, FIBROMIALGIA Y DOLOR DE CABEZA

Artículos médicos

Leone, M., y cols., «Melatonin versus placebo in the prophylaxis of cluster headache: a double-blind pilot study with parallel groups», *Cephalalgia*, 1996, n° 16, pp. 494-496.

Paalzow, G. H., «L-dopa induces opposing effects on pain intact rats: (-)-sulpiride, SCH 23390 or alpha-methyl-DL-tyrosine methylester hydrochloride reveals profound hyperalgesia in large anti-nociceptive doses», *J. Pharmacol. Exp. Ther.*, 1992, n° 263, pp. 470-479.

Peikert, A., y cols., «Prophylaxis of migraine with oral magnesium: results from perspective, multi-center, placebo-controlled and double-blind randomized study», *Cephalalgia*, 1996, n° 16, pp. 257-263.

Romano, T., y cols., «Magnesium deficiency in fibromialgia syndrome», *J. Nutr. Med.*, 1994, n° 4, pp. 165-167.

Libro

Khalsa, Dharma Singh, y Cameron Stauth, *The Pain Cure*, Warner Books, Nueva York, 1999. (Hay traducción al castellano: *Curar el dolor*, Ediciones Urano, Barcelona, 2001.)

CAPÍTULO 27: ESTRÉS Y ANSIEDAD

Artículo médico

Kelly, G. S., «Nutritional and botanical interventions to assist the adaptation to stress», *Altern. Med. Rev.*, agosto 1999, n° 4(4), pp. 249-265. Revisión de otros estudios.

CAPÍTULO 28:
PESO: OBESIDAD Y ADELGAZAMIENTO

Artículos médicos

Blair, S., M. Z. Nichaman, «The public health problem of increasing prevalence rates of obesity and what should be done about it», *Mayo Clinic. Proc.*, 2000, n° 77, pp. 109-113.

Jain, M., y cols., «Tumour characteristics and survival of breast cancer patients in relation to premorbid diet and body size», *Breast Cancer Res. Treat.*, 1997, n° 42, pp. 43-55.

Mertz, W., «Chromium in human nutrition: a review», *J. Nutr.*, 1993, n° 123, pp. 626-633.

Pi-Sunyer, F., «The fattening of America», *JAMA*, 1994, n° 272, pp. 238-239.

Striffler, J., y cols., «Chromium improves insulin response to glucose in rats», *Metabolism*, 1995, n° 44, pp. 1.314-1.320.

CAPÍTULO 29:
PIEL: ACNÉ Y ENVEJECIMIENTO

Artículos médicos

Berger, Bernard, «Effectiveness of antioxidants (vitamin C and E) with and without sunscreens as topical photoprotectants», *Acta Dermatol. Venereol.*, 1996, n° 76, pp. 264-268.

Michaelsson, G., y cols., «Effects of oral zinc and vitamin A in acne», *Arch. Dermatol.*, 1977, n° 113, p. 31.

Traikovich, S., «Use of topical ascorbic acid and its effects on photo-damaged skin topography», *Arch. Otolaryngol. Head Neck Surg.*, 1999, n° 125, pp. 109-118.

Whitaker, J., «Wound healing: heal faster now», *Dr. Julian Whitaker's Health & Healing, Your Definitive Guide to Alternative Health and Anti-Aging Medicine*, 2002, n° 12, pp. 5-7.

CAPÍTULO 30:
PULMONES: ASMA Y ENFERMEDAD PULMONAR OBSTRUCTIVA,
INCLUIDOS EL ENFISEMA Y LA BRONQUITIS

Artículos médicos

Balansky, R. B., y cols., «Protection by N-acetylcysteine of the histo-pathological and cytogenetical damage produced by exposure of rats to cigarette smoke», *Cancer Lett.*, 1992, n° 64, pp. 123-131.

Durevil, B., Y. Matuszczak, «Alteration in nutritional status and dia-phragm muscle function», *Reprod. Nutr. Dev.*, 1998, n° 38, pp. 175-180.

Fiaccadori, E., y cols., «Muscle and serum magnesium in pulmonary intensive care unit patients», *Crit. Care Med.*, 1988, n° 16, pp. 751-760.

Libros

Segala, Melanie, ed., *The Life Extension Foundation's Disease Prevention and Treatment*, 3ª edición aumentada y corregida; *Scientific Protocols That Integrate Mainstream and Alternative Medicine*, Life Extension Media, Hollywood, Florida, 2000, pp. 272-278.

CAPÍTULO 31: RIÑONES

Artículos médicos

Curhan G., y cols., «A prospective study of dietary calcium and other nutrients and the risk of symptomatic kidney stones», *N. Engl. J. Med.*, 1993, n° 328, pp. 833-838.

Hallson, P., y cols., «Magnesium reduces calcium oxalate crystal formation in human whole urine», *Clin. Sci.*, 1982, n° 62, p. 17.

Seltzer, M., y cols., «Dietary manipulation with lemonade to treat hypocitraturic calcium nephrolithiasis», *J. Urol.*, 1996, n° 156, pp. 907-909.

CAPÍTULO 32: SALUD INFANTIL

Artículos médicos

Iacono, G., y cols., «Intolerance of cow's milk and chronic constipation in children», *N. Engl. J. Med.*, 1988, n° 339, pp. 1.100-1.104.

CAPÍTULO 33:
VIH Y SIDA

Artículos médicos

Mulkins, A., J. Morse, A. Best, «Complementary therapy use in HIV/AIDS», *Can. J. Public Health*, 2002, julio-agosto, n° 93(4), pp. 308-312.

Wu, J., A. Attele, L. Zhang, C. Yuan, «Anti-HIV activity of medicinal herbs: usage and potential development», *Am. J. Clin. Med.*, 2001, n° 29(1), pp. 69-81.

CAPÍTULO 34: SISTEMA CARDIOVASCULAR:
CARDIOPATÍAS, HIPERTENSIÓN E HIPERCOLESTEROLEMIA

Artículos médicos

Fairfield, K., R. Fletcher, «Vitamins for chronic disease in adults: scientific review and clinical applications», *JAMA*, 2002, n° 287, pp. 3.116-3.129.

Sinatra, Steven, «Coenzyme Q10: a vital therapeutic nutrient for the heart with special application in congestive heart failure», *Conn. Med.*, 1997, n° 61, pp. 707-711.

CAPÍTULO 35: SISTEMA DIGESTIVO: VESÍCULA BILIAR, ESTÓMAGO
(ACIDEZ Y ÚLCERAS), HÍGADO Y COLON (INFLAMACIÓN, ESTREÑIMIENTO Y
HEMORROIDES)

Artículos médicos

Hawthorne, A., y cols., «Treatment of ulcerative colitis with fish oil supplementation: a prospective 12 month randomized controlled trial», *Gut*, 1992, n° 33, pp. 922-928.

Thornton, J., y cols., «Diet and gallstones: effects of refined carbohydrate diets on bile cholesterol saturation and bile acid metabolism», *Gut*, 1983, n° 24, p. 2.

Libros

Segala, Melanie, ed., *The Life Extension Foundation's Disease Prevention and Treatment*, 3ª edición aumentada y corregida; *Scientific Protocols That Integrate Mainstream and Alternative Medicine*, Life Extension Media, Hollywood, Florida, 2000, pp. 201-204.

Monografía

Nichols, Trent W., y Barry W. Ritz, *Naturally Improve Digestive Health: Healing Leaky Gut*, monografía publicada por Well Being, Inc., North Bend, Washington, 2002.

CAPÍTULO 36:
SISTEMA INMUNITARIO

Artículos médicos

Amagase, H., B. Petesch, H. Matsuura, S. Kasuga, Y. Itakura, «Intake of garlic and its bioactive components», *J. Nutr.*, marzo 2001, n° 131 (3s), pp. S955-962. Examen de otros artículos.

Craig, W., «Health-promoting properties of common herbs», *Am. J. Clin. Nutr.*, septiembre, 1999, n° 70 (3 supl.), pp. S491-499. Examen de otros artículos.

Hayashi, A., A. Gillen, J. Lott, «Effects of daily oral administration of quercetin chalcone and modified citrus pectin», *Altern. Med. Rev.*, dic. 2000, n° 5 (6), pp. 546-552.

Lampe, J., «Health effects of vegetables and fruits: assessing mechanisms of action in human experimental studies», *Am. J. Clin. Nutr.*, septiembre 1999, n° 70 (3 supl.), pp. S475-490. Examen de otros artículos.

Capítulo 37:
Tiroides
Artículos médicos

D'Avanzo, B., y cols., «Selected micronutrient intake and thyroid carcinoma risk», *Cancer*, 1997, n° 79, pp. 2.186-2.192.

Forsythe, W. «Soy protein, thyroid regulation and cholesterol metabolism», *J. Nutr.*, 1995, 125 (supl.), pp. S619-623.

Mano, T., y cols., «Vitamin E and coenzyme Q concentrations in the thyroid tissues of patients with various thyroid disorders», *Am. J. Med. Sci.*, 1998, n° 315, pp. 230-232.

Olivieri, O., y cols., «Low selenium status in the elderly influences thyroid hormones», *Clin. Sci.*, 1995, n° 89, pp. 637-642.

Capítulo 38:
Trastornos de falta de atención
Artículos médicos

Brenner, A., «The effects of megadoses of selected B complex vitamins on children with hiperkinesis: controlled studies with long term followup», *J. Learning Dis.*, 1982, n° 15, p. 258.

Coleman, M., y cols., «A preliminary study of the effect of pyridoxine administration in a subgroup of hyperkinetic children: a double-blind crossover comparison with methylphenidate», *Biol. Psychiatry*, 1979, n° 14, p. 741.

Louwman, M., M. van Dusseldorp, F. van de Vijer y cols., «Signs of impaired cognitive function in adolescents with marginal cobalamin status», *Am. J. Clin. Nutr.*, 2000, n° 72, pp. 762-769.

Prinz, R., y cols., «Dietary correlates of hyperactive behavior in children», *J. Consult. Clin. Psychol.*, 1980, n° 48, p. 760.

Rapp, D., «Does diet affect hyperactivity?», *J. Learning Dis.*, 1978, n° 11, pp. 383-389.

Stevens, L., y cols., «Essential fatty acids metabolism in boys with attention-deficit hyperactivity disorder», *Am. J. Clin. Nutr.*, 1995, n° 62, pp. 761-768.

CAPÍTULO 39: TRASTORNOS FEMENINOS:
ENFERMEDAD FIBROQUÍSTICA DE LA MAMA, MENOPAUSIA,
OSTEOPOROSIS, SÍNDROME PREMENSTRUAL Y FIBROMAS UTERINOS

Artículos médicos

Albertazzi, P., y cols., «The effect of dietary soy supplementation on hot flushes», *Obstet. Gynecol.*, 1998, n° 91, pp. 6-11.

Choay, P., y cols., «Value of micronutrient supplementals in the prevention of disturbances accompanying the menopause», *Rev. Fr. Gynecol. Obstet.*, 1990, n° 85, pp. 702-705.

Facchinetti, F., y cols., «Oral magnesium successfully relieves premenstrual mood changes», *Obstet. Gynecol.*, 1991, n° 78, pp. 177-181.

Fairfield, K., R. Fletcher, «Vitamins for chronic disease prevention in adults: scientific review and clinical applications», *JAMA*, 2002, n° 287, pp. 3.116-3.129.

Lieberman, S., «A review of the effectiveness of *Cimicifuga racemosa* (black cohosh) for the symptoms of menopause», *J. Women's Health*, 1998, n° 7, pp. 525-529.

Nagata, C., y cols., «Association of diet and other lifestyle with onset of menopause in Japanese women», *Maturitas*, 1998, n° 29, pp. 105-113.

Preisinger, E., y cols., «Nutrition and osteoporosis: an analysis of dietary intake in postmenopausal women», *Wien. Klin. Wochenschr.*, 1995, n° 107, pp. 418-422.

Shoff, S., y cols., «Usual consumption of plant foods containing phytoestrogens and sex hormone levels in postmenopausal women in Wisconsin», *Nutr. Cancer*, 1998, n° 30, pp. 207-212.

Taffe, A. y cols., «"Natural" hormone replacement therapy and dietary supplements used in the treatment of menopausal symptoms», *Prim. Care Pract.*, 1998, n° 2, pp. 292-302.

CAPÍTULO 40: TRASTORNOS MASCULINOS:
IMPOTENCIA Y PROBLEMAS DE PRÓSTATA

Artículos médicos

Andro M-C., y cols., «*Pygeum africanum* extract for the treatment of patients with benign prostatic hyperplasia: a review of 25 years of published experience», *Curr. Ther. Res.*, 1995, n° 56, pp. 796-817.

Chen, J., y cols., «Effect of oral administration of high-dose nitric oxide donor L-arginine in men with organic erectile dysfunction: results of a double-blind, randomized, placebo-controlled study», *BJU Int.*, 1999, n° 83, pp. 269-273.

Fairfield, K., R. Fletcher, «Vitamins for chronic disease prevention in adults: scientific review and clinical applications», *JAMA*, 2002, n° 287, pp. 3.116-3.129.

Wilt, T., y cols., «Saw palmetto extracts for treatment of benign prostatic hyperplasia: a systematic review», *JAMA*, 1998, n° 280, pp. 1.604-1.609.

Agradecimientos

A Richard Pine, mi agente, por conseguir que se hiciera realidad. A Judith Curr, vicepresidenta ejecutiva y editora de Atria Books, por su apoyo. A Tracy Behar, por ser un corrector fantásticamente activo que siempre mejora un libro. A Brenda Copeland, por toda su amabilidad, y a Wendy Walker, por su ayuda en el proceso de redacción.

La ayuda de Bill Tonelli fue esencial en la preparación del original.

Quiero agradecer a mi profesor espiritual Siri Singh Sahib Yogi Bhajan todo lo que ha hecho por mí. Su esposa Bibiji ha sido para mí, como siempre, valiosísima e inspiradora, para desarrollar los conceptos de la terapia nutricional yóguica en la elaboración de verdaderas recetas. Deva Kaur Khalsa y el doctor Kartar Singh Khalsa, de *The Cleanse*, tuvieron también la amabilidad de aportar sus recetas. Mi profunda gratitud al doctor Sadhana Kaur Khalsa y a Guru Tej Singh Khalsa por su constante apoyo, y a Siri Kartar Kaur Khalsa por sus ilustraciones.

Kirti Kaur Khalsa, mi leal y amante esposa, me ayudó mucho en la escritura, corrección y preparación de este libro.

Martin Zamora, mi brazo derecho, lleva el consultorio con dignidad y profesionalidad, de lo cual le estamos muy agradecidos.

El doctor Malcolm Riley, director ejecutivo de la Alzheimer's Prevention Foundation International, me ayudó en la preparación del original.

Gracias a Heidi DeCosmo, chef segundo del balneario Miraval, Life in Balance, por ayudarme a revisar y probar las recetas. *Gracias* también a Luz-Elena Shearer, doctora en nutrición, por su pericia clínica y consagración a nuestro trabajo.

Somers H. White ha sido mi asesor y entrenador empresarial durante casi veinte años. Él ha hecho posible mi éxito, y le agradezco muchísimo su perspicacia, consejos y apoyo.

Quiero agradecer al doctor Deepak Chopra por ser un modelo tan fabuloso.

Juan Manuel Mondragón, de Ciudad de México, es un hombre íntegro y de visión; vaya un saludo para él por este motivo.

También quiero manifestar mi gratitud al sabio Bhai Baldeep Singh Ragi, de India, y a su tío abuelo Bhai Avtar Singh Ragi, gran santo, por su luz.

A ellos y a todos vosotros, os doy las gracias. Adelante y hacia arriba. Que toda victoria sea de Él.

Dharma Singh Khalsa, M.D.
Tucson, Arizona

11/08 4 2/08
12/09 12 11/09
10/12 ⑰ 7/12
12/14 ㉑ 2/14
3/19 ㉒ 10/17